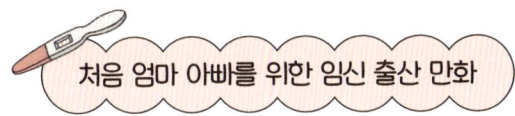

처음 엄마 아빠를 위한 임신 출산 만화

안녕 아가야
엄마 아빠에게 와줘서 고마워

리나 만화

좋은땅

본 내용은 개인의 경험을 바탕으로 제작되었으며
모든 임신 출산 과정은 조금씩 다를 수 있음을 알려드립니다

프롤로그

아가야!
인생이란 정말 알 수 없는 일의 연속이란다

대학동기로 처음 만난 엄마 아빠가

결혼을 하고

엄마 아빠를 조금씩 닮은 너를 낳을 줄은...

정말 몰랐단다

엄만 사실 살면서 인생에 아이가 있을 거라고는
상상하지 못했어~

게임 사진
다이빙 등
취미 쌤

엄마는 여행 다니고 좋아하는 일을 하는 게 중요했거든

아빠는 인생에서 가족을 이루는 것을
생각해 본 적이 없었어

혼자 있는 시간이 좋았거든

그러다가 4년 전, 네가 태어나기도 전에
너의 형제가 되었을지도 모르는 아기가
엄마 아빠에게 찾아왔었어

하지만 엄마 아빠가 준비가 안돼서인지
다시 하늘로 돌아가 버렸단다

그 때 엄마는 깨닫게 됐어

한 생명을 품고 낳아 기르는 건
인생에 엄청난 희노애락을 안겨 준다는 사실을...

그리고 아빠도 깨달았어

한 아이의 아빠가 된다는 건
인생에 돌이킬 수 없는 큰 책임이라는 것을

그렇기 때문에
그럼에도 불구하고

엄마 아빠는 결심했어

네가 우리에게 오기를 기다리기로

그렇게 4년이라는 시간이 흘러
네가 찾아왔어!

부족한 엄마 아빠지만

우리에게 와줘서 고마워 아가야.

목 차

프롤로그   005

임신 준비

베이비 버킷리스트   016
하늘에서 별을 따는 법   025

임신 초기

따끈따끈해   032
임신했어요   041
안녕 아가야?   047
나의 입덧 극복기   054
임신 초기증상   063
산부인과   067
추석! 우리 아이 성별은?   072

★ 임신 스케줄 리스트   076

임신 중기

입덧의 끝   080
출산 준비 계획   084

★ 출산 준비 리스트	088
태교의 시작	092
태교 ♥ 미싱	096
태교 ♥ 요가	100
태교 ♥ 산모 교실	106
태동	111

출산 준비

아기 옷 사는 법	116
아기방 꾸미기	120
유모차 이야기	126
태아보험	130

임신 후기

안녕! 임신 중기	138
목욕과 몸 관리	142
임신 중 감기	147
산전 마사지	152
만삭 촬영 후기	158
자연주의 출산	162
막달의 임산부	166

| 출산 가방 | 171 |
| ★ 출산 가방 리스트 | 176 |

출산

양수가 터지다	180
유도분만? 제왕절개?	184
출산	190
출산 후	196

출산 후

조리원	204
집으로	210
★ 출산 후 챙겨야 하는 리스트	216

| 에필로그 | 218 |

임신 준비

베이비 버킷리스트

결혼 후 제주도에 정착하고
신혼 집에 머물고 간 손님이 많았는데

첫 신혼집 (지금은 아파트로 이사감)

4년 전쯤 이 집에 놀러 왔던 미국인 친구가 말했다

자신은 아이를 갖기 전
이루고 싶은 베이비 버킷리스트가 있다고...

그렇게 그 친구는 세계여행이라는
그녀의 베이비 버킷리스트를 이루고

미국으로 돌아가 지금은 두 아이의 엄마가
되어 행복하게 살고 있다

그래서 나도 아이를 갖기 전에
베이비 버킷리스트를 구체적으로 만들고
이루어야겠다고 생각하게 되었는데...

정말 아기를 낳아 보고 다시 생각해 보니

아기를 낳기 전의 인생과
아기를 낳은 후의 인생은 너무 갭이 크기 때문에

(하지만 아무리 말해 줘도 모름...
겪어 봐야 처절하게 깨닫는다는 함정ㅠㅠ)

꼭 꼭 꼭 (강조)
내 자신의 인생에서 뭔가 이루고 싶다면...
(커리어든 사업이든 학업이든 뭐든...)

출산 전에 하는 것이 좋습니다...
(출산 후 할 수 있습니다... 허나 몇 년 뒤에나 가능,
주변 가족의 희생 필요... 아님 본인이 초얄파걸...)

출산 시기에 대해서도...
전에 함께 등산을 하게 된 두 아이의 엄마가
정말 강력하게 내게 말하길

아이는 20대 초반에 낳거나 30대 후반에 낳아야 한다고...
(물론 정답은 없고 케바케 지만요)

그녀는 26살에 두 아이를 낳았는데
특히 이십 대 중반에서 삼십 대 중반은
가장 활발하게 경력을 쌓는 중요한 시기이기에

나중에 육아를 마치고 다시 복직을 하든 세상에 돌아오려면
그 시기에 배우고 경험하고 이뤄놓은 것이 많아야 한다는 것이었다
(승진도 해놓고 출산을 하면 좋다고)

또한 몇 년 전 우리집에 아기와 함께 머물고 가신
건축가 부부께서도 조언을 많이 해 주셨는데...

말씀하시길 아기가 태어나며 들어가는 출산자금만
천만 원 정도 있어야 한다는 것이었다

실제로 출산을 해 보니 그렇게 돈이 나가더라...

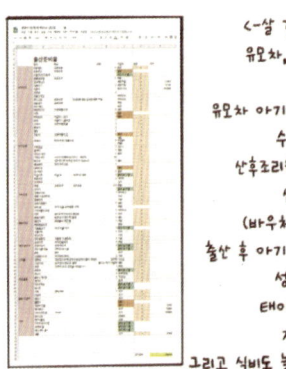

<- 살 것이 정말 많았던 출산준비리스트
유모차, 아기침대, 아기띠도 안 샀지만
얼추 150만 원은 씀
유모차 아기띠 침대를 사면 100 ~ 200 추가!
수술 비용 130 (제왕절개함)
산후조리원 250 (마사지하면 80 추가!)
산전 추가 진찰료 30 정도
(바우처로는 한계가 있어 더 쓰게 됨)
출산 후 아기 대사이상 등 검진 30~ 이상 (선택)
성장사진 100~ (더 쓰게됨)
태아보험 100~ (시부모님 내주심)
제대혈 170~ (우린 안함)
그리고 식비도 늘어남 (임산부의 식욕 + 좋은것만 먹음) ㅎ

거의 중고로 사고 물려받는 편이었는데도...

이런 주변의 조언 속의 나의 베이비 버킷리스트는

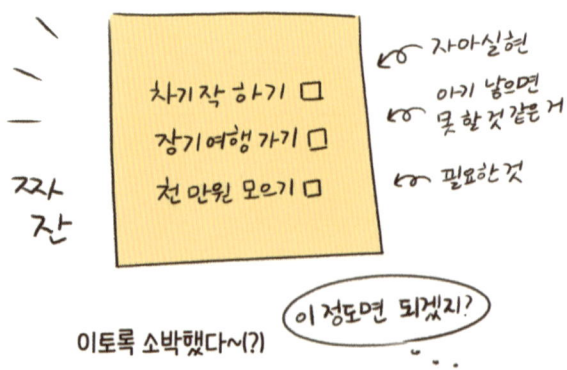

그렇게 난 베이비 버킷리스트를 작성하고

돈을 벌기 위해 신랑 회사에 들어가
유아 애니메이션을 만들게 되었다

빈 - 할슈타트 - 짤쯔부르크 - 뮌헨 - 퓌센 - 루체른 - 인터라켄
- 그린델발트 - 취리히 - 바르셀로나 - 파리 - 타이페이(스탑오버)...

우리 부부의 잊을 수 없는 인생의 추억이 되었고
지금도 그 추억을 꺼내 먹으며 살아간다

천만 원은 맞벌이를 하니 금방 모았고

나는 회사를 그만두고 남은 버킷리스트인
차기작 자료수집을 위해 커피알바를 다니기 시작했다

그러다 차기작하기 전 아기가 생겼지만...
애니메이션 프로젝트 하나를 커리어에 올린 것으로 만족한다

그렇게 어느 정도 베이비 버킷리스트를 이루었기에
지금 조금은 후회없는 육아를 할 수 있는 것 같다

하늘에서 별을 따는 법

그러니까 우리는 첫아기가 유산되고
4년 동안 피임을 하지 않았는데 아기가 생기지 않았다

그래서 한편으로는 나에게는 선근증도 있었고
유산 후 수술로 불임이 돼 버린 건 아닐까 불안한 생각도 했었다

어쨌든 우리는 자연적으로 아이가 생기지 않으면
낳지 말자고 약속했었다

나같은 경우는 아이에 대한 책임도 두려웠기에
그 책임에 걸맞은 운명적인 계시(?)가 필요했달까

그래도 임신 잘 되는 방법들은 좀 시도해 보았는데...

첫 번째로는
배란일에 맞춰서 숙제하기

두 번째로는
숙제 후 다리를 높게 들기

세 번째로는
특정 체위로 숙제하기 *^^*

마지막으로
똘똘이를 시원하게 만들어 주는 것

임신 초기

따끈따끈해

그런데 그날따라 어지럽고 힘이 없어
일을 제대로 하지 못했다...

그렇게 정신없는 오전 근무를 마치고 집에 돌아오니...

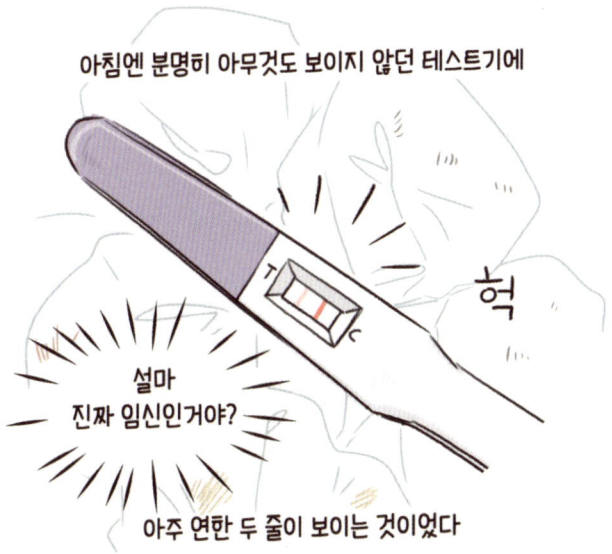

드디어 아기가 찾아온 것이다

훌쩍훌쩍
임신하면 이렇게
따끈따끈하다니까!

크 흑

흐엉

엉엉~
흐아앙~

그런데 태몽 대왕오징어... 무엇...

임신했어요

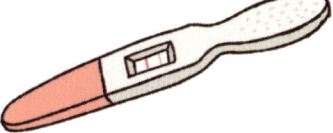

임신 사실을 알고 나서 가장 고민되는 일 중 하나는

바로 "주변에 임신 사실 알리기" 이다

먼저 시댁과 친정에 임신 사실을 알리고...

친구들과 지인에게는 천천히 알리기로 했다

마지막으로 내가 일하던 곳...
S카페는 육체적으로 업무강도가 높고
늘 인력난에 시달렸는데...

5개월 일하고 이제 겨우 사람 된 내가
그만둔다는 건 사실 꽤 민폐였다

하지만 4년 전 나는
외주만화 밤샘을 하다가 다음날 유산을 했기에

그 때와 같은 실수를 반복하고 싶지 않았다

그렇게 2주 정도 고민하며 일하다가
정확히 아기집이 잘 크는 것을 확인하고

조심스럽게 점장님께 말씀드렸는데
자기 일처럼 기뻐해 주셔서 감사했다

유산의 가능성이 높은 임신초기라 바로 그만두고 싶었지만...
3주 정도 더 일하고 그만두게 되었다

나갈 때는 앞으로 내가 S카페는 가나 봐라 했지만 ^^

하지만 약 1년 반 뒤
아기와 함께 다른 매장에 가게 되었고

전 매장 파트너를 우연히 만났는데
그 때 일이 힘들어서 핑계 대고 그만 둔 줄 알았다며 웃었다

안녕 아가야?

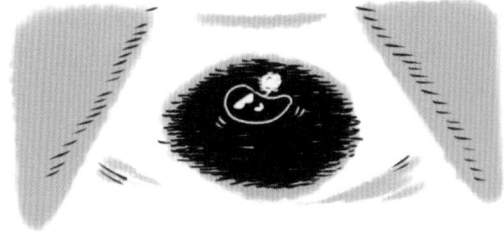

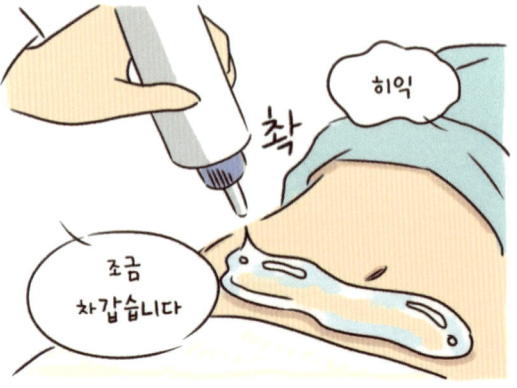

아기의 첫 심장소리는...

무척 힘차고 박력이 넘쳐서
슈쿵 슈쿵 슈쿵 슈쿵 슈쿵 슈쿵 슈쿵

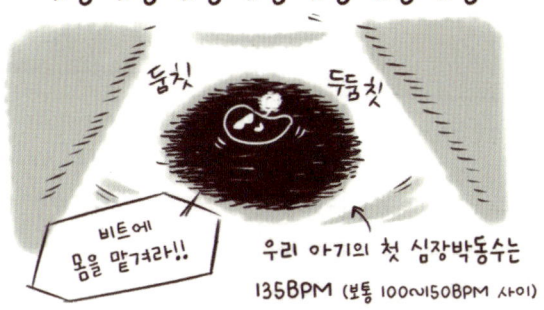

우리 아기의 첫 심장박동수는
135BPM (보통 100에서 150BPM 사이)

엄마 아빠! 나 여기 있어요!
하고 외치는 것 같았다

이렇게 병원에서 아기의 심장소리를 들으면

이제 정말 임신임을 확인한 것이다
(자궁 외 임신이거나 아기집만 생기고 초기 유산하는 경우도 있다)

그렇게 심장소리를 듣고 난 후에서야

병원에서 산모수첩과 임신확인증을 받았다

아기의 존재가 더 실감이 났고...

무척 조심했고 불안했던 나...

그리고 그때 문득 떠오른 생각!

그렇게 우리 아기 태명은

"괜춘이"가 되었다

나의 입덧 극복기

임신 중 탑으로 힘들었던 때를 뽑자면
바로 '입덧 기간' 이다

약 두 달에서 세 달정도 뱃멀미를 하는데
배에서 내릴 수가 없다고 해야 하나

입덧을 하면 냄새에 민감해지고
구강 쪽이 예민해져서 양치도 힘들어지는데...

먹으면 토하는 토덧과
안 먹으면 토할 것 같은(?) 먹덧으로 나뉘어진다

토덧(토하는 입덧)은...

TV 속 드라마에서 보이는...
우리가 알고 있는 입덧이 이 정도라면...

실제로는 먹어도 토하고 안 먹어도 토하고...

심하면 물만 마셔도 토한다고 한다

토덧보다 조금 나은 케이스인 먹덧(먹는 입덧)은...

*식욕이 반대로 폭발하는 케이스도 있다는데 매우 부럽...

먹지 않으면 멀미하듯 울렁거리고 구역이 일어나서
끊임없이 먹어야 한다

심지어 이 먹덧과 토덧이 같이 오기도 하는데...

나도 입덧 한창일 때 먹덧 + 토덧이 왔음
정말이지... 대환장파티...

그런 입덧을 극복할 순 없지만....
견뎌 낼 수 있었던 방법을 소개해 드리자면

첫 번째로는 자신의 입덧 사이클을 알고
대비하는 것이다

심한 저녁과는 반대로
아침에는 입덧이 조금 잦아들었는데

이때 양치하고(평소 거의 못함) 샤워하고
산책도 집안일도 겨우 하곤 했다

두 번째로는 음식을 적게 자주 먹는 것이다

난 위의 음식들을 그나마 잘 먹을 수 있었다
(초밥은 주의해서 먹을 필요가 있음)

특히 가장 효과 있었던 것은 얼음!!

정말 얼음 없었으면 못 살았을 거예요

세 번째로는 맘카페예요.
카페에 임산부 게시판이나 임신 중 질문방이 있는데
입덧 동지들의 절규어린 게시글을 보며...

혼자가 아니라는 생각도 하면서
정보도 얻고 공감하며 버텼던 거 같아요

마지막으로 뭐니뭐니해도
이 모든 입덧 기간을 견뎌낼 수 있었던 것은

신랑 a.k.a 덧니요정 덕분이 큽니다
(전 전생에 나라를 구했나 봐요...)

그는 퇴근 후 요리 청소 빨래 장보기 등
모든 집안일을 해내고

나의 수발을 들며 헌신적으로 입덧 기간을 보냈는데...

그 때 우리 신랑이 집안일은 물론...

요리를 정말 잘한다는 사실을 알게 되었다

그런데 왜 지금은 안 할까요?... ^^...

그래도 그 때 고생해 준 신랑이 없었다면
버틸 수 없었을 것이다 고마워요

임신 초기증상

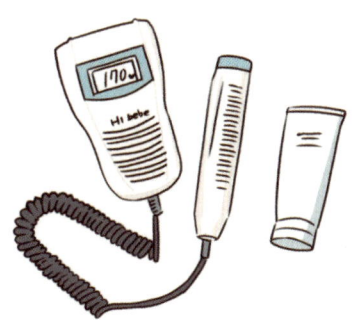

입덧 이외에 또 다른 임신 초기 증상으로는

아랫배가 콕콕 따끔따끔하는 느낌이 있었다

그리고 24시간 잠이 무진장 쏟아지는데

마치 아무것도 하지 말고 안정을 취하라는
아기의 주문처럼 느껴졌다

아기가 잘 있는 건지 불안했고
2주 뒤에 오라는 산부인과 진료를 늘 기다렸던 나는

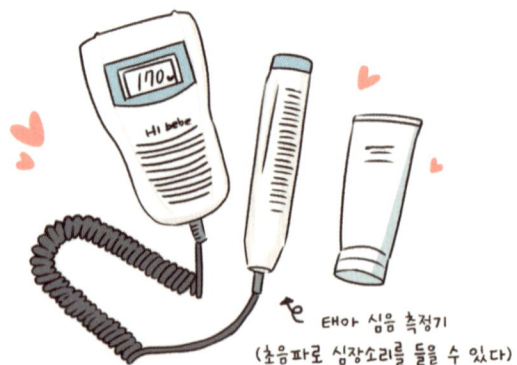

결국 맘카페에서 하이베베라는 것을 구했는데...

처음 샀던 9주에는 못 듣거나 겨우 찾을 수 있었는데
11주 부터 아주 잘 들리기 시작했다

겨우 작고 빠른 심장 소리지만
얼마나 안심되고 아기가 거기 있음에 감사하던지...

산부인과

첫 심장소리의 설레임도 잠시

국민행복카드를 만들자마자...

받게 되는 무수한 검사들~
~산전검사, 자궁암검사, 1차, 2차 기형아 검사,
유전자 검사(취약X증후군) 등~

바로 바우처 돈 반 정도가 날아갔다 ^^...

그래두 난 당시 집 앞에 보건소가 있어서
산전검사는 무료로 했다

검사 후 보건소에서 받은 산전검사 결과표를
산부인과에 주고 부족한 검사는 추가로 하면 된다

그리고 임신초기에
출산할 병원을 확실하게 정하는 게 좋은데...

중기까지 어느 정도 이동이 가능하지만
후기에는 병원 옮기는 게 정말 쉽지 않기 때문
(특히 병원 연계 조리원 같은 경우 예약이 다 차 있을 가능성이 높고
전문가 의견으로는 32주 전에 옮기는 것이 좋다고 한다)

추석! 우리 아이 성별은?

입덧이 심했던 나는 임신했던 그 해 추석에
결국 시댁 친정 그 어느 쪽도 가지 못했는데

걱정 되셨던 건지 친정 부모님과 여동생이
역으로 제주도로 내려왔었다

당시 입덧이 끝나가는 17주였는데...

예약일을 일주일 앞당겨
친정엄마 여동생과 함께 산부인과 방문을 결정했다

그 이유는 아기 성별을 함께 보기 위해서~!

공주님!
(온 가족이 함께 알아서 재미있었던 것 같다^^)

친정가족과 함께 즐거운 추석을 보냈다
(부모님 오신 사이 신랑도 따로 부산에 다녀왔다^^)

임신 초기에 알아두면 좋은
임신 스케줄 리스트

Week	Event	Hospital	Work	Etc
4~5주	초음파 검사- 아기집 난황 확인	1차 검진		
6~7주	임신 초기 검사 태아심음확인	2차 검진	임신확인서 발급 국민행복카드 발급 분만 산부인과 정하기 조리원 예약	입덧 기간
8~9주		3차 검진	초음파 곰돌이	
10~14주	기형아 검사 - 1차 (산모 염색체 검사)	4차 검진	12주 이후 주변에 임신소식 알리기	
14~18주	기형아 검사 - 2차	5차 검진	성별 구분 가능해짐	
19주			스케일링	
20주			태교 및 출산준비 시작	태교여행
21~23주	정밀 초음파	6차 검진	22주 내 태아보험 가입	
24~27주	임신성 당뇨검사	7차 검진	보건소 당뇨검사	
28주	백일해 접종	8차 검진	백일해 접종	(남편 부모님 동반 접종)
29주				
30주		9차 검진	아기용품 구입 출산가방 준비	
31주			아기방 꾸미기	
32주	태동검사 - NST	10차 검진	만삭사진 촬영 산후도우미 업체 예약	
33주			대청소	
34주		11차 검진	아기용품 빨래	
35주			아기용품 세척	
36주		12차 검진	출산가방 싸기	
37주	막달검사 & 태동검사	13차 검진		
38주	내진	14차 검진		
39주		15차 검진		
40주	출산	16차 검진		

★ 다녔던 산부인과 기준으로 적었습니다. 참고만 부탁드립니다!

임신 중기

입덧의 끝

출산할 때까지
약간의 오심과 입맛없음은 계속되었다

그렇게 입덧이 끝나고
황금의 임신 중기가 시작되었다!

출산 준비 계획

입덧이 끝나 정신차리고 PC를 할 수 있게 되자마자

가장 먼저 시작한 일은 바로 계획 세우기였다

사실 나는 계획 덕후로 무슨 일을 하기 전에
계획을 짜는 것을 좋아하고 신랑은 일단 시작하는 걸 좋아한다.

한편으로는 내가 계획하고 신랑이 행동하며 이끌어주니
환상의 조합(?) 이라고 할 수 있겠다

그렇게 '출산 준비 리스트'와
"괜준이와 함께 해내는 280일"이라는
'임신 스케쥴표'를 만들어서

나름 계획적으로 치밀하고 알차게(?) 임신기간을 보냈다

임신 스케쥴 표는...

크게 산부인과 진료날짜와 시기별 각종 검사들
설날, 베페, 육아교실, 출산가방, 대청소... 같은 이벤트
시기 별 먹어야하는 음식, 태교, 적정 몸무게를 적어 놓고 봤다

> 출산준비물리스트는...

인터넷이나 책에 적혀있는 출산 준비물 리스트 참고하여
내가 원하는 대로 만들었는데...

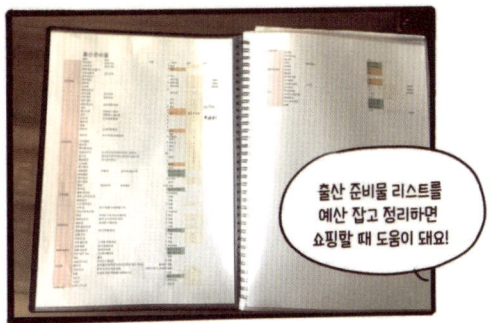

출산 준비물 리스트를
예산 잡고 정리하면
쇼핑할 때 도움이 돼요!

정말 살 것이 많았다...

이렇게 계획을 다 짜놓으니
전반적으로 임신 기간에 뭘 해야 할지 파악도 되고...

보통 계획을 세우면
잘 실행하지 못했지만

뭔가 이번에는
열심히 해냈어요

애 낳으면 끝 이라는
말을 하도 들어서...

제 마음이 그냥 무척 편...
여러분 굳이 안 하셔도 됩니다...

출산 준비 리스트

구분	품목	비고	수량
산모 용품	임부복대		1
	산후복대	제왕절개	1
	손목보호대		1
	임부레깅스		3
	임부팬티		5
	임부복	수유복 겸용 추천	3~5
	수유브라	모유수유	3
	수면양말		3
	흉터연고	제왕절개- 더마틱스 울트라 / 콘트라투벡스	
	흉터밴드	제왕절개 - 시카케어	
	도넛방석		1
	좌욕기		1
	오로용 패드	산모패드(소량)-입는 오버나이트-생리대	1
	수술용 사각패드		1
아기 용품	배냇저고리		5
	내복	계절에 맞는 내복 또는 우주복, 바디슈트	3
	스와들	아기가 스와들인지 속싸개 쓰는지 확인하고 더 구입한다	3
	모자	딸국질용 니트 신생아 모자	2
	턱받이	손수건으로 대체 가능	3
	손싸개		3
	발싸개 / 양말		2
	속싸개		3
	천기저귀	90*90 사이즈 대형 손수건 타올 목욕 후 타올 대신 쓰기 좋다	5
	담요	다용도로 사용하는 예쁜 거즈 순면 담요	3
	가제 손수건	다용도 손수건	10
	거즈 손수건	목욕, 치아관리 얼굴 등 밤부 거즈 추천	10
	좁쌀 베개	아기 머리온도	1
	짱구 베개	아기 두상을 위한 베개	1
	목욕타올	소량만 준비한다	2
	이불 / 패드	아기침대 사이즈로 구매, 태열 때문에 이불은 쓰지 않는다(담요나 속싸개로 덮음) 푹신하면 위험함	
	역류방지쿠션		1

수유 용품	젖병	150ml 2개 정도만 구비한다	2
	젖꼭지		2
	젖병 세척브러쉬		1
	젖병 집게		1
	젖병 거치대	또는 젖병건조대	1
	수유 가리개	담요로 대체 가능	1
	수유 베개	아기 등받침용(메밀베개)	1
	수유 패드	모유수유	1
	수유 쿠션	모유수유	1
	유축기	보건소 인구보건협회 대여	1
	유축기 깔대기	유두 사이즈에 맞춰 구매	1
	유축기 젖병		1
	분유	조리원 분유 이어서 구입	1
	모유보관팩	분유도 담아서 외출 시 사용할 수 있다	1
	보온병	분유 - 외출용 작은 보온병	1
목욕/위생 세제 소모품	소독솜(코튼볼)	아기 탯줄 소독용	1
	침독 태열 / 크림	수딩젤 / 크림	1
	기저귀발진크림	비판텐, d-판테놀	1
	욕조	신생아용 작은 욕조 두 개가 필요	2
	체온계	브라운 추천	1
	목욕용 온도계		1
	손톱깎이	트리머 대체 가능	1
	온습도계	거실용, 아기방용	2
	손소독제	현관 /차량	2
	아기 마사지 오일		1
	섬유세제	아기전용 세탁세제, 섬유유연제	1
	세탁망	무형광 / 출산가방 쌀 때 쓴다	2
	세탁조클리너	아기 세탁 하기 전에 세탁조 청소	1
	젖병 세정제		1
	샤워 필터	샤워기, 샤워 필터 교체	1
	제균스프레이	아기용	1
	아기 샴푸	탑투토 같은 올인원 제품	1
	욕조 세정제	아기욕조용	1
	신생아 기저귀		2

	멸균 지퍼백	출산 가방 쌀 때	1
	물티슈	아기용	1
	면봉	신생아 전용 면봉(개별포장)	1
외출 용품	유모차	요람 + 카시트 호환 디럭스 추천	1
	바구니 카시트	사용기간이 짧으므로 중고 추천	1
	신생아용 아기띠		1
	천 아기띠	코니 아기띠	1
	아기띠	힙시트	1
	기저귀 가방	아기용품을 담을 적당히 큰 가방	1
	기저귀 파우치	기저귀만 담을 면 파우치	1
장난감	모빌	흑백 / 컬러	1
	초점북		
	바운서		1
	딸랑이		
	인형		
가구	아기침대	or 범퍼 침대	1
	기저귀 갈이대		1
	아기 옷장	아기 옷걸이	1
	아기 서랍장		1
	수유등		1
	수유 의자		1
	기저귀 쓰래기통	매직캔	1
	기저귀 보관함	트롤리	1
	매트		
가전	분유제조기	꼭 사지않아도 된다	1
	정수기	분유 온도 나오는 것	1
	분유 포트		1
	젖병 관련	소독기, 세척기, 중탕기	1
	가습기		1
	공기청정기		1
	세탁	건조기 / 세탁기	1

★ 출산 가방 리스트와 중복될 수 있어요. 출산 전 미리 구비하면 좋은 리스트입니다.
★ 모든 준비 리스트는 계절, 분만 / 수술 등 산모 개인차가 있으므로 참고만 부탁드립니다!

태교의 시작

자유로운 '백수 중기 임산부' 가 된 나는 결심했다

꼭 임신기간 만큼은 돈을 떠나 하고 싶은 거 다 하기로!

가장 배우고 싶었던 것은 미싱, 수영, 그리고 피아노였는데..

의외로 가장 먼저 시작하게 된 건
다름 아닌 중국어였다

태교 ♥ 미싱

그렇게 두 번째로 하게 된 태교는
미싱이었다

가까운 동네 갓 오픈한 미싱공방을 다녔는데

선생님께서 편안하고 친절하게 잘 가르쳐주셨다

그렇게 기저귀파우치, 겉싸개 (지금은 이불로 사용 중),
상하복내의, 에코백, 수유가리개, 겨울 조끼 등등
만들었고 지금까지 정말 잘 쓰고 있다!!

← 다행히도
잘맞는다!!

내가 만든 옷을 아기가 입으니
얼마나 뿌듯하던지...

또 배냇저고리와 속싸개 그리고 모자를
손바느질로 만들기도 했는데

아기가 태어나자마자 내가 만든 배냇과
모자, 속싸개, 겉싸개에 쌓여 오는데 정말 뿌듯했다

손바느질이든 미싱이든
그 순간 뱃속 아기를 생각하며 만들게 되는데

아기를 기다리며 만들던
그 시간이 참 행복했던 기억으로 남는다

태교 ♥ 요가

18주 부터 요가원에 신랑과 함께 등록했다.

이 요가원은 나의 첫 요가원이자
나의 인생 요가원인데

임산부는 따로 코치해주면서 동시에 수업을 진행했는데
몸에 문제가 많았던 신랑도
거의 개인 맞춤 수업으로 해주셨다

이렇게 지도해 주셔도 추가금이 없었다는 사실 ㅜㅜ

요가는 정말 임산부에게
강추하는 운동이자 태교인데!

요가원을 다녀도 좋고
각종 서적 유투브로도 쉽게 접할 수 있다

명상하는 운동이기에
심신을 다스리고 몸을 이완, 릴렉스 하는 법,
호흡 법을 배우며 출산에 도움이 되고...

정면으로 눕기 힘들어
옆으로 누워 사바 아사나 했어요

사바 아사나

배가 불러오며 무릎과 허리 등에 점점 부담이 돼
통증으로 발전하기도 하는데 이에 많은 도움이 된다

끄응

허리들기 자세

전 이 요가 자세를
하고 나서 허리통증이
많이 좋아졌어요 ^^

또 요가를 하며 아기와 교감을 시도(?)하곤 했는데

아기가 뭘 느끼고 있는지 알 수 없지만

오다리였던 신랑은 일자다리가 되는
기적을 이루었고 요가에 중독되어

부끄러워서 요가원 못 가겠다고 하던
옛날과 다르게 매일 요가 가고 싶다고 울고 있다

태교 ♥ 산모교실

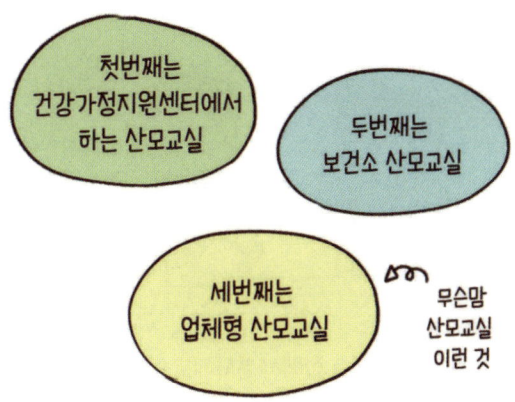

처음 들어보는... 건강가정지원센터에서는
꽃꽂이, 부부요가, 부모교실 등을 참여했어요

꽃꽂이는 사실 비싸서 못했는데
무료로 배울 수 있어서 정말 좋았어요

두번째로는 보건소 산모교실에서
오가닉 인형 만들기를 했어요

인형 만들기는 집에서 혼자해도 되지만
다 같이 수다떨며 만드니 재미있었어요

세번째는 업체형(?) 무료 산모교실

대체로 임산부의 심기를(?) 거스를 정도는 아니구요
상담이나 투어는 꼭 안해도 돼요

유익한 강의도 하고 무료 선물도 많고
경품추첨, 레크레이션 같은 걸 하는데~

일단 같은 임산부들과 뭔가 함께 하는게 좋았고요

혼자라도 심심해서 (무료선물 받는 것이 좋아서^^;)
여러군데 갔었는데 한번 쯤은 가 볼만한 것 같아요

이 외에도 여러 센터에서 운영하는
임산부 프로그램이 많으니 꼭 도전해 보세요 ^^

태동

4개월이 되어도
배도 부르지 않고 태동도 없고...

입덧으로 겨우 아기의 존재를 느꼈는데...

5개월부터는
배도 눈에 띄게 부르기 시작하고

태동도 느낄 수 있게 되었다!

처음엔 그 강도와 빈도가 작아서
아빠에게 태동을 느끼게 해 주려고 했지만 실패

이 것도 임신 7개월 쯤 되자
아빠도 쉽게 느낄 수 있게 되었다

태동이 가장 활발했을 때는 역시...

내가 뭐 먹을 때!! (특히 단 거!!)

그렇게 유일하게 임신 중
아기와 직접적으로 소통할 수 있었던 태동

아주 가끔... 그리워진다

아기 옷 사는 법

처음 태어나 배냇저고리는
네다섯벌 정도 있으면 좋아요
(조리원, 병원에서도 주고 선물도 들어오기도 하니
일단 두 세벌만 준비하셔요)

그리고 속싸개는 수건 담요 등
용도가 다양하므로 저는 많이 샀었는데 케바케인 것 같아요

스와들업 같은 자크형식의 속싸개가 있으면
기저귀 갈 때 편하답니다

일단 한국의 아기 옷 사이즈는
60, 70, 75, 80 이렇게 나오는데
이것은 아기의 신장 cm를 의미합니다

배냇을 떼고 나면 60~75 사이즈 옷을 입는데
이 시기는 아기가 폭풍 성장하므로 두어달 못 입혀요

그리고 그 이후부터 돌 전까지
80 사이즈 옷을 가장 오래 입습니다

해서... 아기옷 선물은
80 사이즈를 하시는 것이 좋아요

(대부분의 시간을 실내생활을 하므로 내복이 좋고
보통 실내는 온도조절이 좋으므로
계절과 상관없이 덥지 않은 두께에 긴팔도 좋습니다)

돌 전후부터 90 (3호) 사이즈를 입고요

(출산 전 계절 계산이 어려우시면
90 사이즈로 출산예정일에 맞는 계절옷을 사 주시면 돼요
이때부터는 외출이 많아져서 외출복 선물도 좋습니다)

두 돌 전후로 100 (5호) 사이즈로 입는다고
생각하시면 됩니다

(아이들의 발육에 따라 조금 차이가 있습니다
유니클로는 정사이즈라 10cm 씩 낮추세요)

외국 옷 사이즈는 month로 나와서
그 시기에 맞춰서 입히면 대체로 잘 맞답니다

차라리 한국 옷 사이즈도 월로 표시했으면...

아기방 꾸미기

임신 후반이 되면서
슬슬 아기방이 꾸미고 싶어졌다

태어나면 하루종일 나와 아기가 있을 곳이니
과감하게 큰 방을 아기방으로 바꾸기로 결심했는데

핀터레스트와 인스타그램을 검색해보니
세상에는 다양하고 예쁜 아기방이 참 많았다

일단 서양(?)스타일인가 한국 스타일인가 에 따라
침대부터 달랐는데

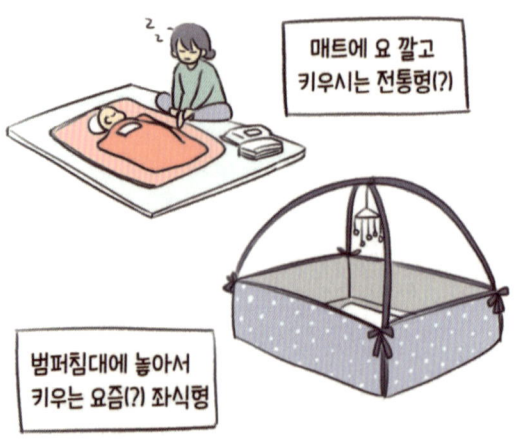

아기침대 +기저귀갈이대를 둔 입식형 아기침대는...

전반적으로 사용기간은 짧은 편...
(외국 엄마들은 오래 사용한다고 함)
기저귀를 갈 때마다 옮겨야 하지만 서서 편하게 갈 수 있다

일단 185의 장신의 신랑이라는
자원을 활용하기 위해서 (좌식 안 좋아함)

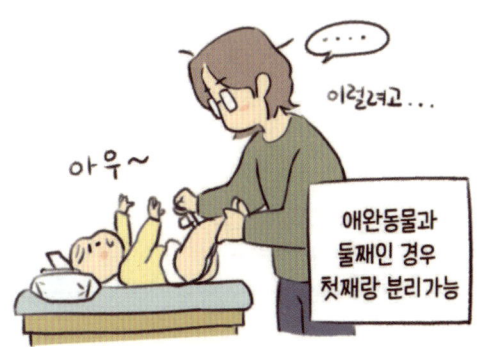

애완동물과 둘째인 경우 첫째랑 분리가능

우리집은 아기침대는
아기침대+기저귀 갈이대로 결정했고

그렇게 완성된 우리 아기방!

한샘 샘키즈 수납장 + 아기침대 + 기저귀 갈이대 + 수유의자

그리고 출산 후...
기저귀 갈이대와 아기침대를 아주 잘 사용했으나

신생아 기간이 지나자 아기의 낮잠과 놀이 및 생활은
방바닥에서 이루어져 바닥에 깔 폭신한 넓은 매트를 구입

그리고 아기가 기어다니기 시작하면 격리가 필요해서
결국 범퍼 침대를 사게 되었다는...

범퍼는 놀거나 잠시 가둬두는 용도(^^;)로 사용했어요
나무아기침대는 돌까지 사용했어요

요즘은 아기 침대를 졸업하면
바로 데이베드를 많이 구입하시는 것 같아요

분리수면이나 수면교육 할 때도 좋고
엄마 아빠 침대에 붙여서 쓰기도 좋아요
또 아이가 커 가면서 계속 쓸 수 있는 장점이 있답니다

유모차 이야기

결국 디럭스, 절충형 구매하신 분도 아이가 크면
나들이용으로 가벼운 휴대용을 구매하게 되는데...

휴대용은 기내반입이 가능한 사이즈를 추천해요
(해외여행 시 유용함)

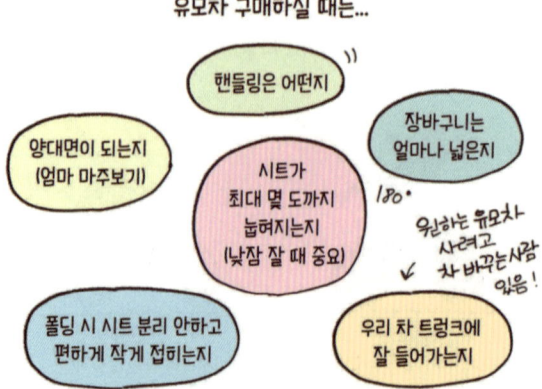

유모차 구매하실 때는...

그 다음에 디자인을 보시는 게 좋을 것 같아요
(하지만 보통 디자인에 꽂히고 반대로 맞춰간다는... ㅋㅋㅋ)

이렇게 엄마 아빠가 고민 고민 큰 돈 들여서
유모차를 골라도 아기가 타 주지 않으면 다 소용없다는 사실...

그래서 가끔 잘 보시면 맘카페나 중고장터에
거의 새제품급 유모차가 뜨기도 한답니다 ㅜㅜ
(중고 유모차는 잘 보셔서 요런 걸 구입하시면 좋은 것 같아요)

태아보험

그럼... 어떻게 공부해서 가입했냐면...
가장 먼저 보험에 대한 저희의 예산과 상황을 파악했어요

그래서 바로 100세 만기 보험을 들어주기로 결정했어요
30세 만기로 했을 때 단점이 어릴 때 아프면
성인이 되서 새로운 보험 가입이 힘들 수 있거든요

요즘은 어른이보험이라고 성인 되어서 어린이보험을 들기도 한답니다
(어린이보험이 보장영역이 넓어서 좋은 점이 있어요)

저희는 무해지 환급형을 선택했는데 납부 기간에는
환급이 안 되지만 납입 기간 종료 후 해지하면 환급금이 나와요
*기존 환급형보다 2~30% 저렴

그래서 10~20년 등 단기납을 추천드립니다
30년 납은 시간이 긴 만큼 해지 확률이 높아진다고 하더라고요

순수보장형도 많이 가입하십니다
낸 보험금을 환급 받을 순 없지만
가장 저렴하게 최대의 보험효과를 볼 수 있어요

100세, 90세, 80세 만기가 아닌 30세 만기로 하는 분도 많은데
노인이 되어 걸리는 성인병 위주의 보장은 줄이고
어린이일 때 일어날 수 있는 보험으로 설계하면 더 알뜰하게 가능해요

그렇게 자신에게 맞는 보험 형태를 정하고
설계사에게 부탁해서 회사별로 설계안을 다양하게 받아 와요
(저는 뽐뿌, 맘카페, 보험홈페이지, 지인 등 설계안을 다양하게 받아 봤습니다)

설계안을 처음 받으면 무슨 보장이고 무슨 특약인지 모르겠지만
하나하나 검색해 보면서 공부를 해 봐요

그렇게 나에게 필요한 보장과 특약들을
설계안에서 넣고 빼며 수정 해봅니다

가장 어려웠던 점은 결국 다 필요해 보이지만
뺄 건 빼야 원하는 예산에 맞출 수 있다는 거에요

차라리 보험을 안 드시는 분도 많은데
예를 들어서 10만 원을 20년씩 적금을 넣으면 2400만 원인데
이 정도 적금이면 무슨 일 있을 때 어느 정도 치료가 가능하겠죠...

순수보장형이라면 3만 원대로 20년납을 하면 720만 원 정도로
몇천만원이 나갈지 모르는 질병상해를 보장 받을 수 있죠

어쨌든 저도 처음에는 막막했지만 공부하다 보니
보험이 인생에 도움이 되려면
앞으로 보험 공부는 꼭 해야 한다는 생각이 들었어요

만일을 위해 대비하는 보험!
모두 아기와 본인에게 맞는 보험 가입하시길 바랄게요

임신 후기

안녕! 임신 중기

입덧과 하혈로 힘들고 불안한 초기와 다르게
아기도 건강하고 폭풍 태동하고

컨디션도 너무 좋았던 임신 중기!!

배도 적당히 불러오니
임산부를 가장한 여왕놀이(?) 하기 좋았다

주변에서 배려도 참 많이 받았다

*둘째부터는 여왕이고 뭐고 콧물도 없습니다 첫째 때 누리세욧!

물론 철분제로 인한 변비로 치질이라던가
입덧 후 무너져 피나는 잇몸은 회복이 불가능했다
(다행히 출산 뒤 좋아짐)

마지막으로 시력이 굉장히 나빠지게 되었는데
영화관에서 안경을 써도 잘 보이지 않았다...

이것도 회복될 거라 믿었는데 크게 회복된 것 같지는 않다
(시력은 차이가 없는데 임신 전보다 어두운 곳에서 잘 안 보여요)

오전엔 중국어학원 오후엔 미싱공방 저녁엔 요가를 다니며

나름 바쁘고 알차게 보낸 임신 중기
(애 낳고 보니 안 했으면 크게 후회할 뻔!)

임신기간 동안 하고싶은 거 할 수 있게
열심히 일해 준 신랑의 서포트에 감사하다

고마워요~

목욕과 몸 관리

어느 날 갑자기 몸이 간지러워서...

설마 나도 그 임신소양증?!!! 인가 했는데

알고 보니 그냥 환절기에 때를 못 밀어서였다

임신하면 금지하는 것 중 하나가 탕 목욕인데

그래도 중기에는 38~39°C에 10분 이내로
목욕하는 것은 괜찮다고 한다
(임산부는 면역력이 약해 대중목욕탕은 피하는 게 좋대요)

특히 저혈압 산모와
초기와 막달에는 탕목욕하지 않는 게 좋다고 해요

임신중 샤워도 쉬운 일이 아니었는데...
특히 발 닦기가 참 어려웠다

그래서 배가 어느 정도 부르고는
목욕 의자에 앉아 발을 씻으며 샤워를 했다

임신 후기부터는 샤워 중에 별 다른건 없지만
가끔 간단하게 올리브 오일로 유두 관리를 했다

(다른 분들과 방법이 다르지만 샤워 후에 하면
몸에 올리브 오일이 너무 치덕치덕 해서 ㅜㅜ)

샴푸와 비누는 임산부용도 좋지만
전 그냥 아기용을 사서 썼습니다

(둘째인 지금은 아무거나 쓰는 중입니다 ^^;)

목욕과 샤워가 끝나면 튼살크림이나 오일을 발랐는데...

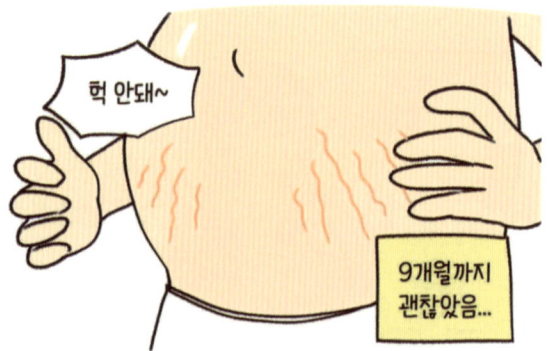

분명 열심히 발랐다고 생각했지만
결국 막달에 다 트고 말았어요 ㅜㅜ
특히 배 아래쪽이요 (안 보인다고 소홀했더니...)

튼살을 예방하려면 샤워 후도 중요하지만
수시로 발라 줘야 한다고 하더라고요!

물론 유전이나 피부 체질의 영향도 크지만
그래도 열심히 발라 주면 더 적게 생길 것 같아요!

임신 중 감기

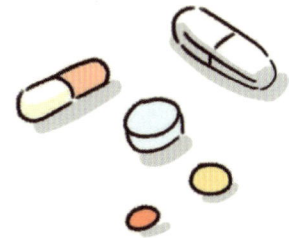

임산부가 감기에 걸리면
아기 걱정에 다들 약도 못 먹고 버티는데...

몸도 무거운데 정말 정말 힘들어요

일주일이 지나도
여전히 열나고 아프고 호전이 안 된다면

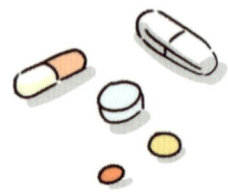

산부인과에 가서 약을 먹는 게 차라리 낫습니다
왜냐하면...

기침이 심하면 자극으로 자궁수축이 올 수 있답니다
열과 기침은 아기에게 좋지 않다고 해요

친한 친구는 임신 중 감기를 참다가 중이염으로 발전...
귀가 안 들려서 항생제를 먹었어요

기침하시다가 갈비뼈 금 가고 부러지신 분도 계시더라고요;;;

개인적으론 가제손수건에 물을 묻혀서
코와 입을 덮었는데
그러면 기침이 줄었어요

흑흑... 그럼 모두 감기 조심하세요...

산전 마사지

좋은 기회가 생겨서 산전 마사지를 받게 되었다

하지만 산전마사지는 위험하다는 얘기도 듣고
그래서 받아도 그냥 살살 몸을 만져 주는 수준이라고 하길래
크게 기대는 하지 않았다

도착하니 친절한 실장님께서 맞이해 주심

산전마사지는 특정 혈을 누르면 안 되기 때문에
전문가에게 받아야 한다

그렇게 약간 상담 후 마사지 시작!
옷을 다 벗고 따뜻한 루이보스 티를 마신 후

제일 먼저 양손을 파라핀으로 따뜻하게 감싸 준다

그 다음
임신하면 이렇게 엎드려 누워 있는 자세를 못 하는데

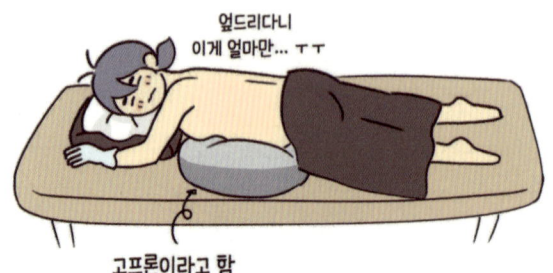

엎드리다니
이게 얼마만... ㅜㅜ

고프론이라고 함

이렇게 쿠션에 아기배를 넣고
누워 엎드려서 마사지를 받는다

그리고 몸이 너무 안 좋아서 그런지 모르겠지만
정말 살살 쓸어주시면서 팔꿈치로 돌려 주시는데

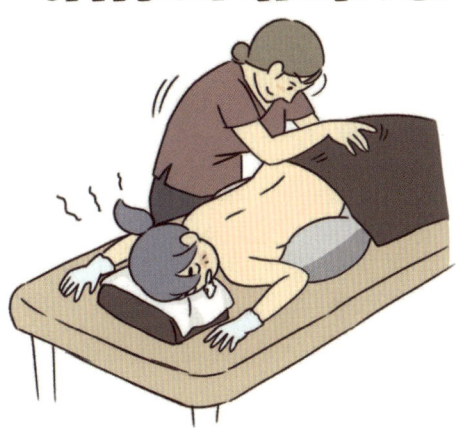

그렇게 차근차근 등, 허리, 다리가 릴렉스 되고...

다시 앞으로 돌려서 산소를 공급받으며? 마사지...

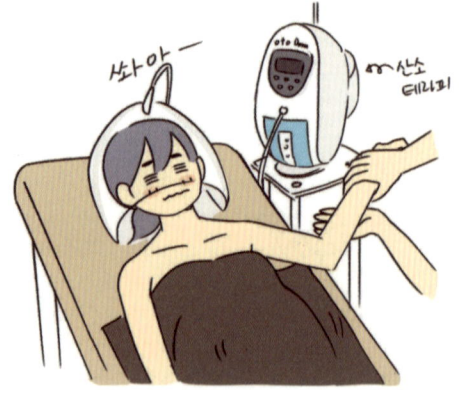

산소 공급이 잘 되는지 아기가 신나게 발로 빵빵 찼다

그렇게 정신없이 받다 보니 순식간에 끝남...

끝나면 건강한 생토마토 주스와 견과를 주신다

몸도 몸이지만 임신 후 여러모로 지쳐 있던 나에게
정신적으로도 힐링할 수 있는 시간이었어요

산전 산후 마사지... 추천드립니다

만삭 촬영 후기

출산이 가까워지고 점점 불러오는 배를 보면
정말 너무나도 신기했다

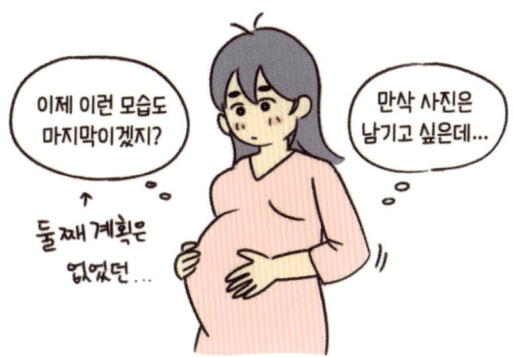

하지만 스튜디오의 만삭 촬영은 나에게 넘나 민망한 것
(포즈잡는걸 안 좋아해서 결혼할 때도 스튜디오를 안 했답니다)

그래서 우리는 적당한 미러리스 카메라를 사고
대신 성장앨범이나 스튜디오를 가지 않기로 결정!

그렇게 거금 들여 소니 a6500 + 렌즈 구입

했으나... 결국 그들은 아이가 태어나고
50일경 성장앨범을 계약하게 됩니다...

교훈 1. 애 사진은 셀프는 정말 어렵습니다

어쨌든 첫째 만삭 촬영은 제주의 자연 아래서
셀프로 사진을 찍었답니다

좋은 추억도 되고 민망하지도 않고 좋았어요
정말 애 없을 때는 셀프도 꽤 할만한 것 같아요 ^^...

그렇게 시간이 흐르고... 둘째 임신
이번 둘째 만삭 촬영은 가족사진 위주로 하고 싶었는데

그래서 둘째도 결국 성장앨범 계약과 함께
만삭사진을 찍게 되었답니다
(그렇게 순식간에 텅장 됨...)

안하던 포즈를 취하고 애보느라 표정 짓느라 정신은 없었지만
어찌어찌 나온 둘째 만삭 사진도 너무 맘에 들었답니다

결국 시간이 흐르면 남는 게 사진이더라고요
여러분도 좋은 추억, 그리고 사진 많이 남기시길 바랍니다

자연주의 출산

보통 자연주의 출산이란...

촉진제나 무통주사 같은 의료적 개입을 줄이고
굴욕삼종이나 무조건 회음부 절개도 하지 않으며
산모와 아기의 흐름을 따라 자연스럽게 출산하는 방법

자연주의 출산은 방법도 많은데...

출산시 최면과 이완을 하는 히프노버딩
출산 후 부모와 맨몸으로 교감하는 캥거루 캐어
어두운 조명 아래 아기의 오감을 존중하는 르봐이예 분만
태반을 연결하는 탯줄을 바로 자르지 않는 연꽃 출산
유명한 라마즈 호흡법, 소프롤로지, 가정 분만
등등등...

다 책과 인터넷, 카페, 유튜브, 각종 다큐에서 다뤄서
조금만 찾아보시면 알아볼 수 있어요
(여기서 하나하나 다루기엔 다 방대해서...)

그렇게 막달에 산부인과가 아닌
조산원에서 출산을 결심!!

제주도에 유명한 조산원이 있었거든요

그렇게 자연주의에 꽂힌 저는...
열심히 요가를 다니고 책을 읽고 명상을 했답니다

회음부 절개 없는 자연출산을 위해
회음부 마사지까지 열심히 하면서요

막달의 임산부

드디어 막달(36주~40주)의 임산부가 되었다

막달이 되고 나서 깨달은 건
임산부가 운동을 해야 하는 이유는...

막달을 버티고 순산을 위해서
정말 큰 체력이 필요하기 때문이라는 것을...

늘어난 몸무게로 무릎이 아팠고
37주 이후 론 아기가 내려와 치골통도 있었는데

걷기가 정말 힘들어서
등산용 지팡이를 들고 겨우 산책을 했다

밤에는 태동과 불면증으로 잠이 안오고

새벽에 화장실도 자주 가고 싶어졌고...
(무거운 배로 일어나기도 힘듦 ㅜㅜ)

아기가 아래로 내려오기 전에는 다시 입덧이 온 듯
답답하고 어지럽고 토하기도 했다

막달에 다시 입덧이 오는 사람도 있다고...
(상상하고 싶지 않음...ㅠㅠ)

그러다가 아기가 내려가면서 폭풍 식욕이 시작되었는데
태어나서 내가 공깃밥 두 그릇을 먹을 수 있다는 걸 처음 알았다

임신을 하고 나서 처음으로 그런 강렬한 식욕을 느꼈는데

출산 가방

막달이 되면 병원에서 출산 준비물품 리스트를 주는데...

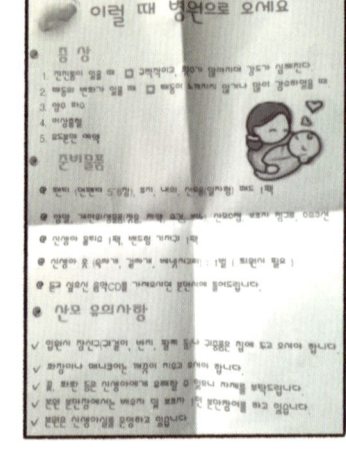

!!!

준비물 뭐 크게 없어보임

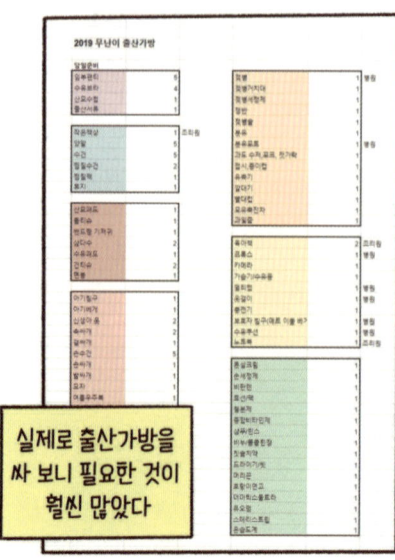

실제로 출산가방을 싸 보니 필요한 것이 훨씬 많았다

왜냐하면 약 2주~3주간 집을 떠나 생활하기 때문!

기본적인 장기 여행 용품에
산모용품, 아기용품, 수유용품 등이
추가된다고 생각하시면 돼요!

멸균 지퍼팩에 담아 가방으로!

제가 말씀드리고 싶은 것은...

막달은 너무 힘들어서
이젠 나와줬으면 하는 마음 뿐인데

짐볼을 타고, 지팡이 짚고 산책하고, 청소하고...
매일 매일... 내일이려나 모레 나오려나 기다려도 소식이 없었지요

아기가 나오는 날은 아기가 정하는거라구... ㅜㅜ
(요즘은 42주까지 기다리진 않고 예정일인 40주 쯤에 유도 분만을 하지요)
그래도 37주까지 출산 가방을 싸 놓으시는 게 좋아요!

출산 가방 리스트

구분	품목	수량	비고
아기 용품	겉싸개 or 담요 대체 가능	1	퇴원 시
	배냇저고리(내의 or 우주복)	1	퇴원 시
	속싸개 / 발싸개	1	퇴원 시
	아기 손수건	10	
	아기 모자	1	딸꾹질 / 퇴원 시
의료 용품	코튼볼, 비판텐, 흉터연고, 시카케어	1	수술산모
	라놀크림, 튼살크림, 마사지 오일	1	없어도 괜찮음
	압박스타킹 / 복대 / 손목보호대	1	
	찜질팩	1	좋아하는 분만…
	좌욕기 / 도넛방석	1	
위생 용품	아기 물티슈	1	
	신생아 기저귀	1	병원
	휴지롤 or 곽티슈	1	병원
	수유패드	1	
	수술 사각패드 / 산모패드	1	
	입는 오버나이트 or 생리대	1	
	마스크	5	병원
의류 / 면류	가디건(산모복 위에 걸칠 것)	1	
	레깅스(산모복 아래 입을 것)	2	
	엄마 손수건(목 두를 것)	2	
	양말(수면양말 or 무압박양말)	5	
	임부 팬티 / 수유브라	3	
	수건	5	입원일에 맞춰
	개인 베개	1	수면의 질 향상
	보호자 침구	1	
	세탁망 / 옷걸이	2	병원
세면 도구	기초화장품		
	세면도구(칫솔, 치약, 치실, 샴푸, 린스, 폼클렌징)		
	머리끈 또는 집게 / 빗 / 면봉		
	손톱깎이	1	
	슬리퍼 or 크록스	1	병원

책상 용품	가습기	1	
	충전기 / 멀티탭 / 수유등	1	
	육아 서적	2	조리원
	디데이 달력	1	
	노트북, 아이패드	1	
	출산계획서 / 수유일기장 / 필기도구	1	
	핸드폰 거치대	1	
	산모수첩, 신분증, 지갑		
수유 / 식기	일회용품 - 젓가락 / 종이컵 / 지퍼팩 / 위생팩		
	쟁반 / 접시 / 과도 / 수저 / 젓가락 / 빨대컵		병원
	분유포트 / 분유 / 젖병 / 젖병세정제		분유 종류 체크
	과일 / 군것질 / 차 / 믹스커피		모유촉진, 붓기차
	영양제 / 한약		드시는 분만
	조리원(병원) 유축 깔대기 / 유축 젖병		유축기 기종 체크

★ 보통 분유와 젖병은 병원과 조리원에서 챙겨 줍니다.
★ 모든 준비 리스트는 계절, 분만 / 수술 등 산모 개인차가 있으므로 참고만 부탁드립니다!

출산

양수가 터지다

는 페이크고 결국 예정일까지 아기는 나오지 않았다
출산 예정일이 되니 산부인과 선생님께서
유도분만을 권유하셨다

초산은 유도분만을 해도
실패할 확률이 높다고 들었기에 하고 싶지 않았다

그런데... 양수색이 이상했다
그동안 아기를 기다리며 인터넷으로
각종 출산정보를(?) 섭렵한 나는 덜컥 겁이 났다

자연주의 출산이고 조산원이고 걱정이 된 나는
출산가방 싸 들고 바로 산부인과로 갔다

― 유도분만? 제왕절개?

불안했던 나와 다르게
양수색은 괜찮다며 의사 선생님은 여유로우셨고

그렇게 점심먹고 다시 산부인과 2:00 PM

자연진통이 걸리고 자연스러운 출산을 기대했는데
양수파수에 촉진제를 써서 유도분만을 해야 하는
예상치 못한 전개가 펼쳐지게 되자...

언제 진통을 하고 자궁문이 열리며
이제 양수도 없고 녹색이고 속골반도 작다는데
그 순간 아기를 무사히 꺼내고 싶은 생각밖에 들지 않았다

자연진통을 기다린다며 예정일 40주하고 5일이 지난
산모의 참을성은 이미 바닥이 난 것이었다

하지만 의사선생님께서 바로 허락하진 않았다

저녁까지 아기는 내려올 생각도 없고 진통도 없었고...

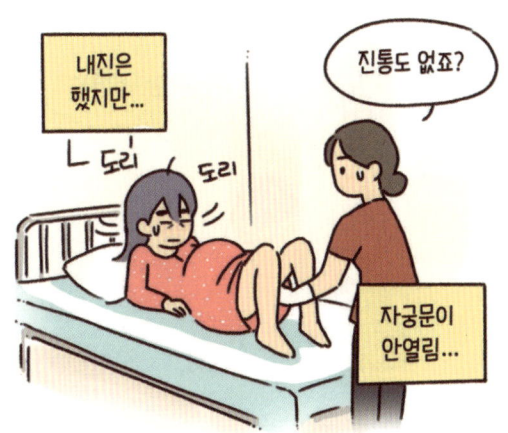

결국 수술하기로 결정

때마침 엄마가 육지에서 제주도로 오셨고

엄마와 신랑의 배웅을 받으며 수술실로 걸어 들어갔다

출산

전라로 차가운 수술방에 누우니
4년 전 소파수술 받던 때가 생각이 났다

(수술실은 위생을 위해 20~23도를 유지한다고 해요)

수술 시작 전 새우처럼 몸을 구부려 척추마취를 맞는데...

수술하는 것이 실감나면서 무서웠다

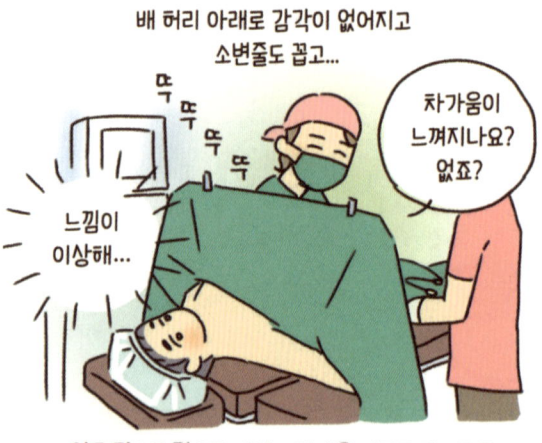

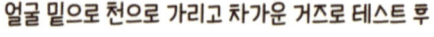

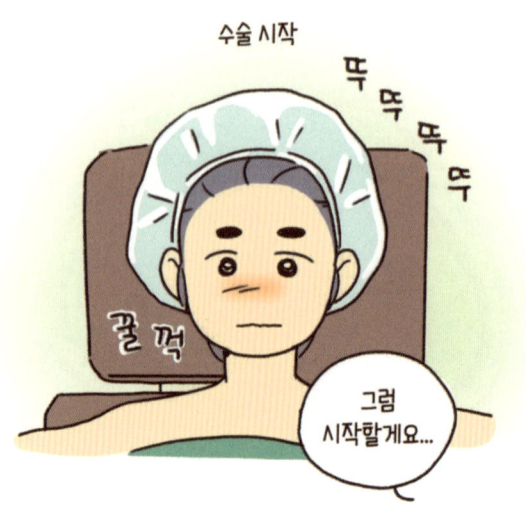

제왕절개는 보통 척추마취를 하기 때문에
상반신은 마취가 되지 않는데...

멀쩡한 정신으로 수술을 받는건
상상이상으로 그로테스크했다

그 때 나타난 우리 엄마 또래의 간호사님!!

그분 덕택에 무섭고도 길게 느껴졌던
수술시간이 어찌저찌 흘러가고...

아기가 태어났다

맑고 청아한 여자아이의 울음소리였다

울음소리를 듣자 아기가 내 뱃속에서
이 세상에 무사히 태어났다는 안도감이 몰려왔고

겨우 참고 있던 눈물이 펑펑 쏟아졌다

곧 나에게 아기를 데려와 얼굴을 보여주는데

팅팅불은 아기 얼굴이 너무 못생기고 기특해서
웃음과 눈물이 동시에 났다

그리고 캥거루 케어까지는 못했지만
간호사님이 내 볼에 아기 얼굴을 맞대어 주는데 무척 따뜻했다

후 처치에 들어가며 수면으로 재워 주셨고
아기가 무사히 태어남에 안도하며 스르륵 잠에 들었다

출산 후

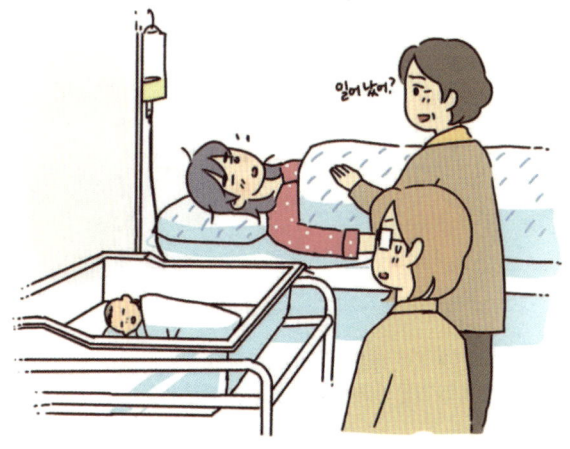

보통 출산 후 아기는
모자동실 또는 신생아실에서 지내게 되는데

모자동실의 장점은 아기가 내 옆에 있다는 것

(캥거루 케어, 모유수유 정착하기 좋음,
출산 후 아기를 보며 느끼는 큰 행복, 부부 전우애 증가)

단점도 아기가 내 옆에 있다는 것이다

(약 2시간에 한 번씩 일어나서 기저귀 수유 트림 해야 했다)

참고로 제왕절개 후 첫날 산모의 상태는...
소변줄 차고 마취 때문에 일어나거나 움직이지도 못하고
계속되는 오로(하혈)로 계속 패드를 교체해야 하고

시간이 지나고 마취 깨면 통증이 몰려오며
자궁수축제 (정말 아픔) 등등에 정신이 없다

엄마와 남편이 나와 아기를 동시에 돌보는데
전쟁도 그런 전쟁이 없다

개인적으로 신생아 케어에
미숙한 첫째맘 +수술맘은 신생아실을 추천한다

신생아실의 장점은
능숙한 간호사가 아기케어를 나보다 잘해 준다는 것

산모는 입원하며 회복에 집중할 수 있다는 것

단점은 지정시간에 유리창 밖에서
아기를 면회할 수 있다

그래서 처음부터 고생하며 울고 웃고 감동했던 첫째랑 다르게
둘째는 처음에 아기 낳은 실감이 안났다

그렇게 출산은 임신의 끝이지만 또 다른 시작임을

무엇을 공부하고 상상했든
그 이상임을 깨달은 출산 첫날이 흘러갔다

출산 후

조리원

그렇게 길고도 짧았던
일주일간 입원생활도 끝이 나고

우리는 산부인과 같은 건물 조리원으로
한층 내려와 입소하게 되었다

조리원에 들어가면
비싼 돈 내고 푹 쉬고 회복할 줄 알았는데...

2시간마다 깨어나는 신생아 수유셔틀을 하며
신생아 케어와 수유를 배우는 곳이었던 것이다!

나는 제왕산모였기 때문에 회복이 느렸고
오로에 젖몸살에 수술 후 통증에 진통제 달고 살았는데

유축은 하지 않고 직수만 하면서
수유 이외엔 누워서 푹 쉬며 회복을 많이 했다

조리원의 장점은...

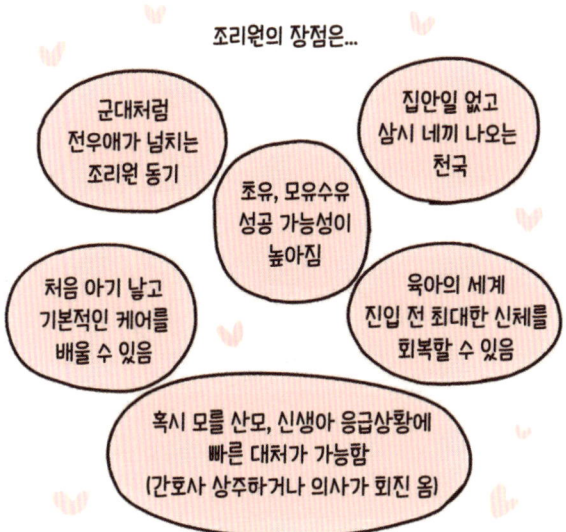

조리원의 단점은...

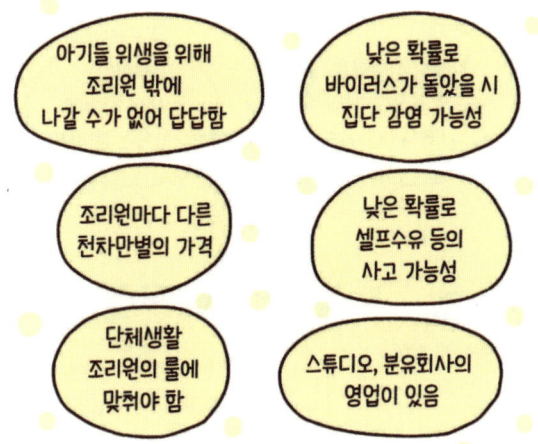

그럼 산후도우미는 어떠하냐...
이 분 하나만 믿고 신생아를 데려오기엔
산후도우미님 차이가 너무 복불복...

다음과 같은 사람들은
조리원에 꼭 안 들어가도 된다고 생각해요

또 검색해 보니 제가 다닌 조리원처럼
모든 조리원이 모유수유를 중점으로 하지는 않더라고요

개인적으로는 신생아 교육과 모유수유를
적극적으로 도와주는 조리원을 추천드려봅니다

집으로

어느새 풍경은 3월 말의 완연한 봄의 제주
세상은 벚꽃비가 흩날리고 있었다

아기는 배냇저고리 대신 조금 큰 우주복을 입고

바구니 카시트에 담겨서
가는 길 내내 새근새근 잘도 잤다

도착한 집은 남편의 손길로
꽤 깨끗하게 관리되어 있었고

뭔가 무사히 살아서 돌아왔다는 생각이 들며
굉장한 안도감을 느꼈다

이제 정말 이 작은 아기를 둘이서 키워가야 한다

아가야~
우리에게 와줘서 고마워

너 혼자는
힘들겠지만

어!
배냇짓
이다♡

씨익

우리... 라면
잘할 수 있지 않을까?

출산 후
챙겨야 하는 리스트

❶ 산후조리원에 연락하기
병원 퇴원일자 물어보고 입실일 정하기

❷ 산후도우미 업체에 연락하기
조리원 퇴소일자 물어보고 방문날짜 정하기

❸ 아기 이름 정하기
한글 / 한자 정해서 출생신고 하러 가기

❹ 출생증명서(2장~3장) 받아 출생신고하기(한 달 이내)
주민센터 추천, 등본, 가족관계증명서 떼어 오기

❺ 출산 혜택 확인 및 신청하기(주민센터)
첫만남 이용권, 지역별 출산혜택, 부모급여, 아동수당 등 각종 수당 신청

❻ 직장 출산 관련 복지 확인 및 신청
사업자나 프리랜서도 고용보험에서 출산급여 가능

❼ 어린이집 입소대기 신청하기
아이사랑 홈페이지(https://www.childcare.go.kr/)에서 입소대기 신청

❽ 한전(123)에 전화해서 전기요금 감면 신청하기
태어나자마자 바로하기. 36개월까지 최대 16000원 30% 할인

❾ 퇴원 시 아기 카드, 발찌 이름표 챙기기
잊고 나왔는데 너무 아쉬워요! 꼭 챙겨 주세요!

❿ 탯줄 도장 만든 후 은행 통장 만들기
기본증명서(상세 특정), 가족관계증명서(일반 또는 상세) 도장 가지고
신생아 통장을 만들어 출산 시 받은 수당을 저금하기도 한답니다

⓫ 병원 퇴원 시 보험 증빙 서류 챙기기
혹시 내 보험에 보장되는 부분이 있는지 보험회사에 전화로 확인하기

에필로그

안녕 아가야
엄마 아빠에게 와줘서 고마워

ⓒ 리나, 2024

초판 1쇄 발행 2024년 11월 26일

지은이 리나 (김여정)
펴낸이 이기봉
펴낸곳 도서출판 좋은땅
주소   서울특별시 마포구 양화로12길 26 지월드빌딩 (서교동 395-7)
전화   02)374-8616~7
팩스   02)374-8614
이메일 gworldbook@naver.com
홈페이지 www.g-world.co.kr

ISBN   979-11-388-3771-2 (03590)

- 가격은 뒤표지에 있습니다.
- 이 책은 저작권법에 의하여 보호를 받는 저작물이므로 무단 전재와 복제를 금합니다.
- 파본은 구입하신 서점에서 교환해 드립니다.

* 이 책은 제주특별자치도, 제주콘텐츠진흥원, 제주웹툰캠퍼스 지원으로 제작되었습니다.

은퇴 없이
농촌 출근

워라밸 귀농귀촌 4.0
은퇴 없이 농촌 출근

초판 1쇄 인쇄 2023년 2월 27일
초판 1쇄 발행 2023년 3월 6일

지은이 김규남

발행인 백유미 조영석
발행처 (주)라온아시아
주소 서울특별시 서초구 효령로34길 4, 프린스효령빌딩 5F

등록 2016년 7월 5일 제 2016-000141호
전화 070-7600-8230   **팩스** 070-4754-2473

값 17,500원
ISBN 979-11-6958-036-6 (13520)

※ 라온북은 (주)라온아시아의 퍼스널 브랜드입니다.
※ 이 책은 저작권법에 따라 보호받는 저작물이므로 무단전재 및 복제를 금합니다.
※ 잘못된 책은 구입하신 서점에서 바꾸어 드립니다.

라온북은 독자 여러분의 소중한 원고를 기다리고 있습니다. (raonbook@raonasia.co.kr)

워라밸 귀농귀촌 4.0

은퇴 없이 농촌 출근

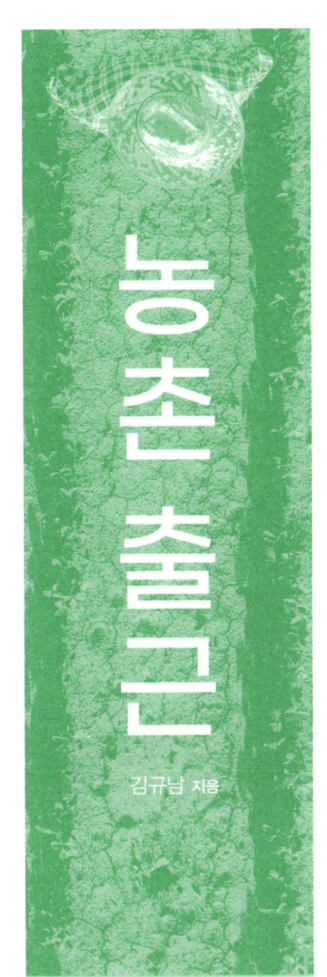

김규남 지음

RAON BOOK

프롤로그

4.0시대 라이프스타일, 당신은 은퇴 후 무엇을 어떻게 준비하는가

    대학 졸업과 동시에 장교로 임관해 30여 년을 군(軍)에서 복무했다. 전역하면서 지금까지 소홀했던 가족에게 할 일을 10가지도 더 약속했다. 하지만 하나도 못 지킨 채 전역과 동시에 대학교수로 임용되어 학과장과 대외협력처장을 수행하면서 또다시 4년이라는 시간을 더 치열하게 앞만 보고 달려왔다.
    그러다 군 복무 중 출장길에 당한 교통사고 후유증으로 사직하고 피폐해진 몸을 전원에서 스스로 치유하겠다며 농부가 되었다. 중간중간 농업 이외의 소득을 얻기 위해 취업하기도 했지만 이제는 어엿한 7년 차 농부다. 그러다 보니 '농업을 통한 치유'라는 초기의 마음에서 벗어나 지금껏 살아온 방식처럼 농부 생활에도 목숨을 걸게 되었다. 그럼에도 결론이 나지 않은 채 나의 도전은 아직도 현재진행형이다.
    몇 년 전, 모처럼 떠난 3박 4일 가족 여행에서 문제가 발생했다. 가족 여행은 대부분 부모님이 계신 고향으로 가끔 다녀온 것이 전부라서, 모처럼의 가족만의 여행지에서 소통 부재로 가족들과 부딪쳤다. 무엇이 문제였을까? 농장 일로 바쁜 나를 대신해 가족들이 농장으로 찾아왔을 때 너무나 기뻐했던 모습을 떠올려보니 해답의 실마리가 보이는 것 같았다. 농장에서 재배한 채소에 삼겹살을 구워주고 옥수수와 감자를 쪄주니 그 어느 때보다 맛있게 먹으며 행복해하던 모습! 일보다 더 중요한 것이 가족들이 함께하는 시간이었음을 깨닫는 계기가 되었다.

그동안 일은 나름 열심히 했지만 개인적인 삶에서는 빵점이었다. 그때부터 시작한 날마다 행복한 워라밸(Work and Life), 일과 가족 친화(Family Friendly)의 균형을 찾는 행복한 길이 무엇일까 하는 오랜 생각의 과정에서 이 책을 쓰게 되었다.

은퇴했거나 은퇴를 준비하고 있다면 묻고 싶다. 아내도 은퇴를 준비하고 있다는 사실을 알고 있는가? 부부가 같이 맞이하는 '은퇴 후 인생'이 동상이몽(同床異夢)이 되지 않도록 서로 소통은 잘 이루어지고 있는가? 우리가 과거의 노인과 다른 욜드(YOLD, Young Old)임을 인식한다면 아내도 아직 할 일이 많은 열정적인 욜드 우먼

(Young Old Woman)임을 인정해야 한다. 세계는 학력과 능력 그리고 열정적인 욜드를 주목하고 있다. 아내도 은퇴 후 그동안 누리지 못했던 것을 누리려고 하는데 자신만의 생각으로 그 길을 준비해서는 안 된다. 은퇴 이후의 삶이 행복하려면 '나홀로족'으로 안주하기보다 부부가 협력하면서 함께 먼 길을 떠날 준비, '타이어를 갈아 끼우는 노력', 즉 리타이어먼트(Retirement)가 필요하다.

경험한 대로 코로나19는 우리의 일상 전반을 바꿔놓았다. 지난 일이라 기억에서 지우고 싶겠지만 다시 한 번 그때를 떠올려보라. 언젠가는 끝나리라는 희망으로 버텼지만 끝났다고 끝난 것이 아니다. 과거부터 현재에 이르기까지 무수히 많은 일이 반복되고 있다. 이에 질문을 하나 더 던진다. 새로운 바이러스가 창궐해 또다시 우리의 일상이 통제된다면 어떻게 할 것인가? 인류 역사에서 전쟁과 질병 그리고 기근은 언제나 인간의 생존력을 시험해 왔다. 살아남는 자가 강한 자로 역사를 써 내려온 것이다.

나 역시 방역 기간을 거치며 농장이라는 나만의 공간이 주는 편안함과 외부의 도움 없이 먹거리를 스스로 해결하는 것이 얼마나 소중한 일인지 알게 되었다. 그러면서 은퇴하면 제대로 해보자며 귀농한 농장에서 좌충우돌했던 지난 경험은 정주형보다 왕래형 주거 형태인 멀티해비(Multi-Habi)형 귀농귀촌의 필요성을 깨닫게 된 계기였다.

생애주기가 길어지면서 은퇴자들은 새로 정착할 곳을 고민한다. 정보통신기술의 발달로 집의 개념이 바뀐 것도 한몫하는데 가족들과 생활하는 공간은 물론 업무, 쇼핑, 공부, 놀이터까지 집의 장소성과 활용성이 중요해졌다. 따라서 경치 좋은 곳을 보면 평생 살 집을 짓고 싶다는 욕심부터 내게 된다.

그러나 은퇴 이후에 반드시 새겨들을 말 중에 하나가 분산 투자다. 투자 전문가들은 집중 투자를 경고하면서 수익이 적더라도 리스크가 적은 곳에 분산 투자할 것을 권한다. 경치 좋은 터를 봤을 때 경치만 바라보며 올인(All In)해서는 안 된다. 전원이 그리웠듯이 도시 생활이 그리울 때도 대비해야 한다. 결국 멀티해비로서 적당한 선에서 예비 주거 개념으로 준비하면 된다. 좋아하는 것과 잘하는 일을 재미있게 할 수 있는 놀이터 하나 만들어 워라밸을 실천한다는 개념으로 시작해 본 다음 결정하는 것이 최선의 방법이다.

행복은 지극히 주관적이라 내가 일을 성취하는 과정과 결과에서 느끼는 행복이 반드시 일치하지 않을 수도 있다. 생일에 내 딴에는 자녀들에게 큰맘 먹고 좋은 선물을 했는데 그것을 받는 아이들은 기쁘지 않을 수도 있다. 기대했던 것과 다른 것일 수도 있고 그사이 마음이 바뀌었을 수도 있다. 은퇴 후 나의 욜드 인생도 생각했던 방향이 아니라면 언제든지 되돌아갈 방안이 있어야 더 행복이 지속될 수 있다. 가족들도 그렇다.

하루를 정리하며 농장에서 바라보는 저녁놀은 가히 일품이다. 하루 중 저녁이 이렇게 아름다운데 우리 인생의 노년은 어떤 색이어야 할까? 저녁놀처럼 아름다운 인생의 후반을 만들려면 준비가 최선이다. 귀농귀촌의 전원생활도 언제나 떠날 준비를 하는 것이 좋다.

농촌 생활에는 항상 소소한 일거리와 행복이 있다. 계절별로 다른 햇볕과 바람결 그리고 텃밭에서 가꾼 채소로 차린 밥상이 그렇다. 소박하지만 저녁상에 빙 둘러앉은 가족들의 웃음소리와 그들에게 행복을 주는 삶이 바로 은퇴 이후 우리가 살아야 할 일상이 아닐까?

이제 욜드의 워라밸한 반백년을 준비하면서 도시에 집은 두고 오되, 욕심 없이 좋아하는 일을 즐기고 그 일상의 반은 나와 가족의 놀이터가 될 수 있기를 추천한다.

차 례

프롤로그   4.0시대 라이프스타일, 당신은 은퇴 후 무엇을 어떻게 준비하는가   4

1장
 **멀티 해비테이션 시대가 열렸다**

아내에게도 은퇴가 필요하다	17
코로나19가 바꾼 라이프스타일	23
새로운 주거 트렌드, 멀티 해비테이션	29
4050, 도시 탈출과 워라밸을 준비할 때	34
행복한 욜드의 삶을 준비하자	41
전원생활을 꿈꾸는 나는 귀농일까, 귀촌일까	46
농촌에서 직업을 바꾸지 말고, 인생의 방향을 바꿔라	52

2장
귀농귀촌, 이 마음만큼은 가져가자

도시에 집은 두고, 마음은 가지고 가라	61
목숨 걸지 않는 힐링이 되는 귀농귀촌	67
수익 낼 생각부터 하지 마라	73
오늘 하루만 자연인이 되어라	79
맥가이버가 되기로 마음먹자	86
처음부터 욕심 없이 준비하라	92
창업보다 어려운 게 농업, 농사만 잘한다고 되는 게 아니다	98

3장

농촌공동체와 같이 사는 방식

은퇴 전의 사회적 지위는 잊어라	107
울타리부터 치지 마라	112
공무원 만날 때는 점퍼 입고 가라	118
선(先) 관계 유지, 후(後) 지역사회 활동	124
농촌의 프라이버시는 도시와 다르다	130
이웃을 존중하고 인정하자	136
갈등과 민원은 사전에 해소하라	141

4장
성공적인 귀농귀촌을 위해 알아야 할 실전 노하우 12

정보와 첩보를 구별하라	151
가족과 상의하고 가능하면 아내와 동행하라	156
행복을 다이어트하라	162
나의 전원생활을 머릿속에 상상해 보라	167
땅, 함부로 사지 마라	173
집부터 짓지 마라	179
빚내서 시작하지 마라	185
남의 손을 빌릴 때는 명확한 근거를 남겨라	190
작물은 토양과 기후, 특수작물 재배는 신중히 결정하라	196
안전사고 대비는 철저할수록 좋다	202
황혼이혼, 남의 일 아니다	208
새로운 환경에 적응할 준비를 하라	215

5장

나는 치유농장을 꿈꾼다

다시 시작하는 반백년을 어떻게 해야 하나	223
치유농업이 살길이다	229
6차산업으로 시너지를 창출하라	234
산림소득사업 공모, 가능하다	240
놀이터에서 꽃차로 나 자신과 타인을 치유하며 살고 싶다	246
언제든지 떠날 준비를 하라	252

주	258

1장

멀티 해비테이션 시대가 열렸다

아내에게도 은퇴가 필요하다

4060 아내들은 귀농귀촌을 바랄까

남녀 심리 분석의 정석이라고 해도 좋을 존 그레이(John Gray)의 《화성에서 온 남자 금성에서 온 여자》(동녘라이프, 2010)가 한때 화제였던 적이 있다. '남자는 화성인, 여자는 금성인'으로 서로 다른 별에서 왔다고 할 만큼 남녀의 다른 언어와 사고방식을 단순하고 명쾌한 비유와 사례를 들어서 설명한다. 더구나 갈등 해결 방법까지 제시해 주니 읽는 내내 고개를 끄덕이게 된다.

어떤 문제가 있을 때 남자는 혼자 고민하며 해결점을 찾고 나서야 얘기하는 반면 여자는 문제라고 여기는 순간부터 그것을 얘기하기 시작한다. 이런 남녀의 생각 차이가 가장 극명하게 드러나는 부분 중 하나가 은퇴 이후의 삶을 바라보는 시각이다. 은퇴 이전까지는 남성이 진취적이고 여성은 안정을 추구했다면, 은퇴 이후는 그 상황이 반대로 나타난다. 치열하게 살아온 남성들은 자신감과 직위 등을 추억에 묻어두려 하고, 여성들은 목소리를 내며 변화를 원한다. 남편은 고여 있는 물과 같기를 바라며 아내는 흘러가는 물처럼 시류에 몸을 맡기기를 바란다.

이는 우리나라의 현대사와도 연관이 깊다. 4060세대 여성들을 세대별로 나눠보겠다. 먼저 베이비붐 세대(1955~1963) 여성들이 성장 과정에서 겪은 가장 큰 상처는 남녀 차별이다. 남아선호(男兒選好) 사상으로 인해 그 당시 많은 가정에서 딸은 오빠와 남동생을 위해 뒷바라지하는 역할이었다. 어린 나이에 생활 전선에 뛰어들어 가정경제를 위해 희생하는 것이 당연시되기도 했다. 오죽하면 '큰딸은 살림 밑천'이라는 말까지 있었던 시절이었다. 그렇게 살아남은 이들은 특유의 끈기와 근성으로 역경을 헤쳐나가 우리나라 아줌마의 대명사가 되었다.

X세대 여성은 베이비붐 세대와 성장 과정이 다르게 '둘만 낳아 잘 기르자'는 산아제한 정책으로 아들과 딸을 차별 없이 평등하게 대하면서 여성은 자연스럽게 자신의 권리와 위치를 되찾았다. 베이비붐 세대에 비해 높은 진학률로 점차 자신의 영역을 구축하며 성장해 결혼하고도 자신의 목소리를 낼 수 있었다.

이렇게 평생 자신의 역할을 다해왔는데 어느 날 은퇴를 앞둔 남편이 갑자기 귀농귀촌을 하겠다면 '예! 그렇게 하세요'라고 말할 아내가 몇이나 될까? 특히 베이비부머(베이비붐 세대)는 평생 남편과 자식들만을 위해 살다가 이제 겨우 자신의 존재를 되돌아보며 은퇴 이후에는 원하는 삶을 사는가 싶었는데, 갑자기 집 팔아 귀농귀촌을 하자고 한다면 "가려면 혼자 가세요"라는 소리가 나올 수밖에 없을 것 같다.

미국 베이비부머의 도시 회귀 현상, 어떻게 봐야 하나

과거 미국의 베이비부머들도 제2차 세계대전 이후 힘든 성장 과정과 직장 생활을 겪었다. 그들의 로망은 은퇴하면 전망 좋은 교외로 나가 전원주택에 정착하는 것이었고 대부분 그 삶을 이루었다. 그 과정에서 미국 남성들도 우리나라와 별반 다르지 않게 은퇴하면 기존의 인간관계가 정리되었다. 하지만 여성들은 가정 경제를 이끌거나 심지어 워킹맘을 했어도 기존의 관계를 계속 유지하는 경우가 많았다. 은퇴 전의 일과 관련된 일을 계속하는 것이었다.

그러다 보니 아무리 전원생활을 꿈꾸었어도 막상 도시 생활에서 누리던 쇼핑과 미용, 문화생활이 그립지 않을 리가 없었다. 새로운 지역에 정착하고 적응하는 것도 힘들지만 각종 편의시설이 장거리에 위치해 큰맘 먹어야 도시 구경을 할 수 있었다. 오고 가는 데 소요되는 시간과 연료비도 감당하기 어려운데 가끔 도시의 변화와 발전을 보면서 스스로 뒤처지는 인생인가 하는 자괴감도 들던 차에 경제 위기가 닥쳤다. 그러자 이를 핑계 삼아 도시로 회귀하는 가정들이 많아졌다.

은퇴한 베이비부머가 기존에 살던 도시로 다시 돌아간 것은 전원생활의 로망이 도시 생활에서 누렸던 것만 못했기에 어쩌면 당연한 귀결이었다. 즉 학력과 재산, 인간관계 등 부족함이 없으니 매일 똑같은 일상이 반복되는 전원생활이 성에 찰 리 없었다.

아내와 귀농귀촌을 꿈꾼다면 아내가 '욜드 우먼'임을 인식하라

은퇴 후 아내들이 가장 당혹스러워하는 부분은 집에 있는 남편의 식사다. 그동안 직장에서 저녁을 해결하기도 하고 각종 모임에 참석하며 그저 주말에나 한 번 같이 식사하는 정도였다. 그러나 이제는 갑자기 하루에 세 번 식사를 차려야 하는 상황이 되었다.

단순히 식사 준비가 힘든 것이 아니라 아내도 늘 바쁘다. 지금까지 외근과 출장 등 오로지 일만 생각하는 남편 대신 자녀들을 키웠다. 더 좋은 곳에서 과외를 시켜야 하고 뒤떨어지지 않게 옷을 사 입혀야 했다. 자녀들은 늘 곁에 있는 엄마를 부르면 언제나 달려오는 존재로 인식하고 있다. 또한 각종 모임을 통해 나름의 인맥과 커뮤니티를 구축했는데 하루아침에 모두 정리하고 귀농귀촌을 하자고 한다면 어떻게 될까? 당장 이혼 서류에 도장 찍자는 말이 나오지 않은 것만으로도 감사할 일이다.

그러면 남편은 은퇴 이후에 어떻게 해야 할까? 가장 먼저 권위를 내려놓을 필요가 있다. 그리고 아내도 아직 할 일이 많은 열정적인 욜드 우먼임을 인식해야 한다. 가장 현실적으로 타협을 보아야 할 부분이 가정에서 아내의 위치에 대한 인식이다. 아내는 나를 위해 언제나 희생하고 대기하는 존재가 아니다. 남편도 식사 준비와 설거지를 하고 냉장고에 무엇이 있는지 알아두었다가 자신이 직접 챙겨 먹거나 아내에게도 차려주는 센스가 있어야 한다.

왜 나 홀로 귀농귀촌 비율이 높을까

남편들은 지금까지 힘들게 직장 생활을 했으니 은퇴 후에는 전원에서 쉼이 필요하다고 생각한다. 아내도 지금까지 가정경제와 가족 뒷바라지에 최선을 다했으니 한숨 돌려야겠다고 생각한다. 이 사실을 간과한다면 그야말로 갈등의 시작이다.

게다가 맞벌이 부부였다면 아내도 은퇴 후에는 자신만을 위한 삶을 구상하고 있을지도 모른다. 지금까지 자식을 키우면서 주택 마련에 골몰했는데 이제 조금 여유를 가지고 제대로 문화생활을 해야겠다고 생각한다. 그런데 갑자기 남편이 함께 귀농귀촌을 하자고 한다면 그야말로 마른하늘에 날벼락이 아닐 수 없다.

한국농촌경제연구원에서 발행한 〈KREI 현안분석〉에 따르면, 2021년 우리나라 귀농 가구는 1만 4,358호로 전년보다 14.9%가 증가했다. 평균 가구원 수는 1.38명으로 전년보다 0.02명이 감소했고, 1인 귀농가구 비율이 74.5%로 전년보다 0.4%p 증가했다. 귀촌 가구는 36만 3,397호로 전년보다 5.3%가 증가했다. 소규모 귀촌 가구의 증가로 1인, 2인 가구는 6.1% 증가하였지만, 3인 가구는 1.6%, 4인 가구 이상은 5.5% 감소했다.[1)]

이러한 통계를 볼 때 현재 귀농귀촌 가구의 75% 이상은 나 홀로 가구다. 아내가 아직은 욜드 우먼이라는 것을 잊은 채 귀농귀촌을 감행하다가 '나홀로족'이 되었거나, 전원생활을 견디지 못한 아내 혼자 역귀농, 즉 도시로 회귀한 것으로 생각해 볼 수 있다.

그렇다면 남편들이 은퇴 후 농촌에서 제2의 인생을 꿈꾸며 귀농귀촌을 생각할 때 아내들은 어떤 꿈으로 제2의 인생을 설계하였을까? '은퇴 후 인생'이라는 꿈은 같지만 동상이몽이었을 가능성이 높다. 욜드 우먼 아내는 일상의 번거로움에서 벗어나 네일아트를 받고 세계 일주를 꿈꿀지도 모른다. 그런데 겨우 설거지통에서 벗어난 손에 흙을 묻히고 밀짚모자를 쓰라는 얘기는 너무 가혹하지 않은가!

이렇게 동상이몽의 단꿈을 깨지 않으려면 은퇴 전 아내와 함께 도시와 농촌을 왕래하는 귀농귀촌 계획을 차근차근 세워야 한다. 그래서 아내 역시 기꺼이 선글라스와 밀짚모자를 번갈아 쓸 마음의 준비를 할 수 있도록 함께 서로 배려하는 마음을 가져야 한다. 그럴 때 조금 더 행복하게 귀농귀촌에 동참할 수 있다. '인생은 60부터'라는 말처럼 다시 행복한 제2의 전성시대가 열릴 수 있다는 것을 명심하자! 그리고 그 방법을 같이 고민해 보자.

코로나19가 바꾼 라이프스타일

21세기는 BC(Before Corona)와 AC(After Corona)로 나뉜다

코로나19는 지금까지 우리의 삶 전반을 바꿔놓았다. 그동안 평일에는 직장과 학교에 다니며 휴일에는 영화를 감상하고 백화점 쇼핑을 하던, 어쩌면 당연할 것 같던 일상이 마스크 속에 가려지자 처음에는 당혹스러웠다. 그러나 어느새 차츰 새로운 삶의 방식으로 대체되기 시작했다.

퓰리처상을 수상한 칼럼니스트 토머스 프리드먼(Thomas Friedman)은 2020년 4월 〈동아일보〉 창간 100주년 인터뷰에서 "앞으로 세계는 코로나 이전(Before Corona)과 코로나 이후(After Corona)로 나뉠 것"이라고 하며 코로나19 이후 세상의 변화를 전망했다. 실제로 코로나19를 겪으며 사회 발전이 과거보다 몇 배 가속화되고 있고 우리 일상의 많은 부분이 급격히 바뀌었다.

문화체육관광부는 코로나19 발생 전후로 약 1년간(2019년 7월~2020년

8월) 국민들의 일상생활과 관련된 SNS 게시물 약 1,400만 건을 분석했다.

> 코로나19 이후 국민의 일상은 '집'을 중심으로 큰 변화가 나타났다. '집 밖'으로의 야외활동은 집 근처로 위축된 반면 '집 안'에서의 문화생활은 비대면 서비스와 함께 확대됐다.
> 또한 코로나19 일상과 관련한 감성어는 '우울', '짜증' 등 부정 감성어가 높은 비중을 차지한 가운데, '위로', '휴식' 등 긍정 감성어도 나타났다.
> ─ 문화체육관광부, "코로나19가 바꾼 일상, '집 안 문화생활·집 근처 야외활동'", 〈대한민국 정책브리핑〉, 2020. 11. 13.

이러한 조사 결과는 변화가 두렵지만 한편으로는 점점 현실로 받아들임으로써 익숙해지고 사회 진화와 발전으로 이어지는 역사의 궤와 같다고 할 수 있다. 마스크 착용과 사회적 거리두기 역시 그러하다. 이에 따른 새로운 변화는 다음과 같이 나눠볼 수 있다.

첫째, 위생 개념의 변화와 '나 홀로 행복하기'를 지향하는 개인의 변화다. 사회적 거리두기는 개인주의를 심화하며 부담스러운 공동체 생활을 비껴갈 수 있게 했다.

둘째, 여행, 문화생활 및 소비 패턴의 변화다. 많은 사람들이 모이는 공공장소보다 가족이나 가까운 지인들끼리 즐길 수 있는 문화생활을 선호하게 되었다.

셋째, 주거로서 집의 활용 범위가 확대되었다. 예전에는 바쁜 일상에서 집은 그저 숙식을 제공하는 장소였다면 코로나19로 인해 재택근무나 온라인 학습 등 일상의 많은 시간을 머무르며 삶의 질을 결정하는 장소의 기능을 회복했다.

넷째, 미래를 미리 대비해야 한다는 인식을 하게 되었다. 어느 날 예고 없이 들이닥친 코로나19에 언제라도 재난 상황이 발생할 수 있다는 경각심을 가지게 되었다.

이처럼 우리는 BC와 AC, 즉 코로나19 이전과 이후의 바뀐 일상에 주목할 필요가 있다.

코로나19가 강제한 개인의 일상 변화에 주목하라

이제 집을 나서면서 마스크를 준비하는 것은 습관이 되었고 자주 손을 씻거나 손소독제 사용을 통해 개인의 위생을 실천하는 책임 의식이 몸에 배었다. 코로나19 확산으로 강화된 사회적 거리두기로 1인 용품 사용과 개인만의 공간이 생활의 트렌드로 나타나면서 불안한 공존 대신 안전한 거리두기가 보편화되었다고 해도 과언이 아니다. 사회적 관계와 활동 역시 그러하다. 예전에는 불편해도 참여해야 했던 일들이 있었다면 이제는 관계 맺기를 거부할 수 있는 명분이 생기면서 점차 개인화되고 오히려 편안함을 느끼는 사람들이 늘어났다.

전문가들은 이러한 현상이 코로나19가 종식되어도 우리의 일상에서 계속 이어질 것으로 전망한다. 또한 앞으로 전통적 대면 서비스는 쇠퇴하는 반면 비대면 인프라 구축을 위한 산업이 지속 발전할 것으로 전망하고 있다.

코로나19 방역기를 거치며 우리는 대전환의 시대를 맞이했다. 비대면, 즉 '언택트(Untact)'의 일상화는 구매와 소비 패턴까지 바꾸어 이제는 거의 모든 활동을 집에서 온라인을 통해 연결(On)하는 '온택트(Ontact)' 시대로 전환되었다. 음식 배달은 물론 학습과 인간관계에도 온라인을 활용하는 현상은 더 이상 특별한 일이 아니다.

광고회사 이노션이 2020년 4월에 발표한 '바이러스 트렌드 빅데이터 분석 보고서'에 따르면, 물리적 거리는 유지하되 일상을 영위하고 사회를 정상 운영하기 위해서는 언제든 필요할 때마다 서로를 연결할 필요성이 대두되면서 온택트가 보편화하는 뉴노멀(New Normal) 시대에 접어들었다고 한다. 이를 증명하듯 이제는 집에서 쉽게 온라인으로 공연, 음악회, 연극, 미술 등을 관람할 수 있다. 또한 화상 면접으로 인재를 뽑는 온라인 채용 트렌드는 우리 사회가 본격적인 온택트 사회로 가고 있음을 보여준다.

주거의 범위를 넘어 확대된 집의 활용 범위는 무엇을 의미하나

지금까지 집이란 가족들과 소통하면서 함께 밥을 먹고 함께 자고 일상생활을 공유하는 공간이었다. 그러나 집에 머무르는 시간이 늘어나면서 다양한 취미활동 공간과 사무실 역할을 하는 홈오피스(Home Office)의 역할도 하게 되었다.

디지털 시대의 일하는 방식이 원격을 통한 재택근무로 바뀌면서 더 이상 일은 사무실에서만 하는 것이 아니다. 이제 집이란 주거뿐만 아니라 사무실, 학교, 휴식 및 놀이터 기능을 하게 되면서 단순 휴식과 주거의 개념을 넘어 복합 기능을 하는 곳이 되어가고 있다.

특히 재택근무가 확대되면서 빈 사무실을 축소하려는 움직임이 현실로 나타나고 있다. 기업은 사무실 유지비를 절감하면서 출퇴근 시간을 줄여 업무의 효율을 높이기 위해 '거점 오피스'를 구축하는 등 발 빠른 움직임을 보이고 있다.

집의 개념은 최근 진화하는 IT 기술과 결합되어 물리적인 거리나 공간의 제약 없이 스마트화된 홈오피스 환경으로 점점 발전할 것이다. 집의 활용 범위가 확대되고 홈오피스가 늘어나면서 과거에는 상상으로나 가능했던 온라인 학습과 온라인 근무, 여가 장소 등 공간의 대전환이 이루어지고 있음을 예측할 수 있다.

인류 역사를 거울 삼아 미래 변화를 대비해야 할 때이다

인류 역사를 되짚어볼 때 분명한 사실은 제2, 제3의 '바이러스 팬데믹'이 언제든지 다시 올 수 있다는 점이다. 코로나19는 4차 산업혁명의 기술 변화를 더 빨라지게 했다. 코로나19가 종식된 이후에 우리는 더 많이 달라진 세상에 살게 될 것이다. 이에 토머스 프리드먼의 주장처럼 우리는 '코로나 이후' 시대를 대비해야 한다.

기술의 발전과 디지털 전환의 가속화는 과학자와 엔지니어의 몫이라고 해도 그 혜택을 누리며 활용하는 것은 우리다. 정부의 방역 대책으로 새로운 집의 활용을 인식했고 진화된 디지털 기술력을 바탕으로 한 개인화 서비스로 공간의 제약 없이 많은 일들을 할 수 있다.

사람 대 사람의 관계가 접촉이 아닌 접속으로 바뀌고 구매와 소비가 온택트로 이뤄지면서 개인의 공간은 온전히 자신만의 세상이 되었다. 관계와 일상 그리고 일하는 방식이 온라인으로 서로 연결되고 소통하는 디지털 사회로 진화하는 중이다. 앞으로 이와 같은 상황이 재발할 것에 대비하며 '무엇을 어떻게 해야 하는가?'를 스스로 진지하게 질문하고, 각자의 위치에서 해답을 찾아내는 시간을 마주해야 할 것이다.

새로운 주거 트렌드, 멀티 해비테이션

서구의 보편화된 멀티 해비테이션이란

최근 개인의 소득수준이 증가하면서 일과 삶의 질에 대한 관심 또한 증대되었다. 또한 개인의 활동 영역과 다양한 취미활동, 라이프스타일은 주거라는 개념 자체를 바꾸고 있다.

지금까지 집은 양호한 환경을 갖춘 '정주(定住)' 개념이었다. 하지만 선호하는 지역에 또 다른 주거를 마련하는 '반정주(半定住)'가 추가된 동적 주거 개념이 점차 확산되고 있다. 교통이 편리하고 소비와 문화 활동이 가능한 도시 외곽이나 지방에 일과 쉼, 휴식을 위한 또 하나의 터전을 마련하는 추세다.[2]

이러한 왕래형 주거 형태는 큰 개념에서 멀티 해비테이션(Multi-Habitation)이다. 각국의 보편화된 반정주 형태로 남아메리카 일대의 스노버드(Snow-bird), 스웨덴의 여름 별장 스투가(Stuga), 러시아의 다차(Dacha), 일본의 시민농원(市民農園) 등이 있다.

'멀티해비(Multi-Habi)' 주거 형태가 가능해진 것은 탄탄한 경제력에 더해진 교통 인프라와 교통수단의 발전 덕분이다. 또한 최근 들어 급속하게 발달한 정보통신 기술로 인해 공간에서 '접촉'하기보다 간단하게 온라인상 '접속'만으로도 다양한 업무가 가능해진 점도 멀티해비 라이프스타일을 가능하게 한 요인이다.

라이프스타일의 변화와 주거 공간 개념 변화의 흐름

최근 우리나라는 주5일 근무제의 정착으로 여가 시간이 많아지면서 도시를 떠나 청정한 전원에서의 힐링과 여유를 찾고자 하는 수요가 늘고 있다. 그러면서 5도 2촌(5일은 도시, 주말 2일은 농촌에서 생활하는 것)이라는 멀티해비 주거 형태가 확산되고 있다. 일부는 해외에 주거지를 마련해 계절별로 거주하는 등 이제 정주의 개념이 점차 다양한 형태로 바뀌고 있다.

반정주 개념의 또 다른 변형 버전은 '한 달 살기'와 '농촌체험' 등 각 지자체가 인구 유입을 위해 마케팅 차원에서 마련한 농촌 살기 프로젝트로 나타난다. 특히 MZ세대 사이에서 나타난 '워케이션(Worcation)'은 일(Work)과 휴식(Vacation)의 합성어로 원하는 장소에서 일하며 휴가를 동시에 즐기는 것이다. 예전에도 출장에 이어서 휴가를 즐기는 '블레저(Bleisure)'라는 개념이 있었다. 그러나 이번 코로나19로 장기적인 휴가 활용이 제한되면서 새로운 방법으로 확산되고 있다.

'러스틱 라이프(Rustic Life)'는 농촌 특유의 매력을 즐기는 5도 2촌과 비슷하지만 주거를 마련하지 않고 숙소를 빌려서 활용하는 형태다. 이러한 삶의 방식에는 디지털 장비(노트북, 스마트폰, 테블릿 등)가 큰몫을 한다. 이처럼 장소에 구애받지 않고 일하는 사람들을 디지털 유목민(디지털 노마드, Digital Nomad)이라고 한다.

이제는 좋은 환경에서 일과 휴식, 치유함으로써 스트레스를 덜 받으며 일과 삶의 조화를 추구하는 사람들이 모든 연령대에 확산되고 있다. 다양한 수요에 따라 거주 공간도 다양하게 진화하고 있으며, 교통 여건이 좋아짐에 따라 대도시 근교뿐만 아니라 원거리 시골까지 전원 지역의 공간적 범역이 넓어지고 있다.[3]

현재 멀티해비의 실태 및 확장 가능성은 어떻게 되는가

우리나라에서 멀티해비에 대한 수요가 늘어난 데에는 10여 년 전부터 시작된 베이비부머의 은퇴와 도시민의 전원생활에 대한 동경 등이 주요인이라고 할 수 있다. 코로나19 이전에도 가족이나 지인 또는 동호회 모임 등을 통해 전원마을을 형성하며 멀티해비를 추구하는 사례가 있었다. 또한 도시 주택에서 자신의 전유 공간이 부족한 남성들은 전원주택에서 자신만의 공간을 꾸려 취미 등을 즐기려는 경향이 있었다.

이 중 5도 2촌 생활자들은 기존에 생활하던 도시의 집 외에 별도로 도시 외곽의 휴양지나 농촌 지역에 새로운 주거지를 만들어 도시와 농촌을 왕래한다. 그리고 농촌 지역에서 보내는 주말 이틀을 위해 주택을 건축하거나 '농막(농지에서 농사를 지으며 농기구를 보관하거나 잠시 휴식처로 사용하기 위해 가설한 건축물)'을 짓기도 한다.

최근 흥미로운 것은 멀티해비 수요자의 연령대가 점차 낮아지고 있다는 것이다. 소득 측면에서도 예전에는 전문직 종사자나 고소득자가 많았으나 최근에는 중산층의 수요도 늘어났다. 과거에 별장이나 주말 주택의 수요자는 주로 자연경관이나 전망을 많이 따졌으나 최근 멀티해비 수요자는 자연경관에 생활 편리를 중시하는 경향을 보인다. 접근성 때문에 고속도로 IC 주변 또는 고속도로에서 가까우면서도 자연경관이 수려한 곳에 멀티해비 수요가 많다는 특징을 가지고 있다.

그렇다고 모두 멀티해비의 꿈을 실현하는 것은 아니다. 현실적으로 우리나라 은퇴자들은 노후 준비가 제대로 되어 있지 않아 멀티해비를 실현하기에는 경제적인 부담 또한 큰 것이 사실이다. 은퇴 전이거나 경제적인 여유가 있는 젊은 사람이라 하더라도 바로 실천하기가 어려운 것은 전원주택의 사용 빈도에 따른 경제적 가치 때문이다. 초기 투자비 대비 사용 빈도와 유지 보수 및 관리 문제가 망설이게 하는 요인이다.[4]

코로나19 이후 멀티해비 이렇게 전망한다

코로나19가 만든 주거 문화는 앞으로 집의 활용 측면에서 또 다른 트렌드가 될 것이다. 특히 멀티해비의 확산은 발상을 뛰어넘는 새로운 문화가 될 전망이다. 대면이 일상이던 시대에 코로나19는 비대면의 세계를 열었다. 이것이 4차 산업혁명의 핵심인 디지털 기술과 맞물려 상상으로만 꿈꾸던 인공지능과 사물인터넷(IoT, Internet of Things)을 통해 시간과 공간을 뛰어넘을 수 있게 되었다.

집에 대한 가치 역시 정주 개념을 넘어서 자신이 거주하고 싶은 곳에서 업무와 쇼핑, 학습, 소통, 휴식을 하는 가장 편안하고 안전한 공간이라는 인식이 높아졌다. 어떤 장소보다 자유와 안락함을 제공하는, 바뀐 집에 대한 개념은 코로나19 상황이 끝나더라도 지속될 전망이다. 과거 중국발 황사가 사회문제가 되었을 때도 도시를 떠나 황사 도피형 멀티해비가 유행한 적이 있다. 따라서 도심과 왕래하는 멀티해비는 더욱 확대되면서 변화를 주도할 것으로 보인다.

그렇다면 멀티해비 기능을 충족할 집은 어떤 조건에 부합해야 하는가? 우선 집을 중심으로 활동해야 하기 때문에 접근성과 정보통신 혜택이 가능하고 쾌적한 환경이 수반되어야 한다. 집의 규모는 경제력이 반영될 수도 있으나 최근 들어 소형 또는 실속형 주택이 대세다.

또한 집은 업무와 공부 그리고 소통의 공간으로서 '언택트', '온택트'가 모두 가능해야 한다. 비정주 개념의 집이라도 단순한 주거와 휴식 공간을 넘어 업무부터 여가까지 모든 활동을 할 수 있어야 한다. 4차 산업의 디지털 정보통신 기술을 활용할 수 있는 홈오피스 개념의 집으로 확대되는 것이다. 코로나19와 같은 상황이 재현되어도 장소와 위치에 상관없이 일상적으로 디지털 접속이 가능한 집이야말로 현대인들이 가장 선호하는 형태다.

4050, 도시 탈출과 워라밸을 준비할 때

워라밸 때문에 오후 6시가 되면 '얼른 퇴근하고 싶어!'

은퇴하고 다시 들어간 직장에서 오후 6시가 되면 어김없이 들려오는 노래가 있었다. "얼른 퇴근하고 싶다, 퇴근하고 싶다" 고용노동부의 '워라밸 근무혁신 제안' 추진으로 어느 한 도청에서 만들어진 〈퇴근송〉이다. 예전에 오후 6시는 야근을 준비하는 시간이었는데, 이제는 그 시간에 얼른 퇴근하고 싶다고 노래하니 세상 정말 좋아졌다.

'일과 삶의 균형'을 뜻하는 워라밸이 등장한 배경에는 1970년대 영국 노동자들의 노동 현실이 깔려 있다. 당시 열악한 노동환경을 질적으로 개선하고 개인의 업무와 사생활의 균형을 강조하면서 나타난 개념이다. 유럽연합(EU)은 근로자들이 일과 가족 부양의 균형을 달성하도록 가족 친화 정책과 사회보장 정책을 도입했다. 미국은 기업들이 우수한 인력 확보를 위해 탁아소 운영과 휴직

제도, 경제 지원 등을 시행하고 있다.

　우리 정부도 2016년 '근무혁신 10대 제안'을 추진하기로 결정해 2017년 하반기부터 '정시 퇴근하기', '퇴근 후 업무연락 자제' 등을 시행하고 있다. 그런데 우리나라의 워라밸은 일과 이후의 가족 친화 개념에서 자기 성취 개념으로 바뀐 부분이 있다. 일과 시간 내에는 근무하고 퇴근 후에는 자신만의 삶을 누리는 것이다.

　직장인들은 일과 삶의 균형을 맞추려고 근무 시간보다 퇴근 이후의 시간을 더 바쁘게 사는 경향도 있다. 예를 들어 퇴근 후 준비해온 운동복을 입고 러닝 동호회 활동을 하러 약속 장소에 나간다. 회원들과 함께 스트레칭을 하고 강변을 달리며 사진을 남긴 후 뒤풀이 모임을 하는 것으로 일과 삶의 균형을 맞추고 있다고 생각한다. 그런데 워라밸을 챙긴다고 퇴근 후의 삶에 더 치중해서 다음 날 지친 모습으로 출근하거나 일에 지장을 주는 경우가 있다. 이런 상황은 본말전도(本末顚倒)라고 할 수 있다.

오늘도 가장 바쁜 '낀 세대'로서 4050은 늘 피곤하다

　우리나라에서는 1988년부터 1994년까지 출생자들을 '워라밸 세대'로 부른다. 소위 베이비부머부터 386세대들은 자신보다 가족과 나라를 위한 삶을 살아왔다고 해도 과언이 아니다. 나는 생애 첫 직장에서 정말 치열하게 일했다. 오직 일만 하고 살았던 시간이었다. 하지만 직장 생활 초기에 몰입했던 일 덕분에 그 분야에서 30여 년간 근무하며 나름의 위치를 구축할 수 있었다. 반면 워라밸 세대는 개인의 행복과 자유를 우선적으로 추구한다. 때로는 그것을 이해하지 못하는 세대와 갈등을 빚기도 했다.

물론 이것을 세대 차이로 치부할 수도 있지만 이런 경향은 앞으로 더욱 심해질 것으로 보인다. 이렇게 베이비붐 세대와 MZ세대 사이에 놓인 4050 X세대는 늘 피곤하다. 일과 성과만을 요구하는 베이비붐 세대 상사를 모시고 워라밸을 향유하고자 하는 부하직원을 독려해야 하는 '낀 세대'로서 간부와 중역의 위치에 있기 때문이다. 스스로도 워라밸에 대한 자신감이 부족한데 직원들에게는 쿨한 척 일과 삶의 균형을 유지하라고 하는 것이 영 불편하다. 하지만 그렇게 하지 않으면 꼰대인 것 같은 자괴감 사이에서 방황하는 것이 4050세대의 고민이다.

그렇다면 워라밸을 추구하는 젊은 세대들은 행복할까? 일과 삶의 균형을 잡아도 한국 직장인의 평균적인 삶은 마냥 행복하진 않아 보인다.

> 한국 직장인의 평균적인 삶은 대체로 행복과 다소 거리가 있다. 경제협력개발기구(OECD)에 따르면 한국인은 직장에서 약 7.8시간을 보낸다. 수면시간을 제외하고 하루의 절반 이상을 회사에서 보내지만 유엔의 세계행복보고서에 따르면 2018년부터 2020년까지 3년간 한국의 행복지수는 5.85점(10점 만점)으로 OECD 회원국 37개국 중 35위에 그친다.
>
> ─ 오승준, "'워라밸' 넘어 '워라블' 시대… 퇴사보다는 직무 바꿔 '덕업일치'를", 〈동아일보〉, 2022. 6. 14.

어쩌면 직장인 2명 중 1명은 일과 삶의 균형에서 전혀 만족하지 못하고 있을지도 모른다. 이는 결국 좋아하지 않는 일을 반강제적으로 하고 있다는 말일 수도 있다. 2022년 대기업에서 1년 이내 퇴사율은 23.2%다. 이 수치는 대기업 간판이나 임금보다 자신의 가치관과 취향을 더 중시하는 MZ세대의 성향을 그대로 보여주는 대표적인 사례다.

워라밸과 워라블한 삶을 위해 은퇴 후 할 일을 준비하라

일과 이후에 가족과 함께하기 어렵다면, 미래를 대비하는 시간으로 사용하면 어떨까? 앞으로 도래할 100세 시대, '은퇴 이후 어떻게 살까'에 대해 고민하는 것이다. 직장 생활을 하면서 워라밸을 통해 충분한 휴식과 즐길 거리를 찾는 것보다 '미래를 위한 대비'로 퇴직 이후 행복하게 사는 삶에 초점을 맞춰야 한다는 말이다.

> '워라밸'이 아닌 '워라블' 시대다. 1~2년 전부터 신조어로 부상한 워라블은 '워크라이프 블렌딩(work-life blending)'의 줄임말로 일과 삶을 적절히 섞는다는 뜻이다. 2010년대 중반 유행한 '워라밸'이 일과 삶을 대립 구도로 바라보며 균형을 중시한다면 '워라블'은 일을 통해 삶의 가치를 구현하려는 라이프 스타일이다. 일상의 큰 비중을 차지하는 일에서 행복하지 않다면 삶 전체가 행복해지기 힘들다는 태도로 일을 중심에 놓으면서도 '자신'을 잃지 않으려 한다.
>
> — 나윤석, "'워라밸' 보다 '워라블'… 일과 삶, 잘 섞여야 행복", 〈문화일보〉, 2022. 1. 19.

사람들의 삶에서 일은 떼려야 뗄 수 없는 요소이다. 따라서 은퇴 후 어떤 삶을 살 것인지에 대한 고민은 4050뿐 아니라 2030 젊은 세대들에게도 화두다.

한국고용정보원이 발간한 〈신중년(5060) 경력설계 안내서〉에 따르면 활기찬 신중년을 위한 준비 사항은 5가지로 정리된다.

- 은퇴 후 변화에 대비하기
- '나'다운 삶을 위한 직업 선택하기
- 경제적으로 준비하기
- 주변과 풍요로운 관계 맺기
- 여가와 건강 알차게 챙기기

예전에 은퇴 이후의 삶은 모든 일을 놓고 산 좋고 물 좋은 곳에서 전원생활을 즐기는 것이었다. 이를 위해 도시민이 전원생활을 준비하면 '도시 떠나기'라는 인상이 강했다. 그러나 최근에는 '도시에 집은 두고 떠나기'라는 방식으로 이삿짐 싸서 떠나는 전원생활 대신 반정주 개념의 멀티해비로 바뀌고 있다.

은퇴 후 더 많은 시간, 워라밸을 원한다면 지금 준비하라

임페리얼 칼리지 런던(Imperial College London)과 세계보건기구(WHO)에서 공동 연구한(2017년) 각국의 기대수명에 따르면 2030년까지 세계 35개국 중 대한민국이 기대수명이 가장 긴 국가가 될 것으로 전망했다. 2015년 남자 79.0세, 여자 85.2세에서 2065년에 남자 88.4세, 여자 91.6세로 전망한다.[5]

김웅철의 《연금밖에 없다던 김부장은 어떻게 노후 걱정이 없어졌을까》(부키, 2020)에 따르면 "앞으로 60세에 은퇴해 기대수명을 넘어 100세까지 산다고 가정했을 때, 하루 중 일상생활에 꼭 필요한 수면, 식사, 가사노동 등의 시간을 제외한 여가 시간은 16만 600시간(11시간×365일×40년) 정도"라고 한다. 은퇴 생활을 뒷받침해 줄 경제적인 준비가 되어 있지 않다면 이 시간 중 일부는 소득과 수입을 얻기 위한 경제활동을 해야 한다.

비단 경제적인 문제가 아니라도 은퇴 이후에 할 일은 반드시 필요하다. 은퇴 이후 일의 참여와 관련된 연구를 보면 노년기에 취업을 희망하는 것은 단순히 생활비를 얻기 위한 것보다 상실감을 넘어 다시 일에 참여함으로써 자기효능감을 가지기 위해서다. 은퇴자들이 일에 참여하는 이유는 '일의 재미', '건강상의 이유', '자기 발전' 등이다.[6]

최근 길어진 기대수명으로 이제 4050세대의 은퇴 이후의 삶은 직장 생활을 한 기간보다 더 길 수 있다. 치밀하게 준비된 노후라면 장수(長壽)가 축복이겠지만 준비되지 않은 노후라면 오히려 불행한 삶이 될 수 있다.

나이 드는 것에 대한 보편적이고 무의식적인 편견을 버린다면 4050세대는 과거 노인과는 완전히 다른 욜드한 삶을 사는 액티브 시니어가 될 수 있다. 예를 들어 앞으로 보편화될 멀티해비 개념의 주거문화를 실천하면서 쾌적한 농촌에서 제2의 인생을 준비하는 것도 좋은 방법 중 하나다. 또한 은퇴 후 희망찬 아침을 기대한다면 한 살이라도 젊을 때부터 미래를 준비하는 것이 워라밸을 실현할 수 있는 비결이다. 이러한 미래를 준비하는 것은 자신에게 주는 최고의 선물이 될 것이다.

행복한 욜드의
삶을 준비하자

그들은 말한다, "우리는 아직 젊고 건강하며 열정이 있다!"

최근 들어 부쩍 '고령화', '초고령화'라는 단어가 언론에 자주 등장한다. 또한 '저출산'과 함께 사용되면서 부정적인 의미로 받아들여지고 있다. 마치 노인 문제는 젊은 세대가 짊어져야 할 짐으로 인식하는 것이다. 어떤 이들은 일부러 이런 편견을 부추기는 발언을 하기도 한다. 베이비붐 전후 세대들은 한국전쟁 이후 태어나 보릿고개를 경험한 산업화 시대의 역군들이다. 그럼에도 부정적인 인식과 평가에 안타까울 따름이다.

우리나라 65세 이상 고령인구는 전체 인구 중 17.5%에 해당한다(2022년 기준). 앞으로 고령인구는 계속 증가해 2025년에는 20.6%에 이르러 초고령사회에 진입할 것으로 전망되며, 2035년에는 30.1%, 2050년에는 40.1%가 될 것으로 예상된다. 그럼에도 지금까지 65세 이상 고령인구에 대한 일반적인 인식은 나이 들어

쇠약하고 몸이 아파 일을 못 하는 가련한 존재라는 이미지가 지배적이다. 이러한 시각을 '노령담론(Narrative of Aging)'이라고 하는데, 그 배경에는 우리 사회에 깊숙이 뿌리박힌 정년(停年)제도가 한몫하고 있다. 그렇다면 65세 이상이 되면 모두 보살핌을 받아야 하는 노인으로 전락하고 마는 것일까? 실제로 현장에서 은퇴자들의 이야기를 들어보면 '우리는 아직 젊고 건강하며 열정이 있다'고 이구동성으로 외친다.

최근 영국 등 선진국은 늘어나는 고령인구에 대비한 조치로 2011년 65세이던 법적 은퇴 제도를 폐지했다. 일본도 원칙상 60세 정년제를 유지하지만 2006년 시행한 '65세까지 고용 확보 조치 의무화'에 이어 2021년부터 고용주에게 '70세까지 취업 기회 확보를 위한 노력' 의무화를 시행하고 있다. 다행히 우리나라도 서서히 정년 폐지 움직임이 고무적으로 일어나고 있다.

오늘의 노인은 어제의 노인과 다르다

미국의 심리학자 버니스 뉴가튼(Bernice Neugarten)은 〈뉴욕타임스〉에서 새로운 인생주기와 노인에 대한 새로운 패러다임을 제시했다. 노년기를 전 노년기(55~75세)와 후기 노년기(76~85세)로 구분하면서 전 노년기를 '젊은 노인(Young Old)'이라고 불렀다.

그는 책《나이 듦의 의미(The Meanings of Age)》에서 "오늘의 노인은 어제의 노인과 다르다"라고 하며 시니어의 유형을 4가지로 나눴다. '프리시니어(Pre-Senior)'는 은퇴를 앞둔 사람, '액티브시니어

(Active-Senior)'는 안정된 경제력으로 활발한 소비활동을 하는 사람, '아더시니어(Other-Senior)'는 경제력과 소비 수준이 낮은 사람, '실버시니어(Silver-Senior)'는 자녀에 의존하는 쇠약한 사람으로 실명했다.

특히 액티브시니어는 사회생활을 왕성히 하고 활동적인 노년을 보내는 이들을 말한다. 학력이 높고 열정적이라고 해서 노년기라기보다는 '영 올드(Young Old)', 줄여서 '욜드(YOLD)'라고 부른다. 이 용어는 영국 시사 주간지 〈이코노미스트(The Economist)〉가 펴낸 《2020년 세계경제 대전망》(한국경제신문사, 2019)에서 욜드의 영향력을 발표하며 떠올랐다.

이러한 현상에 UN은 2015년 생애 연령 기준을 18~65세 청년, 66~79세 중년, 80~99세 노인, 100세 이상 장수노인으로 재정립했다. 이는 초고령사회 진입을 앞두고 있는 우리나라가 심각하게 숙고하고 공론화해야 할 논제이기도 하다.

전통적인 노인층과 확연하게 구별되는 욜드

욜드는 전통적인 노인과 전혀 다르다. 노년이라기에는 아직 젊은 액티브시니어들의 왕성한 활동력은 젊은이들 못지않다. 욜드는 근엄하고 고상한 조언자 역할을 떠나 일과 열정 면에서 매우 생산적이며 활기찬 자기표현으로 사회참여의 욕구가 강하다. 각종 취미 활동과 스포츠를 즐기는 것뿐 아니라 자신의 관점에서 세상을 바라보고 SNS 활동 등 새로운 문화를 습득하려고 한다.

경제력과 소비 활동에서도 자신감 있고 당당하다. 지금까지 수

고한 나를 위해 통 큰 소비를 하기도 하며 인생을 즐긴다. 육체적으로나 정신적으로 스스로를 챙기는 습관이 되어 있다. 또한 전통적 노인층보다 개방적이고 모험적인 성향으로 자아실현을 추구하며 활발한 모임을 이어가는 경향이 강하다. 이들에게 일이란 자아실현은 물론 사회적 위치를 나타내기도 하다.

행복한 욜드의 삶의 터전은 곧 놀이터가 되어야 한다

은퇴 후에 느끼는 행복은 어떤 것일까? 지금까지 하고 싶었지만 하지 못했던 '버킷리스트'를 작성해 하나하나 성취해 나가는 것도 행복의 하나일 수 있다. 지금까지 열심히 살아온 나에게 주는 보상으로 충분한 쉼을 누려도 좋다. 관점의 차이일 수도 있겠으나 현직에서 하던 일을 계속 이어가도 된다.

J선배는 친정에 온 딸과 손녀와 함께 몇 시간 쇼핑했더니 피곤하다고 했다. 하지만 그의 말과 다르게 표정은 밝았다. 행복하다고 자랑하는 것임을 알고 있다. 그는 중고등학교 음악 교사로 재직하다 교감직을 마지막으로 정년퇴임했다. 바로 사무실을 내고 악기 레슨을 하면서 정기회원을 받기도 하고, 출장 레슨으로 찾아가는 서비스를 한다. 아침 일찍 나와 청소하고 수업할 악보도 만든다. 악기 연습을 하다가 괜히 다른 사람과 마주치면 부모 몰래 재미있는 놀이를 하다가 들킨 아이처럼 흠칫 놀란다. '왜 이렇게 일찍 나오셨어요?'라는 물음에 "내 놀이터이니까" 하며 즐거워한다.

은퇴 이후의 놀이터는 자신이 좋아하는 일을 하며 자기만의 노하우로 수입을 얻을 뿐 아니라 제자 양성을 통해 보람과 삶의 의미까지 찾는 공간이다. 일을 하면서 오히려 건강해져 복지와 의료비 부담을 줄이고 도리어 생산성을 유지하는 수단이 되기도 한다. 근력과 인지 능력이 더 오래 유지되기 때문에 은퇴 후가 이보다 더 좋을 수 없다.

한때 젊은 층에서 욜로(YOLO, You Only Live Once)가 유행했다. '당신은 한 번뿐인 인생을 산다'라는 뜻으로 한 번뿐인 인생 하고 싶은 것 다 누리며, 미래나 남을 위해 희생하는 대신 지금 당장 자신의 욕구를 위해 아낌없이 돈과 시간을 지출하는 삶의 태도다. 그러나 한 번뿐인 인생이라고 해서 과연 그렇게 살아가는 것이 진정한 욜로이며 과연 행복할까? 어쩌면 한 번뿐인 인생을 잘사는 것은 철학자 스피노자(Baruch de Spinoza)가 말한 '내일 지구가 망해도 나는 한 그루 사과나무를 심겠다'는 마음처럼 매 순간 진심으로 사랑하고 무언가에 최선을 다하는 가운데 성취를 통해 행복을 느끼는 것이 아닐까 생각한다.

보건복지부에서 발표한 '2020년 노인 실태조사'에 따르면 '자녀와 동거를 희망'하는 비율은 2008년 32.5%에서 12.8%로 줄어들었다. 10명 중 9명은 개인 생활을 향유하고 싶다는 이유다. 건강하고 경제적으로도 안정된 만큼 노후를 자식에게 의지하지 않겠다고 생각하는 당당한 욜드의 모습이다. 여기에 더해 건강하고 행복한 노후를 보내고 싶다면 '자기만의 놀이터를 하나쯤 준비'하라고 말하고 싶다.

전원생활을 꿈꾸는
나는 귀농일까, 귀촌일까

잠재의식 속에 내재된 귀농귀촌은 귀소본능인가

어릴 적 어른들은 한곳에 붙어 있지 못하고 이리저리 떠돌아다니는 사람에게 역마살(驛馬煞)이 끼었다고 했다. '역마살'이라는 말은 어린 나에게 매우 생경하면서도 의미심장하게 들렸다.

일상에 묶인 생활을 떠나 자유롭고자 하는 의지가 기질적으로 강한 사람들을 이르는 말이라는 것은 나중에 안 사실이지만, 생각해 보면 역마살은 누구나 꿈꾸는 일탈이며 자유에 대한 본능이 아닐까? 짜인 일상에서 완전히 떠날 수 없다면 짧은 여행이라도 해야 직성이 풀리는 이유는 바로 지금까지 살아온 공간을 벗어나 잠시 마음의 여유를 갖고자 하는 심리적 해방감의 또 다른 표현이다. 마치 어린 시절 소풍을 앞두고 설렘으로 잠 못 이루던 것은 학교라는 일상을 떠나는 것에 대한 기대감과 흥분 때문이었던 것처럼 말이다.

하지만 작은 일탈을 감행하거나 아무리 재미있는 여행을 해봐도 기쁨과 성취감은 한순간일 뿐이다. 돌아오면 언제나 채워지지 못한 공허(空虛)가 밀려와 다시 어디론가 떠나고 싶은 욕구가 밀려든다. 귀소본능이라고 불러도 좋을 그런 마음 때문에 많은 은퇴자나 은퇴를 앞둔 이들, 아니면 아직 젊은 사람들이 귀농과 귀촌을 생각하는 것인지도 모른다.

생물학자 베른트 하인리히(Bernd Heinrich)는 귀소본능(歸巢本能)을 '생존과 번식에 적합한 장소를 찾아 이동해 그곳을 자신의 필요에 맞게 만들고, 떠나갔던 보금자리를 찾아 되돌아오는 능력'이라고 정의했다. 하천에서 생을 시작해 바다에서 성장하고 다시 하천으로 돌아와 번식한 뒤 생을 마감하는 가시고기처럼, 대부분의 동물이 처음 태어나 성장한 장소로 되돌아오는 것은 본능이다.

흔히 고향을 어미 품에 비유한다. 어려울 때 위안이 되고 힘들 때 쉬고 싶은 곳이다. 앞만 보며 살아온 날들이 힘겨워지는 순간 자신이 가장 편한 곳을 찾아 몸을 뉘고 싶은 욕구는 어쩌면 자연의 순리다. 나이가 들면서 잠재의식 속에 꿈틀거리는 귀향 본능은 인간의 기본적인 욕망이며 지극히 자연스러운 현상이다.

전원생활, 사전적 의미와 실제 모습의 차이

인간은 누구나 나름대로 성공이라는 목표를 정하고 그것을 실현하기 위해 자격과 경력을 쌓는다. 사회는 빠르게 변화하는 경쟁 구도 속에서 적자생존(適者生存)이라는 정글의 법칙이 적용된다. 그렇게 살아남은 자들은 거칠고 힘들었던 도시 생활에서 벗어나 전리품처럼 전원생활을 꿈꿔 왔다. 언제부턴가 전원생활은 안식과 편안한 쉼의 대명사가 되었다. "아무 생각 없이 공기 맑고 경치 좋은 데 가서 맘 편하게 전원생활을 하고 싶어요"라는 말은 때로는 어메니티(Amenity, 생활 편의시설)와 전원을 연계하는 무의식의 흐름이기도 하다.

전원이란 한자로 '밭 전(田)'에 '뜰 원(園)'이고 '도시에서 떨어진 시골이나 교외(郊外)'를 이른다. 생활이란 '① 사람이나 동물이 일정한 환경에서 활동하며 살아감, ② 생계나 살림을 꾸려 나감, ③ 조직체에서 그 구성원으로 활동함' 등으로 정의된다.

두 낱말의 합성어인 전원생활은 '도시를 떠나 전원에서 한가하게 지내는 생활'로 명시되어 있다. '시골이나 교외에서 생계를 꾸리며 농촌공동체 구성원으로 활동하는 것'이라고 할 수 있다. 사실상 이는 전혀 한가하지 않은 개념이다. 그러나 사람들은 자연 풍광이 아름다운 물 맑고 공기 좋은 곳에서 유유자적하는 정도로만 전원생활을 이해하고 있다. 은퇴 후에 꿈꾸는 전원생활이 이렇게 만만하기만 할까? 그렇기도 하고 그렇지 않기도 하다.

1960년 우리나라 인구의 70% 이상이 농촌에 거주했고 그중 60%는 농업에 종사했다. 그러나 산업화 과정에서 인구가 도시로 집중되었다. 특히 베이비붐 세대(1955~1963년 출생)는 총 1,750만여 명에 이르며 이들의 상당수가 고향을 떠났다. 이를 귀소본능으로 설명하면, 베이비붐 세대의 대다수는 귀농귀촌을 고려할 수도 있다. 그러나 우리가 꿈꾸는 전원생활은 어떠해야 하는지 실상을 바로 알고, 어떻게 시작할지 제대로 준비한 후에야 비로소 은퇴 이후의 인생 2막이 행복해질 수 있다.

농촌 생활에서 나는 경영자이면서 관리자가 되어야 한다

농촌진흥청에서 2020년 귀농귀촌 실태를 조사한 결과, 귀농의 이유로 '자연환경'이 가장 많은 비중(30.5%)을 차지한 점은 우리에게 많은 점을 시사한다. 전원생활에 대한 막연한 환상이 반영되어 실제 전원생활의 실상을 제대로 이해하지 못한 결과라고 할 수 있다. 좋은 '자연환경'은 그저 누리기만 하면 되는 것이 아니라 스스로 날마다 관리해야 한다는 점을 간과하고 있다.

실제 전원생활은 사계절 노동을 요구한다. 이를테면 봄날 돋아나는 파란 새싹을 보려면 밑거름하고 땅을 갈아엎는 수고를 해야 한다. 파종이나 묘 심기 전에는 비닐로 멀칭(Mulching)을 하고, 심고 나서부터는 물을 주고 햇볕을 가려주며 잡초 관리, 비료 주기, 때에 따라 살충제, 살균제를 뿌려 병충해를 예방해야 한다.

여름에 비가 많이 내릴 때를 대비해 배수로 정비와 병충해 예방을 꼼꼼히 챙겨야 하며 잡초 관리도 빠질 수 없다. 수확의 계절에는 첫 서리 전에 거두기 위해 수시로 기상예보를 확인해야 한다. 농촌의 외딴곳이라면 야생동물에 의한 농작물 보호 대책도 강구해야 한다.

농작물 수확 후에는 뒤처리로 비닐과 작물 대를 뽑아 다음 농사에 대비해야 한다. 주거지에는 안정적인 겨울나기 준비를 위해 보온 등 동파 방지 대책을 마련해야 한다. 겨울에 눈이 내리면 바로 쓸어 미끄럼 사고를 예방하고 다음 해 농사를 위해 거름과 씨앗, 묘목을 준비해야 한다. 이 모든 행위가 전원생활이다. 즉, '가꿈과 관리'는 누림을 위한 준비 과정이다. 그러므로 농촌에서 경영자이면서 관리자가 될 각오가 섰을 때 비로소 행복한 전원생활을 누릴 수 있다.

귀농과 귀촌의 차이는 주 소득원과 관련해 생각하라

사람들은 대부분 귀농과 귀촌을 비슷한 말로 쓰고 있지만 이 둘은 확연히 의미가 다르다. 귀농은 농촌 이외의 지역에서 농촌으로 이주해 농업을 주업으로 살아가는 것이다. 귀촌이란 다양한 이유로 인해 농촌에 주거지를 마련하되 농업 이외의 소득원으로 생활하는 것이다. 귀농과 귀촌은 농촌을 터전으로 생활한다는 공통점은 있지만, 수입원의 차이가 극명하게 구분된다. 통계에 의하면 귀농인이 다른 수입원으로 귀촌인이 되기도 하고, 귀촌인이 텃밭을 가꾸다 범위를 확대해 귀농인이 되기도 한다.

그러나 세밀한 구분보다 '어떻게 삶의 조화를 통해 행복한 전원생활을 할 것인가' 하는 문제에 초점을 맞추는 것이 중요하다. 귀농과 귀촌의 가장 중요한 부분은 내가 '이 일'을 잘할 수 있으며, 그 일을 통해 재미를 느끼고 행복할 수 있느냐 하는 것이기 때문이다. 그런 마음만 있다면 용어의 차이는 큰 의미가 없다.

하지만 전원생활에서 누리는 혜택으로 쾌적함과 안식을 바란다면 가꾸고 관리하는 수고로움은 당연한 것이다. 은퇴 후 시골에서 살아가기 위해서는 어쩌면 은퇴 이전보다 더 힘든 육체적 노동이 필요할 수도 있다. 그러나 은퇴 후 나이를 고려한다면 육체적으로 해낼 수 있는 일이 많지 않다. 전원주택과 연계해 생각해야 하기 때문에 귀농이라면 좀 더 신중히 생각해야 한다.

    귀농귀촌을 통한 전원생활은 누리기 이전에 가꿔야 하고 날마다 관리해야 한다는 것을 명심하고 시작해야 한다. 귀농귀촌 생활을 그저 삶의 정글에서 살아남은 자가 받는 훈장쯤으로 생각한다면 실제 전원생활은 악몽이 될 수 있다. 하지만 일과 삶의 조화를 이루면서 재미와 행복을 느낀다면 덤으로 건강한 삶까지 보장받을 것이다.

농촌에서 직업을 바꾸지 말고, 인생의 방향을 바꿔라

은퇴 후 편안한 쉼인가, 타이어를 갈아 끼우고 다시 출발할 것인가

한국농촌경제연구원(KREI)에서 발표한 '농업·농촌에 대한 2021년 국민의식 조사 결과'에 의하면, 은퇴 후에 귀농귀촌을 하고 싶은 이유로 '자연 속에서 건강하게 생활하기 위해서'(53.0%), '시간에 얽매이지 않는 자유로운 생활을 하고 싶어서'(21.9%)을 꼽았다. 귀농귀촌을 하고 싶은 사람들 10명 중 7명이 은퇴 후 편안한 노후 생활을 하고 싶은 것이다.

은퇴(隱退)란 '직임에서 물러나거나 사회 활동에서 손을 떼고 한가히 지냄'을 뜻한다. 하지만 영어에서는 정년이 되어서 하는 은퇴는 '리타이어먼트(Retirement)'다. '한가히 지냄'과 가던 길에서 좀 더 힘을 내기 위해 '타이어를 갈아 끼우는' 것의 차이는 엄청나다. 우리말에서 은퇴는 물러남과 끝이지만, 영어에서는 다시 준비해 도전하는 것이다.

몇 년 전 동호회 활동을 같이 한 K는 좀 유별난 이력을 갖고 있다. 사관학교를 나와 군에 복무하다 대위로 전역해 다시 행정고시에 합격한 늦깎이 공무원이다. 한번은 은퇴 이후 계획을 들은 적이 있다. 그의 계획 중 하나는 '산티아고 순례'인데 아직 코스와 기간을 정하지는 않았지만 버킷리스트 1번이라고 한다. 그다음은 해외 봉사활동을 떠날 계획이라고 한다. 은퇴자들이 한 번쯤 생각해 보는 미래의 삶이다. 신발 끈을 고쳐 매며 바로 떠나겠다는 K의 계획이 내심 부러웠다. 그런데 최근 들어서는 '정말 잘 실현하고 있을까?'라는 생각과 '그다음은 뭐 하고 살지?'라는 생각이 앞선다.

은퇴가 주는 기회, 인생 제2의 대항해시대를 열어라

나침반의 발명은 기존의 바다에 대한 가치관에 획기적인 변화를 가져왔다. 물고기를 잡거나 선단이 지나가던 바다 대신 노다지가 가득한 미지의 영토를 향한 관문을 열었다. 즉, 대항해시대를 열어젖힌 것이다.

인생도 이러하다. 인생의 방향을 바꾼다는 것은 목적지가 바뀌는 것이다. 목표가 바뀌면 방법도 바뀌어야 한다. 굴지의 대기업에서 고액 연봉을 받으며 승승장구하다 어느 날 신앙인의 길을 가는 사람들을 봤다. 인생에서 기존에 지향했던 일보다 새로운 길에서 더 큰 가치를 느꼈기 때문이다. 중견 간부까지 초고속 승진했다면 나름 회사에서 인정받았을 테지만 그보다 신앙에서 삶의 의미를 찾았던 것이다.

은퇴 이후의 삶도 마찬가지다. 축적한 자산이나 연금을 받으며 도시에서 안락한 노후를 보는 대신 선택한 귀농귀촌의 삶에는 내려놓음이 있다. 권위를 내려놓는 등 지금까지 대접받던 일상과는 다른 결을 마주할 용기를 가지고 무한한 미지의 세계에 과감히 도전장을 내밀 때 그전에 본 적 없는 새로운 세계가 펼쳐진다.

늦은 충격으로 바뀐 방향, 이제는 워라밸의 길을 가련다

최근 베이비붐 세대 가장들이 겪는 가장 큰 어려움은 가족들과 소통하는 문제일 것이다. 목표를 위해 쉴 새 없이 달려오며 자신은 최선을 다해 살아왔다고 여겼지만 남는 것은 가족과의 불통, 몰이해에 따른 섭섭함, 지금까지 살아온 삶에 대한 회의감으로 이어지는 경우가 다반사다. 그럼 문제는 어디서부터 꼬이기 시작한 것일까?

몇 년 전 3박 4일 가족 여행에서 문제가 발생했다. 지금까지 퇴근하면 다음날 출근을 위한 준비를 하다 보니 아이들과 함께 놀아본 기억이 별로 없었다. 또한 가족이 함께 움직인 것은 항상 부모님이 계신 고향으로 가끔 간 것과 명절에 다녀온 것이 전부였다. 그러다 보니 사실 가족 여행을 위해 무엇을 어떻게 준비해야 하는지 또한 여행지에서 가족 간 어떻게 해야 하는지 경험이 없는 상태였다.

그 결과 지금까지 살아온 방식대로 내 주장을 하다가 모처럼 가족만의 여행지에서 소통 부재로 가족들과 부딪치게 되었다. 여행을 망치고 싶지 않은 마음에 잘못했다는 말로 봉합은 했지만 영 뒷맛이 개운치 않아 여행을 마치고서도 오랫동안 속앓이를 해야 했다.

그 이후 많은 생각을 하면서 나의 불통의 이유를 어렴풋이나마 알게 된 것은 워라밸의 의미를 알고 나서다. 나는 30여 년을 폭주기관차처럼 목표를 향해 달려왔지만, 그런 모습대신 살갑고 가정적인 모습을 더 원한다는 가족들의 시그널을 무시한 채 잘하고 있다는 착각에 빠져 있었다. 먹여주고 재워주는 것만 아니라 손잡고 주말 나들이를 가거나 축구공 한 번 같이 차주는 아빠를 원했던 것이다. 아빠가 퇴근하면 같이 놀아주기를 바라는 아이들에게 "나 피곤하다. 빨리 공부나 해"라는 말을 던지고 방으로 들어갔다. 결국 그것은 부메랑이 되어 나의 가슴에 비수로 박혔다.

이제야 워라밸이 없는 삶은 본인은 물론 가족과 주위의 인간관계를 소원하게 만든다는 것을 깨달으며 다시 화해의 가족 여행을 계획하려고 한다. 이번에는 나를 위해 목표를 세우고 추진하는 것이 아니라 '가족과 함께하는 것'에 의미를 둔 여행을 만들어볼 생각이다.

죽어라 일할 생각 말고 워라밸한 농촌 생활을 즐겨라

일과 삶이 조화를 이루는 인생을 만들기 위해서는 가장 먼저 인생의 방향을 바꿀 필요가 있다. 그러나 인생의 방향을 바꾼다는 것은 말처럼 쉽지 않다. "인생의 방향 바꾸기, 시작!" 하듯이 바뀌지는 것이 아니다.

무엇보다 계기가 있어야 한다. 어떤 깨달음의 순간이나 충격적인 사건, 누군가와 만남을 계기로 방향 전환이 일어난다. 수도자들은 마음을 비우고 몰입의 경지에 이르면 깨달음을 얻고 그 순간부터 인생의 방향이 바뀐다고 한다. 알프레드 노벨(Alfred Bernhard Nobel)은 다이너마이트를 발명해 엄청난 부를 얻었던 어느 날 '알프레드 노벨 사망'이라고 대서특필된 신문기사를 보고 엄청난 충격을 받았다. 노벨 형제의 사망을 오보로 잘못 내보낸 것이었다.

노벨은 그 사건을 계기로 삶과 죽음에 대해 다시 생각하고 자신이 살아온 삶을 되돌아보게 되었다. 자신을 기억하지 못하는 사람들을 위해 인생의 방향을 바꿨으며, 세계 평화와 과학의 발달을 염원하며 노벨상을 제정하라는 유언을 남겼다. 갈릴리 바닷가에서 고기를 잡던 무식하고 성질 고약한 어부 베드로는 예수님을 만나 제자가 되었고 이후 예수의 열두 제자 중 가장 대표적인 인물이 되었다.

귀농귀촌을 꿈꾸는 삶은 어떠한가? 이제 선택의 순간이다. 지금까지 걸어온 길을 그냥 쭉 걸어갈 것인가, 아니면 방향을 바꿀 것인가를 선택해야 한다. 지금이라도 선택을 통해 삶의 패턴을 바꿔보자. 물론 쉽지 않을 것이다. 무엇인가 큰 계기가 있지 않고서야 쉽게 바뀌지 않는 것이 인간의 본성이다.

은퇴 후 내가 인생의 방향을 바꾸지 못한 가장 큰 장애물은 욕심이었다. 일복 하나는 타고났다고 생각했는데 이제 와서 생각해보니 스스로 일을 만들어가며 해왔다. 일에서 해방되려면 방향을 바꾸어야 한다는 것을 깨닫고 욕심을 내려놓자 일중독에서 벗어날 수 있었다. 남는 시간을 가족 친화를 위해 사용할까, 이웃을 위해 사용할까, 아니면 대견한 나 자신에게 상을 줄까, 그렇게 날마다 행복한 고민을 하는 시간을 가질 수 있었다.

그러한 결단이 없으면 농촌 생활 역시 다람쥐 쳇바퀴 돌듯 또 시간과의 싸움이 되고 만다. 농촌 생활에서 일이란 하려고 들면 해도 해도 끝이 없다. 그러나 하지 않으려고 하는 순간 시간이 넘쳐난다. 그 뒤에 따라오는 결과는 상상에 맡기겠다.

열심히 하는 것과 잘하는 것은 차이가 크다. 언제부터인가 많이 일하지 않으면서 잘하는 방법을 알게 되었다. 농장을 위해 시간을 쓸 때와 나를 위해 시간을 쓸 때를 구분하고 버킷리스트 하나를 지우면서 시작한 것이 색소폰이다. 손가락과 목에 들어간 힘을 빼는 것이 쉽지는 않지만, 선생님이 이끄는 대로 따라가다 보니 어느새 나는 순한 양이 되어가고 있다. 결국 조금 내려놓음으로써 인생의 방향이 바뀌고 세상이 다르게 보인다는 것을 깨달으며 앞으로 조금 더 여유로운 워라밸을 기대한다.

2장

귀농귀촌, 이 마음만큼은 가져가자

도시에 집은 두고, 마음은 가지고 가라

인간의 유랑은 본능인가, 자유에 대한 갈망인가

갓난아이가 처음 뒤집기를 배울 때를 생각하면 아직도 경이로움 그 자체다. 안간힘을 쓰며 간신히 뒤집더니 그 후에는 순식간에 기어다니고, 잡고 서고 넘어지면서도 걷기를 무수히 반복한다. 그런 도전 정신이 어디서 나오는지 신기할 따름이다. 그러나 이것은 시작일 뿐, 성취를 위한 자기와의 싸움은 생애 전반에 걸쳐 계속된다. 이러한 인간의 본능적인 행위를 가리켜 괴테는 《파우스트》의 마지막 구절에서 "인간은 노력하는 한 방황하는 존재"라고 했다.

이렇게 시작된 방황은 사춘기가 되면서 극에 달하고 기어이 독립된 존재로 홀로서기를 이룬다. 어미 품에 안주하고 싶지 않은 심리와 새로움을 찾고자 하는 욕구를 통해 자신의 영역을 확장하려는 행동은 유랑의 한 종류라고 볼 수 있다. 이러한 인간의 속성을 가리켜 철학자 질 들뢰즈(Gilles Deleuze)는 '유랑하는 인간'이라고 했다.

이는 부모의 간섭에서 벗어나고 싶은 심리와 혼자만의 영역을 구축하기 위한 성장통으로서 인간이라면 누구나 공통으로 가지고 있는 변화에 대한 욕구다. 그리고 그것이 자신을 발전시키고 사회를 움직이는 동력이 된다. 한편으로는 어쩌면 가부장적인 사회에서 아버지의 권위에 대한 아들의 도전과 저항으로서 '오이디푸스 콤플렉스'일 수도 있다. 또한 자유에 대한 갈망이라고도 할 수 있다.

지금부터 매 순간의 선택이 최선이어야 하는 이유

아침에 알람이 울리면 그때부터 시작되는 선택, 5분만 더 잘까? 샤워를 할까? 아침을 먹을까? 넥타이 색깔은 빨간색, 파란색? 때로는 하찮은 선택부터 인생 최고의 선택까지 매 순간 선택의 기로에 선다. 그 선택들이 나의 인생을 이루고 현재의 나를 만들었다. 우리가 살아오면서 했던 선택이 오늘을 있게 했고, 오늘의 선택으로 내일을 맞이한다. 프랑스의 사상가 장 폴 사르트르(Jean Paul Sartre)는 "인생은 B와 D 사이의 C다"라고 말했다. '출생(Birth)과 사망(Death) 사이에서 선택(Choice)하는 것이 인생'이라는 의미다.

한때 '순간의 선택이 평생을 좌우한다'는 광고 카피가 유행했다. 상품을 판매하기 위한 전략적인 문장이지만 우리 인생에도 적용된다. 이처럼 인생은 수많은 선택의 연장선이다. 지금 이 순간 무엇을 어떻게 할 것인가 하는 선택의 기로에 서 있다면 앞서 선택한 사람들의 이야기를 들어보자. 그들도 당신만큼 고뇌하며 망설였지만 결국 선택하고 경험했다.

귀농귀촌에 대한 결정은 더욱 그러하다. 그 선택이 자신만을 위한 것인지, 가족과 함께하는 것인지에 따라 여러 가지 요소가 달라진다. 첫 번째가 '집'에 대한 부분이다. 대부분의 사람들은 도시로 다시 돌아오지 않을 것이라는 생각에 '올인'을 선택한다. 그 선택은 과연 최선일까? 가장 심사숙고해야 할 부분이다.

미국 은퇴자들의 반면교사, 무엇이 우선인가

앞서 베이비붐 세대의 은퇴와 그들이 추구했던 전원생활의 꿈이 깨진 미국의 사례를 보았다. 2008년 미국발 금융위기는 연결된 다른 나라까지 연쇄적인 경제위기를 초래했다. 이때 사람들은 교외의 멋진 전원주택을 떠나기 시작했다. 이러한 상황은 2000년 중후반부터 시작되어 현재까지 도심으로 재유입하고 있는 실정이다.

> 미국 도시토지연구소(Urban Land Institute)와 다국적 회계법인(PwC, Price water house Coopers)이 발표한 '2020 부동산 동향(Emerging Trends in Real Estate 2020)'에 따르면 시내에 거주하는 55세에서 64세 사이의 인구가 1,030만 명 증가했다. 이는 베이비붐 세대가 노후에 교외생활에서 단독주택의 규모를 줄이거나 팔아서 편리한 생활을 위해 시내 중심지의 아파트로 이주한 것으로 분석하고 있다.
> ─ 김영석, "글로벌 트렌드 : 미국 베이비붐 세대의 은퇴 후 주거 선택 지역 분석",
> 〈50+리포트 2020〉 2호 V.20, 서울시50플러스재단 홈

왜 그들은 다시 도시로 돌아왔을까? 자동차를 몰아 2~3시간 이상 달려가면 만날 수 있는 경치 좋은 전원주택을 떠날 수밖에 없었던 이유가 있다. 영화 속에 보이는 전형적인 미국식 목조주택은 집 앞 정원에 넓은 잔디가 깔려 있고 대부분 교외의 한적한 곳에 위치해 있다. 은퇴 이후 편안한 노후를 보내겠다고 전원으로 이주했지만 경제위기 앞에서 평생 바라던 꿈을 접을 수밖에 없다. 어려운 경제 상황에서 무엇보다 지출을 줄여야 하고, 큰 주택을 유지 관리하는 불편함과 도시에 한 번 나갈 때 소요되는 시간 때문이었다.

우리나라도 인구의 약 15%를 상회하는 베이비붐 세대와 최근 4050세대의 은퇴는 많은 점을 시사한다. 치열한 경쟁 속에 살아온 이들은 도시를 떠나 전원생활을 고려하고 있다. 하지만 미국과 일본의 베이비부머들은 도시로 회귀하고 있다. 단기간 전원생활을 하는 것은 행복하겠지만 장기적으로 사는 데는 많은 제약이 따르기 때문이다.

그나마 다행인 것은 우리나라의 경우 몇 시간만 이동해도 전원생활을 할 지역이 많다는 점이다. 특히 욜드는 아직 해야 할 일이 남아 있고 더욱이 열정적이기에 교외의 주택에 완전히 정착하기 힘들다. 문화생활과 쇼핑, 인간관계 유지를 생각하면 교외의 전원주택은 상대적으로 불편하다. 그래서 더 편리한 노후를 위해 결국 도시로 회귀하는 것이다.

도시의 집은 절대 팔지 말고 멀티해비 개념으로 하라

이제 은퇴자들은 '세월 앞에 장사 없다'는 말처럼 건강을 생각해야 한다. 물론 과거와는 다르게 나이가 들어도 스스로 건강 관리를 계속해 오고 있지만, 영원히 건강할 수 없다. 얼마 전 산에서 도시로 내려온 노부부의 사연을 담은 다큐멘터리를 보고 많은 생각을 하게 되었다.

W시에 거주하는 K 내외는 10여 년 전 산에서 생을 마감할 마음으로 거처를 만들어 살았다. 처음에는 좋기만 하던 산중 생활이었지만 결국은 도시로 돌아올 수밖에 없었다. 현재 도시 아파트에 거주하는 K는 세월은 막을 수 없다는 것을 몰랐다고 했다. 70세가 넘어가면서 기력이 급격히 떨어져 난방을 위한 화목을 확보하는 일도 벅차고, 땔감용 장작을 패는 일도 하루하루 힘들어 계속할 수 없었다며 쓴웃음을 지었다.

최선을 다하는 삶은 아름답다. 문제는 젊을 때와 다르게 몸이 따라주지 않는데 현재의 건강 상태로만 판단한다는 것이다. 전원생활에 대한 막연한 환상만을 가지고 실제 전원생활의 실상을 제대로 이해하지 못한 결과다. 파랗게 잘 가꾸어진 잔디밭이 딸린 전원주택과 풀 한 포기 없이 잘 자란 텃밭, 아름다운 정원의 실상은 하늘 한번 바라보지 못하고 땅만 보며 허리를 펼 새도 없이 노고로 얻은 땀의 대가이다. 젊은 시절에는 이런 육체적 노동이 가능하다. 하지만 인간의 생명은 유한하며 시간이 지날수록 육체가 노쇠해진다는 사실을 자주 망각한다.

귀농귀촌도 어찌 보면 인생의 투자 중 하나다. 달걀을 한 바구

니에 담지 말라는 주식시장의 조언처럼, 언젠가는 돌아갈 도시의 집을 남겨놓지 않고 귀농귀촌에 올인한다면 대박 혹은 쪽박이 될 수 있다. 도시에 집은 두고 마음만 가지고 가라고 권하고 싶다. 멀티해비 개념을 적용하면 된다.

목숨 걸지 않는
힐링이 되는 귀농귀촌

역대급 귀농귀촌의 이면, 이대로 가도 괜찮을까

농림축산식품부와 통계청이 발표한 2021년 귀농귀촌인 통계에 따르면 귀농귀촌 가구는 37만 7,744가구로 전년 대비 5.6% 증가해 통계 집계 이래 가장 많았다. 전체 귀농귀촌인 수는 51만 5,434명으로 전년에 비해 4.2% 증가했다. 갑자기 농촌 이주가 큰 폭으로 늘어난 이유는 무엇일까?[7]

정부의 코로나19 방역 대책과 조치는 경제활동을 위축시키면서 자영업의 몰락을 초래했다. 또한 반복하며 실패한 주택 정책은 도시의 주택 가격을 고공 행진시켰다. 이러한 정책의 실패에도 도시에 사는 소시민들의 농촌 이주를 대서특필하며 도리어 귀농귀촌 정책이 성공한 것처럼 홍보했다. 하지만 실제 귀농귀촌에 성공한 사람들이 많지 않다는 것이 불편한 진실이다.

대부분의 사람들은 귀농귀촌만 하면 시골의 저출산 고령화 문제도 해결되고 여러모로 긍정적인 현상만 있을 것이라고 생각하는 경향이 있다. "팍팍한 도시 떠나 시골로, 귀농·귀촌 가구 역대 최대"(김형민, 〈동아일보〉, 2022. 6. 23.)라는 기사를 보면 언론도 농촌 생활은 조금 더 여유 있을 것이라는 막연한 환상을 심어주어 귀농귀촌을 부추기는 듯하다.

갑작스러운 변화는 여러 갈등과 문제를 불러오기 마련이다. 최근 갑자기 늘어난 귀농귀촌 인구를 농촌사회는 감당할 수 있을까? 또한 이를 뒷받침하는 정부 정책은 현실적이며 공무원들의 현장 지원이 가능한 상태일까?

지금까지는 귀농귀촌의 성공담이나 훈훈한 이야기 위주로 알려져 있지만, 빚더미에 앉아 실패한 가슴 아픈 이야기가 이면에 도사리고 있다는 것을 놓치고 있다. 지금처럼 귀농귀촌 인구가 늘고 있는 상황에서 이러한 문제를 간과한다면 머잖아 농촌 난민이 양산되어 새로운 사회문제가 대두될 수도 있다는 사실을 염두에 둬야 한다.

우리는 어린 시절부터 성공한 삶을 강요받았다. 이러한 학습으로 인해 목표에 이르는 과정보다 결과에 집착하는지도 모른다. 어쩌면 선진국 문턱에 이른 우리 사회가 아직도 실패담을 허용할 준비가 되어 있지 않은 것일 수 있다. 귀농귀촌을 통한 전원생활은 동전의 양면과 같아서 쾌적함과 불편함이 동시에 존재한다. 자연과 하나 되는 삶에 중점을 둘 것인가, 아니면 생활의 불편함을 먼저 생각할 것인가? 무엇을 우선순위로 둘 것인지에 따라 농촌 이주의 만족도가 달라진다.

앞으로 귀농귀촌 행렬은 더욱 늘어날 전망이다. 전원생활을 지향하고 질 높은 정주 환경을 선호하는 가치관의 변화와 베이비붐 세대의 본격적인 은퇴가 일정 부분 영향을 준 것으로 분석된다. 그러나 귀농귀촌은 막연히 여유로운 일상만 누릴 수 있는 것이 아니다. 도시의 편리함과 결별하는 나름의 각오가 필요하며 생활방식의 차이에서 오는 다름에 대한 적극적인 수용도 필요하다. 또한 지자체 역시 귀농귀촌 인구가 농촌사회에 잘 정착할 수 있도록 적극적인 행정과 대민 정책을 펴는 노력이 요구된다.

미국의 사례처럼 1990년대 이후 베이비붐 세대의 귀농귀촌이 하나의 트렌드로 자리 잡으면서 은퇴자들은 따뜻한 기후와 여가를 찾아 이주하는 경향을 보였다. 그러나 완전히 정착하지 못했던 것을 주목할 필요가 있다.

잘 모르면서 꿈만 크면 몸이 피곤하니 무조건 목숨 걸지 말자

사람들이 인생을 살면서 목숨 걸어야 할 일이 얼마나 있을까? 박해받으면서도 종교적 신념을 유지하는 종교인과 전장에서 적과 마주한 군인 정도일 것이다. 그러나 귀농귀촌을 결심한 많은 사람들은 새로운 곳에 뿌리를 내리기 위해 목숨을 걸겠다는 각오를 다지고 있을 것이다. 나도 '원래 소띠는 일만 해'라는 우스갯소리를 하며 처음에는 농장을 일구기 위해 죽어라 일했다. 조금 더 솔직히 고백하자면 사실 목숨 걸고 했다.

농장 전체 조경을 구상해 묘목을 심고 관리했다. 가뭄이 오면

뙤약볕 아래에서 물을 주고, 장마에는 온몸으로 비 맞으며 물길을 냈다. 잡초와의 전쟁은 제초제를 쓰지 않겠다는 다짐과 내 인내력을 시험했다. 때로는 양이 너무 많아 밤 11시가 넘도록 잡초를 뽑았다. 땀을 닦는 시간마저 절약하려고 '땀 흘림 방지 스웨트 밴드'를 착용하고 일했다.

긴 다리로 쪼그려 앉아서 풀을 뽑으니 무릎과 허리가 견뎌내지 못했다. 어떻게 해야 할까 고민하다가 롤러스케이트용 무릎 보호대를 착용한 채 두 무릎을 꿇고 치성 드리는 자세로 일했다. 시간이 지나면서 잡초는 조금씩 사라져갔지만 무릎과 손가락 마디 통증이 심해 새벽에 잠까지 설쳤다.

그렇게 잡초와의 전쟁을 끝낸 승리감도 잠시 9월 말경부터 묘목이 말라가더니 2~3주 만에 절반가량이 죽었다. 봄부터 목숨 걸고 달려들었던 잡초와의 전쟁은 너무나 처참한 패배로 끝이 났다. 묘목을 심어 정성을 다해 가꾼다고 무조건 사는 것이 아니었다. 물을 좋아하는 나무와 싫어하는 나무가 있으며, 또 물 빠짐이 좋은 땅이 있고 나쁜 땅이 있다는 것을 고려해서 수종별 특성에 따른 식재와 관리가 필요한데 이것을 간과했던 것이 패인이었다. 이 사실을 알기까지 엄청난 수업료를 치러야 했다.

결국 무지한 채 목숨 거는 것은 성실함이 아니라 섶을 지고 불에 뛰어드는 바보 같은 행동이었다. 귀농귀촌의 큰 그림을 그리고 있다면 자신이 가고 싶은 땅과 그곳에서 하고 싶은 일에 대한 철저한 계획과 준비를 먼저 해야 한다. 그리고 귀농 후의 일은 천천히 실현해 나가면 된다. '천 리 길도 한 걸음부터'라는 속담처럼 먼저 조사하고 먼 길을 가는 심정으로 느긋하게 한발 한발 걷는 것이 오래 걸을 수 있는 비결이다.

남을 의식해 큰 욕심 내지 말고 소소함으로 힐링하라

힐링(Healing)이란 간호학 용어로 치유를 뜻한다. 흔히 농촌과 힐링을 연계하는 것은 아름답고 청정한 자연환경에서 병이나 상처 치유, 슬픔이나 고민 따위를 달래고 회복하는 치유, 마음을 깨끗이 정화하는 치유를 뜻한다. 돌이켜보니 힐링하겠다고 농장을 가꾸면서 목숨을 걸었다는 것은 난센스가 아닌가? 이것은 아마도 내심 내로라하는 번듯한 농장을 꾸며보겠다는 조바심에서 비롯된 것이리라.

힐링은 실체가 없으므로 마음먹는다고 되는 것이 아니다. 그렇다고 전원생활에서 아무 일도 하지 않는 것이 힐링이라는 말은 더더욱 아니다. 어떤 일을 하느냐에 따라 달라진다. 전원생활에서 필요한 일을 하면서 즐거운 일을 찾아보아야 한다. 그러려면 욕심을 내려놓는 것이 먼저다. 자신의 전원주택을 찾아올 지인들에게 제대로 갖춰진 모습을 보여주기 전에 반드시 할 일을 정하자. 그리고 일할 때는 무리하지 말고 즐겁게 하는 습관을 들이자.

몇 년 전 농막 건축을 하면서 꼭 필요한 정화조를 설치하기 전에 임시로 야외 화장실을 만든 적이 있다. 구덩이를 파고 기둥을 세운 다음 합판 지붕을 얹고, 벽은 쓰다 남은 자재로 반만 가렸다. 좌우 디딤돌을 놓고 근심을 푸는 곳이라는 해우소(解憂所)에 앉았다. 그곳에서 근심을 덜어내고 나니 세상의 자유를 얻은 듯했다. 이렇듯 작은 일 하나부터 자기 손으로 성취할 수 있는 것들을 찾아 한발 한발 나아가다 보면 비로소 힐링의 참맛을 누릴 수 있다.

수익 낼 생각부터 하지 마라

농촌 생활에서 돈은 주는 대로 먹는 하마, 조금만 먹여라

처음 귀농하면 돈 들어갈 일이 산더미 같다. 다른 사업도 마찬가지겠지만 끝도 없이 들어간다. 가게를 구하고 인허가 절차를 거쳐서 인테리어와 각종 물품과 집기류를 구비하는 것과 비슷하다. 땅과 집을 매입하거나 임대하는 것 외에도 모든 것을 새로 장만해야 한다.

나는 2004년에 토지를 구입해놓았는데도 그 외 소소한 비용을 합하니 무시하지 못할 돈이 들어갔다. 농기구는 종류와 용도에 따라 20가지도 넘게 필요했다. 긴요하게 쓰이는 것만 해도 20가지인데, 철물점에 가서 통째로 들여와도 시원찮을 것이 농기구였다. 제초는 예초기와 분무기로 하고, 생활을 위해 전기와 수도를 설치해야 하며, 화단이나 밭에 물을 주려면 호스와 전기 릴 선이 있어야 한다. 멋진 정원이 있다면 잔디깎이도 필요하다. 외딴 지역이라면

물을 사용하기 위한 관정도 설치해야 하고, 전기와 인터넷 회선을 끌어오려면 추가 예산이 소요된다. 또 겨울철 제설 도구와 장비는 선택 사양이다. 일부 지역에서는 마을 발전기금을 요구하기도 한다는데 그런 돈은 절약되어 감사하다.

처음에 필요한 농기구와 농업용 물품 대부분은 중고 거래를 활용했다. '중고가 괜찮을까?' 또는 '이왕 시작하는데 새로 장만하는 게 낫지 않을까?'라고 생각할 수 있지만 중고 곡괭이라고 해도 땅을 파는 것은 똑같다. 한 번도 사용하지 않았거나 가끔 포장도 뜯지 않은 새 제품을 만나는 행운도 따른다. 중고는 못 쓰는 제품이니 헐값이라는 것은 해묵은 편견일 뿐, 한창 돈 들어갈 일이 태산인 상황에서 활용만 잘하면 중고라도 충분하다.

초기부터 고수익의 높은 목표를 잡지 마라

귀농귀촌하는 사람들이 가장 궁금해하는 일 중 하나가 농촌에서 과연 수익을 내며 정착할 수 있을까 하는 점이다. 그러나 이에 대한 대답은 개인에 따라 다르다. 시대에 맞는 계획을 하고 준비된 영농을 한다면 불가능하지 않다.

농림축산식품부는 2014년부터 2018년까지 귀농귀촌한 4,167가구(귀농 2,081가구, 귀촌 2,086가구)를 대상으로 실태조사를 했다. 그 결과 가장 눈에 띄는 부분은 대다수 도시민이 귀농 후 소득 감소를 겪는다는 점이다. 귀농 1년 차 가구의 평균 소득은 2,828만 원으로, 귀농 전 평균 소득인 4,400만 원의 64.3%다. 귀농 5년 차(3,895만

원)가 되면 귀농 전 소득의 88.5% 수준까지 회복하지만, 귀농 초기부터 상당 기간 소득이 부족한 현실이 지속되는 점은 분명하다. 이에 따라 귀농 가구 절반(48.6%)이 농업 외 소득 창출을 위한 경제활동을 하는 것으로 조사됐다.[8]

귀농 선배들이 초기 2~3년은 농업을 통한 수익을 크게 기대하지 말라는 충고를 하는 이유가 있었다. 처음에는 작목 선택과 농사 방법을 익히는 데도 서툴러 수확물의 상품성이 떨어질 수밖에 없다. 팔지는 못하고 지인들과 나눠 먹는 수준이다. 1년 동안 피땀 흘리고도 '고마워, 잘 먹었어' 한마디에 만족해야 하는 일이 허다하다.

TV에 소개되는 귀농귀촌의 성공 신화는 극히 일부에 지나지 않는다. 극소수의 성공을 전체로 미화하는 경향이 있다. 누구나 다 성공한다면 TV에 소개되지도 않을 것이다. 최소의 예산 지출로 3~5년은 가용한 예비자금을 확보한 후 시작한다면 시행착오에 의연할 수 있고 조바심으로 잘못된 선택을 할 확률이 현저히 줄어든다.

내가 최선을 다해도 예상치 못한 피해는 언제든 올 수 있다

농사에서 심는 것은 인간이 해도 키우는 것은 하늘이 한다는 말이 있다. 농사는 내 마음대로 안 된다는 것을 알고 시작해야 한다. 작물을 심고 잘 가꿨다가도 수확기에 피해를 입는 경우도 허다하다. 4~5월에 내린 서리로 한창 자라던 작물이 냉해를 입고, 갑자기 내린 우박에 비닐하우스가 망가져 수확기의 작물이 피해를 보기도 한다. 태풍이 사과 농장을 휩쓸고 간다거나, 닭이나 돼지를 사육하다가 전염병이 돌아 집단 폐사해 매몰하는 일도 있다.

　세상 모든 일이 쉽지 않다는 것을 절감하는 것이 하나 있다. 꿀벌에게 발생하는 '낭충봉아부패병'이다. 바이러스성 전염병은 동서양 꿀벌 모두에게 발생하는데 바이러스종은 다르다. 처음 유충에 발생하면 번데기가 되지 못하고 말라 죽는데 치사율이 90%다. 이 병은 한번 발생하면 농가에 대한 이동 제한 명령과 동시에 벌통(봉군) 주변과 각종 기구 등을 소독하고 모든 봉군은 소각 처분해야 한다.

　이런 상황이 반복되면서 대부분 보험을 가입해 금전적 피해는 크지 않지만 한 해 벌 농사는 완전히 망치게 된다. 최근에는 '벌집 군집 붕괴 현상'으로 꿀과 꽃가루를 모으러 나간 일벌들이 돌아오지 않아 남아 있던 여왕벌과 애벌레가 떼로 죽는 현상이 발생하고 있다. 아직 명확한 원인은 밝혀지지 않았다.

　귀농 몇 년 동안 농사를 크게 벌이면 안 되는 이유는 손익분기점을 맞추기가 쉽지 않기 때문이다. 처음 몇 년 동안 적자를 면한다면 성공으로 봐야 한다. 농사에 실패하면 돈도 돈이지만 마음의 상처가 깊어진다. 은퇴와 귀농은 새로운 '일터'에서 큰 수익을 내려고 하기보다 소소한 즐길 거리와 놀 거리가 있는 '새로운 삶의 터전' 정도로 가볍게 생각하고 시작해야 한다.

농사는 마음먹은 대로 안 되므로 처음 몇 년은 적응이 먼저다

　그동안 키워온 꿈이 너무 크기에 귀농하면 처음 몇 년은 넘치는 의욕으로 이것저것 일을 벌이기 쉽다. 그러나 최소한 예상 소요 자금 외에 몇 년은 농업 소득 없이 농촌 생활이 가능한지를 따져봐야 한다. 나는 도저히 생활이 유지되지 않아 3년 만에 재취업할 수밖에 없었다.

농사는 최악의 상황을 상정해야 한다. "콩 심은 데 콩 나고, 팥 심은 데 팥 난다"는 속담처럼 세상 모든 일은 원인과 결과로 이루어진다. 하지만 실제 농사에서는 콩 심은 데 콩이 나오지 않을 수도 있다. 가뭄에 싹이 나지 않는가 하면, 비둘기 등 유해 조류들의 한 끼 밥상이 되기도 한다. 또 심은 대로 거둔다면 해마다 풍년이 들겠지만 실상은 그렇지 않다. 농사 경험이 없거나 부족하다 보니 해서는 안 될 일을 하고, 하지 않아야 할 일은 찾아서 한다. 그 결과 농사에 일머리가 없어 한 번에 모아서 하면 될 일을 반복적으로 하고 또 한다.

농업 소득은 심는 대로 수확해서 얻는 것이 아니다. 때로는 가뭄에 콩 나듯 잘될 때도 있다. 그럼에도 확실한 수익이 보장되지 못하는 이유가 있다. 내 농사가 잘되면 옆집도 잘되다 보니 물량이 한꺼번에 쏟아지면서 가격이 폭락하는 탓이다. 수요 대비 공급이 넘쳐난다는 이야기다. 또 흉년이 들어 가격이 오르면 정부 대책으로 수입 물량을 확대해 가격을 조정한다. 이는 정부 입장에서 농업인만을 배려할 수 없고, 더 많은 소비자의 장바구니 물가를 잡지 않으면 모든 물가가 상승하는 도미노 현상을 막기 위해서다. 이렇게 농업은 어려운 일이다.

귀농을 생각했다면 수익성보다 내 주위를 둘러보고 적응하는 일이 먼저이다. 농사일은 어떤 주기로 이루어지는지, 계절별 중요한 일은 무엇인지, 이웃과 어떤 관계를 맺어야 하는지, 가족과 떨어져 있다면 주기적으로 어떻게 소통해야 하는지, 자신이 생각했던 은퇴 이후의 삶의 방식으로 적절한지 그리고 자신은 잘 적응하고 있는지를 돌아보면서 한 발씩 나아가다 보면 수익은 자연스럽게 만들어진다.

오늘 하루만
자연인이 되어라

픽션과 팩트가 혼재된 자연인 이야기를 보는 지혜

　배낭을 메고 방문객이 산길을 어렵게 오르다 무언가 찾는 듯 두리번거린다. 이어서 무심히 나타나는 자연인을 보고 방문객은 깜짝 놀라고 자연인은 도통한 듯이 느긋하다. 그렇게 통성명하고 두 사람은 금방 친한 사이가 된다. 방문객은 모르는 척 질문하고 자연인은 잘 못 들은 척 건성으로 대답한다.

　단돈 몇십만 원만 들고 들어와 혼자서 지었다는 집 자랑, 그동안 일궈낸 기적 같은 성과에 연신 감탄사를 쏟아내는 방문객. 이때 고양이나 개가 나타나 이름을 물어보며 관심을 보이자 자연인은 밥값이나 하라며 일을 시킨다. 점심때가 되면 주변에서 채취한 푸성귀와 냇가에서 잡은 물고기로 대충 매운탕을 끓여 세상에서 제일 맛있는 듯이 밥을 나눠 먹고, 얼기설기 엮은 전망 좋은 쉼터에서 차 한잔을 나눈다. 그리고 산에 훌훌 올라 온갖 약초와 삼을 캐더니 바지에 쓱쓱 닦아 한입 베어 물고, 가끔 나눠주면 처음 보는 듯이 신기해한다.

저녁이면 토굴에서 묵은지와 담금주를 꺼내 돼지고기 안주에 한잔하고 별을 보며 도란도란 산속의 밤이 깊어간다. 아침이 되면 어김없는 이별, 하룻밤 만에 두 사람은 형님 동생이 되고 이별이 아쉬워 자연인이 내미는 담금주에 윗옷을 벗어주며 아쉬운 작별을 한다.

인기 장수 프로그램이 보여주는 귀농귀촌의 모습은 이렇듯 천편일률적이다. 물론 이러한 방송 내용을 폄훼하는 것은 아니다. 다만 방송의 흥미 요소인 픽션(Fiction)을 간과한다면 이것을 모두 팩트(Fact)로 받아들인 시청자가 핑크빛 상상만으로 귀농귀촌을 결정하는 오류를 범할 수 있다. 하루만 자연인으로 사는 삶에서는 아쉬울 것이 없겠지만 실제 자연 속에서 벌어지는 일은 결코 녹록지 않다.

잡초와 전쟁하지 말고, 잡초 몇 가지 키우며 관리하라

풀 한 포기 없는 밭에 성성하게 자란 농작물은 농부들이 바라는 최상의 모습이다. 그것이 말처럼 쉽지 않다는 것을 농부라면 누구나 알고 있는 현실이다. 우리나라 논농사는 더러는 가을에 벼를 베고 마늘이나 보리를 심기도 하지만, 통상 봄에 모내기하고 가을에 수확하는 1모작이다. 밭농사는 지역별 차이가 있지만 봄에는 감자를 심고 수확한 다음 배추를 심는다. 이러한 주기에 잡초도 당연히 따라온다. 계절별 잡초가 나오는 시기가 다르다. 봄에 눈에 띄는 잡초를 모두 뽑았다고 생각했는데 여름 장마 후에 제대로 관리하지 않으면 그냥 잡초밭이 된다. 잡초는 지난해 씨앗이 맺히면 해마다 나오고 다 뽑아낸다 해도 농기계로 땅을 정지할 때마다 씨앗은 다시 나올 준비를 한다.

지난해 갑자기 농장에 찾아온 식목회사 G대표가 밭을 가리키며 무슨 작물을 심었냐고 할 때 난감했다. '잡초 아래 묘목이 자라고 있습니다'라는 말이 입에서 떨어지지 않아 얼버무리며 "잡초 몇 가지 키우고 있습니다" 했더니 "역시 시인이라서 표현을 시적으로 하네"라고 말했다. 사실 창피한 일이다. 농부의 밭에 작물보다 잡초가 더 크게 자란다는 것은 자격 미달이다.

놀라운 것은 친환경으로 농사를 짓겠다고 했을 때 느끼는 비애다. 작물은 반 마디 자랄 때 잡초는 한 뼘 자라기에 굳이 친환경 농업을 하고자 한다면 손으로 뽑아내는 일은 말리고 싶다. 제초제를 사용하지 않고 잡초를 관리하는 방법은 두둑에 제초 매트를 깔거나 비닐 멀칭을 하는 등 지극히 수세적이다. 적극적인 방법은 예초기에 제초용 날을 결합해 잡초를 잘라내거나 관리기에 예초용 날을 결합해 땅을 뒤집으며 제거하는 것이다. 이 모두 잡초와의 싸움에서 이기기란 쉽지 않다. 그냥 적당히 타협하고 같이 사는 것이 정신 건강에 이롭다.

자연인처럼 허허 웃음이 나오지 않던 친환경 농업의 성적표

나도 언제부터인가 자연인처럼 살고 싶었다. 봄에 씨 뿌려서 나오는 대로 거두고 멧돼지가 감자밭을 파헤쳐도 허허 웃으며 '같이 먹고 살아야죠' 하는 사람 좋은 웃음을 머금고 싶었다. 그동안 TV에서 보아온 욕심 없는 자연인 농부라는 내레이터(Narrator)의 칭찬을 나도 듣고 싶었는지도 모른다.

그런 이유로 농장을 일구면서 맹독성 농약을 사용하지 않기로 했다. 씨 뿌려놓고 나오는 대로 벌레가 먹다 남은 것을 거둬 먹으면 된다는 어느 자연인처럼 해봤다. 감자를 심기 위해 땅을 정지하면서 살충제를 사용하지 않았더니 잘 올라오던 감자 순이 잘려 있었다. 이장님이 잘려나간 밑을 조심히 파보라고 알려줬다. 감자 순을 먹어서인지 새끼손가락보다 조금 작은 검은색의 통통한 벌레가 있었다. 잡아 없애야 그나마 남은 감자 구경이라도 할 수 있다고 했다.

이때부터는 멀쩡한 순 아래를 파보는 것이 아니라 잘려나간 순을 찾아다녀야 하기에 벌레에게 끌려 다니는 신세가 되었다. 그러면 친환경 농업은 불가능한가? 친환경 농업과 유기농을 뭉뚱그려 표현할 것이 아니라 저독성 농약과 친환경 약제를 구분해 표기하는 방식으로 기준을 바꾸어야 한다. 저독성이 인체에 해가 적다고 해도 농약은 농약이다. 다만 독성 식물을 발효해 작물에 사용하는 친환경 약제를 직접 제작해 사용하는 농부도 있다. 이 역시 그 제조 과정에 소요되는 시간과 노력을 고려하면 타산이 맞을지 고려할 문제다.

몇 달 전 어느 사과 농장 옆에 탐스러운 사과가 달려 있기에 좀 구입하고 싶다고 했더니 판매하는 것이 아니라고 했다. 가족들 먹으려고 따로 관리하기에 양이 많지 않다는 것이었다. 그때 깨달은 것이 있다. 농업도 공장의 기계로 찍어내는 것과 같은 중저가 대중적 상품이 있는가 하면 농약을 치지 않은 고품질의 한정판 수제품이 있다.

방송에서 잘 익어 먹음직한 블루베리가 아주 탐스럽게 보인다. 농부는 농약 한 번 치지 않은 유기농이라고 자랑스레 말한다. 하지만 배경이 된 블루베리 나무 아래가 누렇다. 제초제를 쓴 것일 수도 있다. 물론 친환경 제초제를 사용했을 가능성도 있지만 그렇다고 해도 어떠한 설명이 없다. 친환경에 조금이라도 관심 있는 사람이 이 영상을 봤을 때 유기농 블루베리를 어떻게 판단할지는 상상에 맡기겠다.

벌레를 방치하면 열심히 농사지어도 벌레만 좋은 일

우리가 먹는 농산물에 어떤 것이 절대적으로 좋은 것은 없다. 화학비료도 기준에 맞게 쓰면 괜찮다고 한다. 다만 유기농이나 친환경이 각광받는 것은 사람들이 좀 더 자연 친화적인 먹거리, 땅을 해치지 않고 짓는 농산물에 관심이 있다는 방증이다.

농협에서 오이와 호박 모종을 사다가 심은 적이 있다. 지나가면서 보니 다른 밭의 모종은 잘도 자라는데 내 밭은 며칠째 그대로이다. 사세히 살펴보니 모종이 완전 진딧물 범벅이었다. 모종에 진

진물이 생겨 수액을 빨아먹으므로 영양이 부족한 모종은 더 이상 성장하지 않고 오그라든다. 친환경 방법으로 연성세제와 마요네즈를 혼합해 분무했지만 모종이 오그라든 상태에서 효과를 자신할 수 없었다.

방울토마토도 적기에 해충을 구제하지 않으면 상품성이 떨어진다. 판매 목적이 아니기에 남으면 지인들과 나눠 먹으려고 충분히 심었다. 다행히 성장 과정에서는 해충 피해를 입지 않고 예쁜 열매가 달렸다. 열매가 익을 즈음 따보니 작은 반점이 몇 개씩 있었다. 알고 보니 '노린재'가 즙을 빨아 먹으면 반점이 남는다고 한다. 지인들과 나눠 먹기는커녕 우리 가족 먹을 양도 안 되는 성적표를 받았다.

전문가들은 친환경 농업을 하기 위해 지력을 높이는 것이 가장 중요하다고 한다. 땅이 좋아야 작물이 잘 자라면서 병충해에 저항성이 생긴다는 논리다. 그런데 잘 자란 작물에도 벌레들이 비켜가지 않는다는 점을 알아야 한다. 유기농 작물에 사용하는 친환경 농약이 있다는 것을 가을이 되고서야 알았다.

그런데 귀농귀촌을 하는 사람 가운데는 친환경과 유기농은 좋아하면서도 벌레는 질색하는 사람들이 많다. 벌레가 많다는 것은 그만큼 내 땅과 작물이 자연과 가깝다는 의미다. 그리고 농촌 생활을 하면서 벌레에 익숙해지지 않는다면 도심에 살면서 자동차를 보고 질색하는 것과 마찬가지다.

오늘도 내 밭에서 만난 벌레들을 보며 이렇게 말한다. "아이쿠, 이놈들, 이렇게나 많이 꼬물거리는 것을 보니 내 밭은 튼튼하고 건강하구나." 벌레가 있다는 것은 위아래 먹이사슬이 정상적으로 유지된다는 증거라고 봐도 무방하다. 농촌에 살면 이 정도쯤은 말할 수 있는 여유가 필요하다.

맥가이버가
되기로 마음먹자

이미 문명에 길들여져 '나는 자연인이다'처럼 살기는 어렵다

귀농귀촌인들은 대부분 풍광이나 전망 좋은 외진 곳을 선호한다. TV 프로그램 〈나는 자연인이다〉에 출연하는 자연인들이야 전기와 수도가 없어도 부족한 것 없이 행복하다고 하지만 과연 속세를 떠나 초월한 듯 사는 '자연인'처럼 귀농귀촌인도 그렇게 살 수 있을까.

전기를 사용해 본 사람이 하루아침에 문명의 혜택을 끊기란 쉽지 않다. 농촌에서는 도시보다 가전제품의 활용도가 오히려 더 크다. 논이나 밭에서 일하다 비라도 맞으면 바로 세탁기를 돌리고 건조까지 해야 내일 일하러 나갈 때 또 입을 수 있다. 예초기를 비롯한 농기계를 쓸 일도 도시보다 더 잦다. 전기란 어쩌면 농촌에서 더 필수라 할 수 있다.

그런데 농촌에서는 가전제품뿐 아니라 농기계가 고장 나는 불가피한 상황이 벌어졌을 때 누군가의 도움을 받기가 쉽지 않다. 본인의 기준으로 원하던 장소를 찾아, 또는 타인의 간섭이 싫어 나 홀로 집을 짓고 살려면 가정에서 사용하는 가전제품이나 전기 관련 정비는 직접 할 줄 알아야 한다.

가정에서 발생하는 기본적인 정비 소요를 감당할 수 있다면 귀농귀촌을 위한 기본적인 자격에서 일단은 합격이다. 하지만 기계치라서 도저히 할 수 없다고 판단되면 전원생활은 일찌감치 포기해야 할지도 모른다. 아니면 자연인처럼 자연에 맡기고 살면 될 텐데 지금까지 편리함을 누려왔기에 쉽지 않다. 갑자기 잘되던 가전제품이 밤늦은 시간에 작동되지 않는다면 어떻게 할지 생각해봐야 한다. 그다음 날 A/S가 된다는 보장이 없기 때문이다.

농촌에서 A/S를 요청해도 바로 달려오지 못하면 어떻게 하나

도시 생활에서는 가정에서 일어나는 크고 작은 정비는 아파트 관리실에서 지원해 주고, 가전제품은 통상 A/S 센터에 요청하면 된다. 대기업은 지역별로 정비 지원을 하거나 별도로 지정업체를 운영해 실시간 서비스를 해준다.

그러나 농촌은 대부분 읍이나 면 단위에서 운영하는 실정이기에 원하는 시간에 바로 지원받을 수 없다. 또 농촌에는 정비 지원이 나와도 도시에서 적용되는 부속품 대금과 출장비만 청구할 수 없는 실정이다. 왕복 1시간 소요에 정비 시간까지 고려하면 오전 시간에 여러 곳을 정비할 수 없어 통상 지역별로 묶어서 며칠에 한

번 나오는 경우도 있다. 가정에서 정비하기 어려운 가전제품은 시내로 가지고 나와 서비스센터에 의뢰해야 한다.

농업용 장비처럼 신속히 정비해야 하는 일이 생기면 농사일을 중단하고 지자체에서 운영하는 '농업기술센터'나 민간 정비업체에 직접 장비를 가지고 가야 한다. 이런 상황이다 보니 도시와 다르게 소소한 고장으로 당장 정비가 필요한 사항에 대한 사전 대비가 필요하다. 사전 대비란 스스로 경정비 능력을 갖춰서 고장 시 즉각 대처하는 것이다.

이 정도쯤은 스스로 고쳐야 하는 가정 내 정비 소요

농촌에서 스스로 정비 능력이 없으면 한 달 수입이 소소한 정비에 들어가는 상황이 발생할 수도 있다. 이제부터 농촌으로 이사하기 전에 가정에서 스스로 진단하고 고쳐야 할 요소를 정리해 정비 능력을 구비할 것을 권한다. 대략 농촌에서 직접 할 수 있는 일을 정리해 보면 다음과 같다.

- 변기 물이 계속 빠지는 상황
- 갑자기 전기가 차단된 상황
- 보일러가 작동하지 않는 상황
- 세탁기가 작동하지 않는 상황
- 전기밥솥이 작동하지 않는 상황
- 전구에 불이 들어오지 않는 상황 등

요즘은 인터넷 검색만으로도 가정에서 흔한 고장을 쉽게 고칠 수 있다. 유튜브에도 많이 소개되어 있으니 배워서 활용하면 좋다. 하지만 제작업체에서 분해를 금지하는 경우는 시간이 걸리더라도 지침대로 정비업체에 의뢰해야 한다. 지난여름 갑자기 세탁기가 작동하지 않아 난감했던 적이 있다. 흙이 묻고 젖은 옷이라서 바로 세탁해야 하는데 구형 세탁기가 멈춰 선 것이다. 우선 세탁기 모델로 인터넷 검색을 했다. 특정 센서의 고장으로 덮개 문이 닫힌 것을 인식하지 못하는 것이므로 세탁기 표시창에 자석을 붙이라고 했다. 자석을 붙이자 바로 돌아가는 세탁기를 보며 특별한 방법을 알려준 분께 마음으로나마 감사했다.

도시에서는 전혀 생각하지 못했던 일이 다반사로 일어날 때를 항상 대비해 정비 능력까지는 아니더라도 관련 고장 부위의 키워드를 찾아 검색하는 능력이라도 갖춘다면 농촌 생활이 훨씬 수월하다. 이외에도 농업용 기계와 기구, 건조기, 저온 저장고 등은 구입하면서 작동 및 응급처치 요령을 배우면 쓸모가 많다. 농업용 기계의 조작 및 운용 요령은 법정 교육과목에 편성되어 있으므로 크게 걱정하지 않아도 된다.

아내에게 잘했다고 칭찬받는 평범한 영웅이 되자

농촌에 살면 사시사철 때때로 주택이나 농지에 마땅히 해야 할 일들이 생긴다. 이때 노임을 주고 사람을 쓸 수도 있지만 농번기에 장비를 운용하려면 기존 임금에 추가금이 든다. 처음 한두 번은 가능하겠지만 일손이 부족한 요즘 농촌에는 남의 일을 해줄 사람이 없다. 인력시장을 활용하는 방법이 있지만, 원하는 날짜에 요구하는 능력을 갖춘 인력이 맞춰 온다는 보장도 없다. 더구나 인력을 배정받으면 임금의 10%를 상회하는 수수료를 추가로 내야 한다. 이런 상황이다 보니 농촌에서는 가능한 스스로 처리하는 것을 원칙으로 삼는다. 간단한 정비나 연료 및 각종 오일 보충 등 장비를 사용하는 데 필요한 내용들을 살펴보겠다.

- 예초기는 칼날이나 와이어 교체 필요. 충전식이나 부탄가스를 사용하는 장비도 있으나 엔진형은 연료 및 오일 보충이 필요하다.
- 엔진 톱은 충전식과 엔진식이 있으며, 엔진식은 연료 및 오일 보충이 필요하다.
- 전동 전지가위는 충전식으로 작동은 간단하지만 주기적으로 오일 주유가 필요하다.
- 분무기는 충전식, 전기식, 차량 부착형, 수동식이 있으며, 특별한 조작 기술보다 농약을 사용한다는 점에서 주의가 요구된다.

농촌에서 내가 직접 하는 작업 외에 남의 손을 빌리면 모두 금전적인 지출이 따른다. 그래서 스스로 '맥가이버'[9]가 되어야 한다. 이렇게 귀농귀촌을 하기 전에 평범한 영웅이 될 준비를 해야 한다. 이 점을 미리 알고 대비해야 불필요한 지출을 막고 언젠가는 스스로 수월하게 처리할 수 있다.

또 하나의 팁은 제품 설명서를 꼼꼼히 숙지하는 것이다. '고장이라고 생각하기 전에'라고 각종 진단 및 조치 요령을 소개하는 내용만 잘 이해해도 절반은 맥가이버가 될 수 있다. 정비기사들이 인터넷에 고장 부위별로 올린 수리 방법과 유튜브를 활용하는 방법도 있다. 일부 가전제품은 에러(Error) 숫자가 표시되면 사용 설명서에 나오는 대로 조치하면 된다.

처음부터
욕심 없이 준비하라

새로운 환경에 준비하지 않는 것은 실패를 준비하는 것

벤저민 프랭클린은 "준비하지 않는 것은 실패를 준비하는 것이다"라고 했다. 그만큼 준비 없는 행동은 실패하기 쉽다는 뜻이다. 준비에는 마음의 준비와 행동의 준비가 있다. 이 2가지가 동시에 이루어져야 올바른 준비가 된다.

인생 2막을 준비하는 은퇴자가 도시를 떠나 전원생활을 한다고 하면 나름대로 경제적인 기반이 있는 것이다. 하지만 귀향해 부모님을 도와 농사를 전업으로 준비하는 청년과 농촌이 좋아서 귀농하는 청년, 대규모 스마트팜으로 신세대 농업을 하는 청년들은 또 다른 방향의 준비가 필요하다.

특히 요즘은 정부의 강력한 지원하에 청년들이 능동적으로 움직이고 있다. 이들은 농업법인을 만들어 농사 대행 서비스나 드론 방제 서비스를 직업으로 삼는가 하면 방치된 농장을 임대해 캠핑

장과 카페를 운영하기도 한다. 이렇게 활발히 활동 영역을 넓히는 청년들도 소풍 가는 기분으로 귀농을 결심해서는 안 된다. 인생이 걸린 시험장에 들어가는 각오로 준비해야 한다.

프랑스의 비평가 아나톨 프랑스(Anatole France)는 "큰일을 이루려면 실천도 중요하지만 먼저 꿈을 꾸어야 한다. 계획을 세우기에 앞서 그것이 반드시 실현될 것임을 믿어야 한다"라고 했다. 지금 당장 해야 할 일은 꿈을 꾸는 것과 함께 이러한 꿈을 이루기 위한 준비와 기다림의 자세를 갖추는 일이다.

옛 어른들은 아무 날에나 장을 담그지 않았다. 한 해 전에 수확한 콩을 잘 씻어 삶은 후 메주를 빚어 매달아 발효하는 첫 번째 기다림의 미학을 알고 있었다. 맛있는 장을 만들기 위해 오랜 시간이 필요한 것처럼 귀농귀촌은 오랜 기간 다양한 경우의 수를 생각하며 준비해야 한다. 누구나 중요하게 생각하는 것과 가치가 다르기에 스스로 살아온 삶의 무게를 성찰하고 다시 걸어갈 길을 무한한 상상을 통해 구상해야 한다.

이미 결정했다면 라이프스타일부터 바꿔라

편리한 도시 생활을 떠나 스스로 모든 문제를 해결해야 하는 현실에 직면하기도 한다. 편리함을 찾는 것은 인간의 본성이기에 그동안 인류는 수많은 발명품을 만들고 발전시켜왔다. 도시 생활은 각박하지만 편리하다. 반면 전원생활은 마음이 편안한 반면 역설적으로 생활의 불편함도 크다. 마음의 여유를 누리는 것과 불편함

중 어느 쪽에 더 큰 가치를 두고 준비하느냐에 따라 앞으로의 생활이 달라진다.

한때 관광산업이 활발해지자 정부가 농촌 경제 진흥을 위한다는 명목으로 농촌에서 펜션 사업이 유행한 적이 있다. 하지만 얼마 지나지 않아 우후죽순처럼 생겨난 무허가 펜션과 안전기준을 충족하지 못한 펜션들에서 발생한 사고로 인해 사회문제가 되기도 했다. 물론 일부 몰지각한 업주에 의해 발생한 인명 사고였지만 일부가 전부로 인식되면서 펜션 사업은 어려움을 겪고 있다.

귀농귀촌 역시 정부와 지자체에서 융자금이나 주택자금 등을 지원하고 있지만 이 역시 하나의 유행으로 끝날 수 있다는 사실을 간과해서는 안 된다. 귀농이나 귀촌을 꿈꾸고 있다면 자신이 원하는 밑그림부터 철저하게 그려서 그에 맞는 비전을 세운 다음 도시 생활에 젖어 있던 라이프스타일을 어떻게 바꾸고 시작할 것인지 심사숙고하는 자세가 필요하다.

예산은 최대한 절약하는 방법을 찾고 적재적소에 써라

귀농귀촌의 제1원칙은 '구두쇠 정신'이다. 어차피 쓰려고 버는 돈인데 무슨 구두쇠 정신까지 필요할까 싶겠지만 나의 의지와 상관없이 손가락 사이로 빠져나가는 돈은 무수히 많다. 도움이 필요한 이웃에게 필요를 전했다 생각하면 그러려니 하겠지만, 내가 쓰고 싶을 때 쓴 돈이 아니라 속아서 뺏겼다는 마음이 들 때의 상실감은 이루 말할 수 없다. 결국 돈 씀씀이를 줄이는 방법은 제대로 쓰는 것이다. 이를 위해 언제나 먼저 시장조사를 하고 비교하는 습관을 들여야 한다. 같은 형태와 기능을 가진 제품이라도 가격은 천차만별이기 때문이다.

초기 예산과 예비비를 고려해서 계획을 구체화해야 한다. 연금 소득자는 일정한 수입이 없어도 절약하면 생활할 수 있지만 주거 마련과 농지 확보, 생활비 등 초기 예산을 최소화해 충분한 예비비를 확보해야 한다. 귀농 초기에는 예산이 지속적으로 필요하지만 농업으로는 큰 수입을 기대할 수 없다.

이러한 부분과 함께 때와 나이를 고려해 귀농과 귀촌을 결정해야 한다. 만약 그 과정에서 형편이 된다면 현 거주지에서 주말농장이나 5도 2촌 체험, 실제 귀농귀촌을 염두에 둔 지역에서 실행하고 있는 한 달 살기 프로그램 참가, 해당 지역에서 미리 임대나 월세 체험을 통해 나의 적성과 적응 가능성을 가늠해 보는 것이 좋다. 그런 다음 자기 취향에 맞는 것을 선택해 준비하는 것도 좋은 방법이다.

농업인에게 주는 정부 혜택도 있는데, 조건과 기준을 충족하는지는 스스로 알아봐야 한다. 주요 혜택으로는 농업직불금, 농업인 주택건축, 건강보험료 최대 50% 지원, 소득에 따라 국민연금 지원, 자녀 학자금 지원 및 융자, 양도소득세 감면과 토지거래 허가구역 농지 취득 등이 있다.

경험과 지식, 위엄이라는 무거운 짐을 진 과거는 내려놔라

귀농귀촌에 실패하는 이유를 궁금해하는 사람들이 많다. 여러 가지가 있겠지만 가장 큰 원인은 부적응이다. 결국은 그 생활에 만족하지 못하는 것이다. 은퇴 이후 농촌 생활에서 부적응을 초래하는 요인은 불편함, 주위의 텃세, 구상과 현실의 차이, 가정 내의 문제일 수 있다.

개인차가 있겠지만 일반적인 부적응 요인은 내려놓지 못한 것이다. 농촌공동체에서는 나의 방식과 내 뜻대로만 살 수 없다. 농촌마을에는 오랜 기간 지탱해온 나름의 규칙과 관습이 있다는 사실을 인식해야 한다. '로마에 가면 로마 법을 따르라'고 했다. 과거에 얽매여 나를 내려놓지 못하는 순간 부적응자가 되고 만다.

새로운 환경에 적응하기 위해서는 과거의 나로 살아서는 안 된다. 그동안 치열한 경쟁 속에서 열심히 노력해 일정 지위에 오르고 맡은 역할을 해왔다. 그러나 새로운 인생을 살기 위해서는 기존의 삶의 방식을 바꿔야 한다. '새 술은 새 부대에 담아야 한다.' 나만의 세계에서 나만의 생활을 하고자 한다면 TV 속 자연인이 되는 수밖에 없다. 농촌공동체라는 새로운 환경에서는 또 다른 어울림의 미학이 필요하다.

처음 동네분들과 만날 때는 나의 과거 직책을 불렀다. 서로에 대한 예의일 수도 있지만 상대가 껄끄러워하는 기색이 보였다. 내가 다가간 만큼 멀어지는 그들의 모습에서 무엇이 문제일까 하고 한동안 고민했다. 우연히 막걸리를 마시는 자리에서 습관처럼 명함을 준 것이 실수였음을 깨달았다. 그 뒤로 "편하게 김씨라고 부르세요"라고 했더니 서먹했던 분위기가 바뀌었다. 새로운 환경에 적응하고 싶다면 지금까지 살아온 모습을 내려놓자. 그러면 모두가 편한 이웃이 된다.

창업보다 어려운 게 농업, 농사만 잘한다고 되는 게 아니다

귀농귀촌을 실행하기 전 궁금증은 미리미리 검색하라

직장 생활을 하다가 스트레스가 쌓이다 보면 '회사 그만두고 농사나 짓지, 뭐'라고 한 번쯤 생각해 봤을 것이다. 이것저것 하다 하릴없으면 하는 것이 농사쯤으로 생각하는데 천만의 말씀이다. 농사하려면 농업인이 되어야 하는데 원한다고 저절로 되는 것이 아니다. 먼저 자격을 갖춰야 한다. 농업인이 되기 위해서는 귀농귀촌 의무교육 100시간을 수료해야 한다.

대표적인 교육기관은 농림수산식품교육문화정보원(농정원)에서 운영하는 '귀농귀촌종합센터'다. 교육과정으로 귀농귀촌 기본 교육과 농업 일자리 탐색 교육, 농업 일자리 체험교육, 귀농귀촌 심화교육 등 다양하게 개설되어 있다. 귀농귀촌을 원하는 지역이 정해졌다면 해당 지자체에서도 교육 수강이 가능하다.

각 지자체에서 운영하는 '농업기술센터'에서는 귀농귀촌아카데

미의 창업단지 입교자 교육과 체류형농업창업지원센터 입교자 모집, 귀농귀촌 작목 탐색 교육 등 현장감 있는 다양한 교육이 시행되고 있다. 농업기술센터에서 교육을 받으면 담당 공무원과 교류도 가능하다.

각 도에서 운영하는 농업기술원은 '미래 농업대학'을 6개월 과정으로 진행하고 있다. 주요 교육 내용으로 농업 관련 기능사 이론과 실기, 영농기술 및 농업경영, 농업정보화 교육이 있다. 청년농부를 꿈꾼다면 6개월 합숙 교육을 통해 미래를 개척해 보는 것도 좋은 방법이다. 또한 농협의 '창업농지원센터'에서도 창업농 육성과 귀농귀촌 지원 업무, 청년농부 사관학교를 운영하고 있다.

앞으로 살고자 하는 지역과 작목을 고려해 자신에게 가장 맞는 길을 찾을 수 있다. 어디서 나에게 맞는 정보를 얻을까 고민한다면 앞으로 소개하는 관련 포털사이트에서 찾아보자.

농업 정보는 정부 정책과 연계된 정부기관 포털을 활용하라

처음 귀농하는 이들은 상대적으로 경험이 없어 모르는 것이 많다. 원주민들이 모두 전문가처럼 보일 것이다. 그렇다고 매번 주변에 물어보려니 난감하다. 인터넷을 활용하면 농사와 관련된 정보를 쉽게 알 수 있기에 관련 분야를 충분히 학습하고 나서 시작해도 늦지 않다.

우선 농촌진흥청 홈페이지에서 다양한 정보를 얻을 수 있다. 국립농업과학원, 국립식량과학원 등 농촌진흥청 소속 기관과 지방

농촌진흥기관인 각 도 농업기술원과 각 시·군 농업기술센터, 농촌진흥청 유관 기관인 농림축산식품부, 산림청, 국립한국농수산대학교, 국립농산물품질관리원 등에서 다양한 귀농귀촌 관련 정보를 얻을 수 있다. 이 기관들은 농촌진흥청 홈페이지 하단에서 쉽게 찾아볼 수 있다.

작목 선정부터 농사 방법과 요령을 익히는 데는 '농사로(www.nongsaro.go.kr)'를 활용하면 된다. 농사로는 농촌진흥청에서 운영하는 농업기술 포털 서비스로서 농촌진흥청 소속 기관과 유관 기관, 지방농촌진흥기관의 농업기술 콘텐츠를 통합해 제공한다.

세부적으로는 영농기술 부문과 현장 정보, 생활 농업, 연구 정보, 소통 및 공유, 작목 정보를 제공하고 있다. 농업기술은 농자재, 영농기술, 농업경영, 교육 및 연구 정보, 생활문화 등으로 구성되어 있다.

추가로 각 시·군 농업기술센터는 귀농귀촌인이 실제 거주할 지역에 위치해 지역의 특산물과 대여 가능한 농기계 등을 알 수 있다. 귀농귀촌종합센터 홈페이지에서 귀농귀촌 상담부터 교육 정보 및 신청 귀농 관련 기관별 귀농귀촌 지원 정책 등 전문 정보를 확인할 수 있다. 부지런히 농업 관련 웹 서핑만 해도 빠른 시간 내에 전문가가 될 수 있으니 걱정부터 하지 말자.

갈 길을 정하면 미리 농업에 필요한 자격증을 취득하라

농사짓는 데 무슨 자격증이냐고 한다면 아직도 농사를 우습게

귀농귀촌에 고려할 자격증				
작물 재배	농업기계	임업	축산	기타
유기농업기(능)사 유기농업산업기사 시설원예기사 종자기(능)사	농기계정비기능사 농기계운전기능사 굴착기운전기능사 지게차운전기능사	버섯종균기(능)사 산림기(능)사 식물보호기사 임산가공기(능)사	축산기(능)사 축산기술사 축산산업기사 식육처리기능사	치유 농업사 (1·2급)

출처: 한국산업인력공단 Qnet

알고 있다는 뜻이다. 해당 분야의 전문성과 기능성을 인정해 그와 관련된 일이나 사업을 할 수 있는 자격을 부여한다. 귀농귀촌을 하면 무엇을 하고 싶은지 정한 다음, 그와 관련된 자격증을 취득하는 것이 우선이다.

이제는 귀농귀촌과 농업만을 연계하는 단순함보다 다양한 사업을 하기 위한 나만의 콘텐츠가 필요하다. 귀농귀촌은 하고 싶은데 농사일은 적성에 맞지 않는다면 하고 싶은 일과 관련된 자격을 갖추는 것이 좋다. 이를 통해 새로운 인생의 방향을 정하고 필요하다면 관련 자격증을 취득한다. 각종 정부 지원 사업을 시행하면서 가장 먼저 요구하는 것은 관련 자격증의 유무다. 농촌 생활에 필요한 자격증은 내가 가고자 하는 길에 맞는 관련 분야의 정부 지원을 받을 수 있는 자격을 갖추는 것이다. 농촌에서 하고 싶은 일이 정해지면 바로 자격증 취득을 위한 준비를 하라.

이미 숙달되어 잘할 수 있는 일로 농업 외에 소득원을 준비하라

농장 옆에는 △△농원이 있다. 주인장 P대표는 대학교수로 정년 퇴임하고 귀농해 현재 분재원을 운영하고 있다. 젊어서부터 분재를 좋아해 꾸준히 여가 시간에 해오던 취미활동이 인생 2막의 직업이 되었다. 큰 비닐하우스 안에서 관리하므로 많은 예산이 들어가지도 않았고, 취미가 발전해 전문가가 되고 직업이 되었다. 크게 힘든 일도 없고 노력에 비해 수입도 괜찮다고 늘 밝은 얼굴이다.

은퇴하면서 귀촌한 O는 오래전에 구입한 토지에 멀티해비를 위한 농막 겸 목공방을 열었다. 군 생활 틈틈이 익힌 서예와 서각(書閣) 취미가 귀촌 후 마을 사람들이 마음을 여는 데 효자 노릇을 했다. 송판을 대패질하고 그 위에 글씨를 써서 조각칼로 파낸 다음 도료(塗料)를 칠하고 마무리하는 작업이다.

처음 농막을 방문한 이웃이 입소문을 내면서 너도 나도 사겠다고 해서 그냥 하나씩 나눠줬더니 동네에서 최고 인싸(Insider)가 되었다. 그 후로 O의 토지 관리는 거의 동네 사람들이 했다고 해도 과언이 아니다. 아직 판매를 목표로 하지 않았지만 앞으로 판매를 고려한다면 바로 인근에 유원지가 있어 짭짤한 수입원이 될 것으로 전망하고 있다.

나도 3년이 지나자 준비한 예산이 농장의 토목과 조림에 너무 많이 소요되어 자금이 바닥났다. 할 수 없이 내가 좋아하고 잘할 수 있는 일을 찾았다. 은퇴 전에 하던 일과 연계되어 ○○연구원에 재취업할 수 있었다. 코로나19의 방역 강화 시기에 재택근무는 농장에서 하니 출퇴근 시간이 절약되었다. 또한 '유연근무제'를 활용해 일찍 출근한 만큼 일찍 퇴근해 저녁 시간대에 농장 일을 할 수 있었다.

　농업 이외의 수입원이 생기면 주말이나 휴일 일손을 더 얻을 수 있다. 결산해 보니 내 전문 분야인 연구직을 통해 얻은 수입으로 농장 일을 전문적으로 하는 일손을 얻어 활용한 결과 혼자 하는 것보다 몇 배 효율적이며 경제적이었다. 가장 좋아하고 잘하는 일을 계속 이어가 농업 이외의 수입원을 확보하면 전원생활을 더 풍요롭게 할 수 있다.

3장

농촌공동체와 같이 사는 방식

은퇴 전의 사회적 지위는 잊어라

어차피 갈 길, 남의 경험을 내 것으로 적용하라

처음 귀농을 계획하면서 이왕 하는 일 '제대로 한번 해보자'고 결심했다. 성격상 대충 하는 것은 용납되지 않아 TV에서 보던 멋진 농장을 머릿속에 그려보며 그럴듯한 농장을 만들어보리라 마음먹었다. 유년 시절 농촌에서 우리 집은 문전옥답이 전부였는데 우리가 성장하는 만큼 조금씩 줄어들어 안타까워했던 기억이 있다. 땅에 대한 기억이 결국 농장 운영에 대한 '로망'이 되어 이삿짐을 꾸리게 만들었다. 그리고 처음에는 죽어라 일만 하는 '겉모습만 농부'가 되었다.

지금까지 직장에서 나름 위치를 지켰다고 생각했기에 농촌 생활도 자신 있었다. 하지만 귀농 7년 차에 느끼는 소회는 '분수를 알고 적당히 할걸'이다. 처음 사회생활을 하면서 돌다리도 두드려보고 건너는 심정으로 세심하고 치밀하게 준비했어야 했는데, 사회생활을 할 때의 자신감 하나로 열심히만 했다. 내 분야에서 전문가로 인정받았던 과거에 얽매여 열심히 하면 된다는 자기도취에 빠졌던 것 같다.

인간은 누구나 실수하고 잘못된 판단을 한 대가를 치르고서야 교훈을 얻는다. 농사일 역시 미숙한 준비와 오판의 결과로 사회적 경제적으로 큰 비용을 지출했다. 게다가 단순히 금전적인 지출로 끝나지 않고 귀농 자체에 대한 회의감과 주위 사람들을 불신하는 결과를 초래했다. 이제야 막연히 귀농을 꿈꿀 때 누군가의 경험을 자양분 삼아 처음 사회생활을 할 때의 심정으로 시작했다면 하는 아쉬움이 남는다.

가장 낮은 곳에서 호기심과 두려움으로 시작하라

농촌에서 만나는 사람들은 전부 전문가로 대우해 드려야 한다. 속으로 '나도 공부할 만큼 했는데' 하는 생각을 할 때 예상치 못한 일이 생긴다. "아니, 농사는 그렇게 하는 게 아냐. 내가 고추 농사만 50년 한 사람이야." 이론과 경험이 접목되어야 한다고 배웠는데 막무가내로 큰 소리부터 낸다. 이때 내가 아는 이론을 풀어볼까 생각도 하지만 이내 "그렇죠, 알겠습니다"라고 말하면서도 속마음은 개운하지 않다. 계속 내 주장만 고집하다가 오해가 생길 수도 있고 소통의 문제가 발생할 수 있어 농촌에서 오랜 생활을 해온 선배들을 존중하는 것이 필요하다.

귀농귀촌의 이유는 다양하지만 대개의 경우 지금까지 살아오면서 나름대로 원하는 바를 이뤘기에 이제는 나를 위한 장소에서 나를 위한 시간을 보내고 싶은 열망에서 출발하는 경우가 많다. '지금까지 치열하게 살아왔으니 인생 2막도 잘될 것이다'라고 생각하기 쉽다. 하지만 천만의 말씀이다.

지금까지는 내 전문 분야에 계속 매진했기에 나름대로 목표도 달성하고 성취했지만 귀농귀촌은 새로운 영역에서 새롭게 출발하는 것이다. 처음 사회생활을 시작할 때의 호기심과 두려움으로 시작해야 한다. 사회에서는 이미 형성된 인적 네트워크나 경력이 중요한 자산이었지만 귀농귀촌은 지금까지 사회생활에서 이룬 성취는 잊고 새내기의 심정으로 서야 한다. 그래야 새로운 환경에서 원하는 것을 성취할 수 있다.

상대방의 자존심은 올려주고 나는 내리는 지혜

인간은 누구나 타인에게 인정받고 존중받기를 원한다. 반대로 무시당하거나 그런 느낌을 조금이라도 받으면 그에 따른 상실감은 예측할 수 없는 결과를 불러일으키기도 한다. 어린아이도 한번 자존심이 상하면 회복하기까지 오래 걸리는데, 이미 사회적 성취를 이룬 중년에게는 훨씬 크게 다가온다.

사회생활 초기에는 대인관계뿐만 아니라 업무의 전반적인 것을 잘 몰라도 용서되었다. 그렇게 성장해 중견 간부가 되어서는 부하직원을 가르쳤다. 그러다 보니 항상 자신만만했기에 상급자에게 신뢰받고 부하직원에게는 존경받고 있다고 생각했다. 회식 중 건배라도 할 때면 '○○님'이라는 호칭 뒤에 반드시 따라오는 '존경합니다'라는 말에 길들여져 진짜 그런 줄 착각 속에 살아왔다.

하지만 농촌에서는 그런 존경의 대상이 내가 아니라 현지인이다. 특히 동네 어른들을 존경하고 신뢰해야 농촌 생활이라는 배가 순항할 수 있다. 가끔 호칭에서 실수를 범하면 건방지다거나 형편없는 사람으로 취급받게 된다. 의도하지 않았는데 왜 이런 일이 발생할까?

농장 인근에 과거 ○○회장을 역임한 B가 살고 있다. 그는 성격도 좋지만 매사에 만능이며 오지랖이 넓어 대인관계도 좋다. 하루는 이웃에 이사 온 K가 지나가는 그에게 트랙터 밭갈이를 부탁하려고 "어이, B씨!"라고 불렀다. B는 한번 획 돌아보고 아무 대꾸도 없이 가던 길을 가버리고 그 뒤로도 계속 본체만체했다.

B와 서먹해진 K가 나에게 뭐가 잘못됐는지 모르겠다며 B와 이야기를 나눌 방법을 물었다. 나는 거두절미하고 K에게 "B씨라니요, '회장님!'이라고 했어야죠"라고 말했다. K는 "아, 그런가!"라며 고개를 끄덕였다. 누구나 인정받고 싶은 것은 인지상정이다. 하물며 과거 회장직에 있던 사람에게 이사한 지 얼마 안 된 새내기가 대뜸 'B씨'라고 하다니 그야말로 제대로 실수한 것이다.

공동체의 구심점 역할을 하고 있다고 자부하는 사람에게 비록 과거의 직책이라고 해도 그것을 무시하면 일단 마이너스 패 하나를 쥐고 들어가는 것과 같다. 상대방의 자존심은 세워주고 나는 낮추는 것이 함께 살아가는 지혜라는 것은 어디서나 통용되는 원리임을 잊지 말아야 한다.

프로의 세계에서 아마추어가 자기도취에 빠지지 않도록 경계하라

스스로 인정하고 싶지 않겠지만 귀농귀촌을 시작한 지 10년이 채 안 되었다면 당신은 아직 아마추어이다. 가령 자영업을 했거나 크든 작든 기업 경영을 했다면 당신은 관리자이거나 대표로 그 분야에서 최고의 자리에 올라 성공한 인생을 살았을 것이다. 그런 당신에게 왜 귀농귀촌을 결심했냐고 묻고 싶다. 귀농귀촌 분야에서 최고의 자리를 유지하기 위해서는 아닐 것이다.

당신이 귀농귀촌을 한 것은 새로운 터전에서 지나온 날을 돌아보며 남은 인생을 아름답고 행복하게 꾸려가기 위해서일 것이다. 그러면 과거의 직책이 무슨 소용 있으며 지금 나의 위치가 왜 중요할까? 답은 나와 있다. 지금까지는 프로였더라도 귀농귀촌을 생각한 순간 당신은 그 분야에서 가장 초보이다. 앞으로 만나는 사람들이야말로 귀촌과 전원생활에 관한 한 프로이다.

많은 사람들이 행복한 전원생활을 꿈꾸다 포기하는 이유는 대부분 생각과 다른 현실에 적응하지 못했기 때문이다. 자신만의 잣대로 전원생활을 재단하다 보니 장밋빛 꿈은 온데간데없고, 힘들고 고단한 현실에 지쳐 포기하고 만다. 아무리 내가 다른 분야에서 몇십 년의 노하우를 쌓아왔다 하더라도 새로운 사람들과의 관계에서 지난날 나의 성취는 일단 접어두어야 한다. 겸손하게 나를 낮추고 배우려는 자세를 보일 때, 꿈꾸던 원만한 전원생활과 행복한 일상이 따라온다.

울타리부터
치지 마라

도시 생활에서 갖고 싶었던 내 땅이라도 측량부터 하지 마라

내 땅을 소유하고 싶다는 생각은 성장 과정의 영향도 있었다. 유년 시절 우리 동네에 부자가 한 명 살았는데 그때 기억으로 어마어마한 땅의 소유자였다. 같은 성씨이지만 계산하기도 힘든 먼 종씨로 고리대금업을 통해 해마다 땅을 늘려가는 반면 우리 집은 해마다 땅이 줄어드는 것을 보며 나도 언젠가는 넓은 땅을 갖고 싶다는 소망을 갖게 되었다. 게다가 신혼 초에 전세살이를 서럽게 경험해 '내 땅'에 대한 마음은 더 커졌다. 세월이 흘러 아파트 생활을 하면서도 온전한 내 땅을 가지고 싶다는 생각은 늘 잠재의식 속에 자리하고 있었다.

그렇다 보니 도시민들이 농촌에 이주하면 처음 하는 일이 대부분 측량 작업이다. 내 땅의 경계를 명확하게 확인해서 앞으로 어떻게 할까를 구상하는 과정이다. 그러나 이것은 조금 더 신중하게 생각하고 행동해야 할 부분이다. 동물이 본능적으로 자신의 영역을 표시하는 목적은 나와 가족을 보호하기 위함이다. 하지만 도시민이 농촌으로 오자마자 측량하는 모습을 바라보는 일부 현지인들은 심각한 거부감을 느낀다고 한다. 내 땅인데 말뚝을 박고 더 나아가 울타리까지 치는 것이 무슨 문제가 있냐고 할 수도 있다. 하지만 이것이 마음의 담을 쌓는 행위가 되어 갈등의 씨앗이 되기도 한다.

농촌에서 땅의 개념을 알고 갈등의 씨앗부터 뿌리지 마라

농촌에 살던 우리 부모 세대들은 필요하면 일부 땅은 이웃이 사용하도록 허락해 주었다. 공동으로 소유했다는 말이 아니다. 길 없는 땅에 집을 지으려고 하면 길을 내주고, 살림살이가 어려워 땅뙈기가 한 평도 없으면 땅을 내주어 집을 짓고 살도록 했다. 과거 농촌은 적어도 땅에 관한 한 각박하지 않았다. 물론 동네 분위기와 땅 주인의 성향에 따라 다르겠지만 내가 경험한 농촌에서 땅의 경계를 다투거나 갈등한 기억이 없다. 어쩌면 그 당시 측량 기술이 발달하지 못해서였는지는 모르겠지만, 요즘처럼 각박하지 않은 것만은 사실이다.

최근에도 귀농해 주택을 건축하는 과정에서 벌어지는 땅으로 인한 분쟁이 TV를 통해 종종 보도된다. 현지인이 막무가내로 줄을 처놓고 지나가지 못하게 해서 몇 달째 공사가 중단된 사례도 있다. 할 수 없이 역귀농을 생각한다는 가슴 아픈 이야기는 비단 남의 일만이 아니다. 언제든지 나의 상황이 될 수 있다는 점을 명심해야 한다.

　1970년대 새마을운동이 한창일 때는 마을 길 넓히고 도로포장과 상수도 공사를 하면 선선히 자신의 땅을 마을을 위해 내놓았다. 땅이 없어 어려운 집에는 "내 땅 그냥 부쳐 먹게"라고 할 정도의 인심이 있었다. 그렇게 전통적인 관습으로 마을공동체가 유지되었다. 그런데 어느 날 홀연히 나타난 도시인이 자기 땅이라며 말뚝을 박고 울타리를 친다면, 원주민들의 눈에 그 모습이 좋게 보일 리 없다.

　"그래, 얼마나 잘사나 보자." 원주민의 첫마디 인사가 잘못되기라도 바라는 듯한 투라면 그 외지인의 농촌 생활은 순탄하지 않을 것이다. 내 땅을 표시하려다 마을과 갈등의 씨앗부터 뿌린 것이다.

몰래 설치된 마음의 울타리를 거둘 방법은 없나

　사실 마음 한구석에 걸리는 것이 있다. 나 역시 처음 한 일이 내 땅에 대한 측량이었다. 땅을 구입하고 몇 년 동안 현직에 있다 보니 1년에 몇 번 관리인에게 인사하는 정도였다. 퇴직에 맞춰 측량하는데 인접 토지주가 "아니, 가만히 있는 땅 측량은 왜 해요?"라고 했다. 어차피 돈 들인 일이라 계속 진행하는 과정에서 측량 팀장은 그의 주택 뒷마당이 내 땅을 2미터 정도 침범한 사실을 발견했다. 경계 너머 법면을 평탄 작업해 뒷마당으로 사용하며 큰 물탱크를 묻고 조경을 위해 소나무 가지까지 잘라냈다.

더 기막힌 일은 10여 년 이상 세 가구가 살면서 생활 쓰레기 일부를 내 땅에 투기하고 있었다는 것이다. 이 일을 전해 들은 지인은 나에게 땅의 원상 복구와 사용료를 청구하는 '내용증명'을 보내라고 알려주었다. 시작부터 난관에 봉착해 고민하다 원상 복구를 요구하자 "물탱크는 다음에 치우고, 쓰레기는 장비로 몇 번 툭툭 치면 되지, 뭐"라는 대답이 돌아왔다. 사용료까지 거론했다면 걷잡을 수 없는 상황이 되었을 수도 있다.

이후 내용증명을 보냈다거나 다른 요구를 한 적은 없다. 스스로 알아서 하길 기다리면서 몇 년째 어떤 조치도 하지 않았다. 현재는 만나면 인사 정도 하는 사이가 되었는데 내가 반복적으로 항의하지 않았기 때문이라고 생각한다. 이런 상황이 지속되면서 서로 반목하며 갈등의 씨앗이 되는가 하고 생각하니 갑자기 불편해졌다. 앞으로 얼굴 보며 살아갈 생각에 앞서 나도 모르게 마음의 울타리를 쳤는지 모른다.

경계 측량을 하려면 그 이유와 목적을 사전에 알려라

세상에 쉬운 일은 없다. 혹자는 내 땅을 내 마음대로 못 하냐고 할 수도 있다. 나는 "못한다"라고 대답하겠다. 농촌마을의 특성상 한번 어긋나면 회복하기 쉽지 않기 때문이다. 흔히 농촌에서는 옆집 숟가락이 몇 개인지까지 알고 있다고 하지 않는가.

얼마 전 좋은 위치의 소류지가 매물로 나와 양어장을 구상하면서 시(市) 담당 부서에 문의한 적이 있다. 공무원의 대답은 가능하지만 조건이 있다는 것이었다. "소류지 아래 물을 사용하는 모든 농민에게 동의서를 받아야 한다"는 조건이었다. 개인의 사유재산인 소류지가 농민의 동의를 받지 못해 쓸모없어서 매물로 나온다. 처음 소류지가 매물로 나온 것을 보면서 오래전부터 구상했던 것을 하고 싶었다. 그런데 아래에 있는 논 소유주들에게 동의서를 받아오라니, 도시인들의 입장에는 말도 안 되는 소리다.

농촌에는 오래된 관습에 의해 내 땅이어도 내 맘대로 할 수 없는 경우가 얼마든지 있다. 탐문해 본 결과, 꽉 막힌 사람들은 어디에나 있다. 물론 지레 동의서를 못 받을까 겁먹은 나의 오판도 있지만, 세상사 마음먹은 대로 다 된다면 못 할 일이 뭐가 있겠는가? 사전 양해를 받지 않은 것은 안 될 일에 노력을 낭비할 필요가 없기 때문이다.

내 땅을 측량하거나 울타리를 치면 절대 안 된다는 이야기가 아니다. 필요와 사용 목적에 따라 당연히 할 것은 해야 한다. 하지만 농촌에서는 주위에 상황을 충분히 설명하고 이해를 구한 뒤에 시행해야 불필요한 오해와 갈등을 예방할 수 있다. 처음부터 마음의 벽이 생기면 이어지는 생활에서 농촌 특성상 도움을 주고받는 일이 더 힘들어진다.

농촌에 살면서 농촌의 정서를 이해하고 고려하지 않을 수는 없다. 내가 산 땅을 측량할 때 경계를 확인하고 어떻게 토지 계획을 세울 것인가를 구상하는 과정은 당연하지만, 농촌의 실상을 알고 '제대로 된' 행동을 해야 한다. 가장 첫 번째이자 가장 중요한 일은 '사전에 알림으로써 불필요한 오해를 방지'하는 일이다. 새로 이사

온 외지인의 행동은 모두 관심의 대상이기 때문에 계속 지켜보고 있다고 생각하면 된다. 도시의 아파트 옆집에 누가 사는지 관심 없는 것처럼 농촌의 이웃을 대해서는 안 된다. 항상 서로 마주하는 마음과 자세가 농촌공동체와 '잘 어우러져' 사는 방법이다.

공무원 만날 때는
점퍼 입고 가라

공무원에게 전입 온 귀농귀촌인은 어떤 존재일까

2022년 3월 기준, 전국 228개 지자체 가운데 약 절반인 113개(49.6%)가 소멸 위험 지역이다. 현재 발등에 불이 떨어진 일부 지자체는 농촌으로 가구 전입 시 많은 혜택을 주며 유인책으로 활용하고 있다. 일부 성공적으로 인구 유입 효과가 나타나는 것으로 언론에 보도되고 있다. 현재 소멸 예정 지자체 입장에서는 한 명의 전입이라도 반갑고 고마울 텐데 실상 현실은 반드시 그렇지만은 않은 것 같다. 공무원이 보는 귀농귀촌인은 민원인 한 명 늘어난 그 이상도 이하도 아니라는 말이다. 이러한 상황을 한 언론은 적나라하게 보여주고 있다.

> 도시생활에 길들여진 귀농·귀촌인은 갈등이 발생하면 먼저 행정민원으로만 해결하려는 경향이 크다. 제3자의 입장에서는 별

> 대수롭지 않은 갈등으로 취급하거나 관여할 일이 아니라고 판단할 수도 있고, 관례적으로 원주민들에게 유리하게 일을 처리하는 경향이 많을 수 있다. 이 과정에서 귀농·귀촌인은 지역의 텃새가 심하다고 생각하고 불만과 불신이 높아지기 마련이다. 또한 귀농·귀촌인 한 사람이 늘어나면 행정업무와 민원이 스노우볼 이펙트처럼 늘어난다는 볼멘소리처럼 귀농·귀촌인을 귀찮은 존재로 인식하는 경우도 있다. 자연히 귀농·귀촌인과 지역사회와의 감정의 골은 더욱 더 깊어지고 불신은 더 커져만 간다.
>
> ― 정석윤, "귀농·귀촌 갈등의 돌파구 마련해야", 〈한국농어민신문〉, 2022. 3. 8.

귀농귀촌인들은 대부분 농촌에서 아쉬운 부분을 해소하기 위해 민원을 넣는다. 하지만 담당 공무원은 이런저런 법령을 들어 방어부터 한다. 한때 함께 근무했던 공무원은 "공무원이 민원을 해결하고자 하는 의지가 없으면 관련 법령과 규제가 보이고, 해결하고자 하면 방법이 보인다"라고 했다. 과연 접수된 민원에 대해 방법을 찾는 공무원이 몇 명이나 될까?

나는 전화 상담이 가능하다기에 현재 보유한 토지에 양어장 설치 가능 여부를 문의한 적이 있다. 담당 공무원은 지금은 태풍 피해 복구와 조치로 바쁘니 2주 이내로 관련 법령 검토와 현지 답사 결과를 통보해 주겠다고 답변했다. 하지만 6개월이 지난 지금까지 아무런 답변을 받지 못했다. 사실 그들은 아쉬운 것이 없다. 민원이 없을수록 업무 부담이 줄어들어서 좋다. 이런 공무원 행정이라면 앞으로 소멸 예정 지역에는 공무원만 남게 되지 않을까 하는 생각도 해보게 된다.

대상과 누르는 힘에 따라 그때는 맞고 지금은 틀리다

택시 운전을 하는 H는 주택 건축을 위해 농장 옆 임야를 구입해서 관리하고 있다. H는 원래 목적대로 보유한 토지에 건축을 할 수 있는지 담당 부서에 문의했다. 그런데 담당 공무원에게 현황도로는 인정할 수 없어 건축이 불가능하다는 통보를 받아 내게 도움을 청해왔다.

'현황도로'란 법령 등에 의해 신설되거나 변경에 대한 고시가 되지 않은 도로로 건축허가나 신고 시에 이해관계인의 동의를 받아야 도로로 인정되는 도로를 말한다. 다시 말해 지도상에는 표시되어 있지 않으나 오래전부터 통행이 이루어지고 있는 도로이다. H가 건축하고자 하는 임야에 이르는 현황도로가 2개 있는데 몇 년 전에는 도로로 인정해 주택 3채가 신축되어 현재 거주하고 있지만 지금은 안 된다는 회신을 받았다.

H의 토지에 현재 건축이 안 되는 이유를 들어보니, 첫 번째 도로는 중간에 군(軍) 훈련장이 있어 도로로 인정할 수 없고, 두 번째 도로는 소하천이 하계에 범람하고 동계에 결빙되어 위험하기에 도로로 인정할 수 없다는 것이다. 그러면 과거 이 도로를 인정해 건축된 주택 3채는 어떻게 된 것인지 문의하자 현재는 관점이 다르다고 했다. 그때는 맞고 지금은 틀리다는 논리다.

이후 집단 민원을 통해 도로 인정을 요구하자 군 훈련장을 통과하는 도로를 포장하면 가능하다고 하고, 소하천은 관을 묻고 콘크리트를 타설하면 가능하다는 답변이 왔다. 군 역시 포장의 필요성을 느끼고 있었기에 지휘관 명의로 시(市)에 도로포장 건의를 한 상태이지만 도로 사용자가 많지 않다는 이유로 우선순위에서 밀린 상태였다.

하지만 소하천 정비는 읍장이 나서서 '읍 예산'으로 추진하려고 하자 이번에는 하천 아래 토지를 보유한 N이 여름철 홍수로 농작물 피해에 대한 대책으로 집중호우 시 물 흐름이 좋게 공사를 진행하라고 했다. 공무원은 이러한 사항도 민원으로 처리해야 하기에 N의 요구를 절충해 관 위에 흙을 덮는 수준으로 끝냈다. 민원을 민원으로 덮은 것이다. 그 결과 지난여름 장마에 모두 유실되어 한 달간 차량 통행이 불가능했다. 우여곡절 끝에 지난달에는 현황도로로 인정하겠다는 답변을 받았다.

공무원과 척지고 살기보다 상시 상담 채널로 유지하자

흔히 귀농귀촌인들은 공무원과 어떤 관계를 유지해야 하느냐고 묻는다. 나는 '관계 유지'라기보다 내 주장을 관철하는 과정에 충실하라고 말한다. 나의 민원을 접수하면서 명확한 법률적 근거를 제시하면 긍정적인 관계가 유지되기 때문이다.

하나의 민원을 접수하기 위해 관련 법령부터 세심하게 봐야 한다. 공무원들은 해당 분야 전문가도 있지만, 인사이동으로 처음 부여받은 업무를 수행하기도 한다. 따라서 관련 법령 지식이 충분하다고 볼 수 없다. 하지만 사전 공부를 충분히 하더라도 여전히 높은 규제의 벽이 존재한다. 대부분의 공무원은 민원 서비스를 하기보다 법 테두리 안에서 감시하고 감독하고 규제하는 역할을 한다.

그래도 공무원을 통해 각종 지원 사업과 농업 관련 자격 취득 과정이나 강좌의 대상으로 선발되기 위해 나를 인식시켜야 한다. 지나가다 한 번씩 들러 얼굴 도장을 찍고, 각종 교육이나 강좌에 참가할 때면 간단한 인사라도 나누는 것이 좋다. 또한 하루 일과를 정리하면서 관련 부서 인터넷 홈페이지를 찾아 새로운 소식을 확인하는 일도 매우 중요하다. 새로운 사업 공모나 각종 농업 관련 계획은 마을 이장을 통해 전파되기도 하지만 모두 그런 것은 아니다. 홈페이지에 하루 한 번은 들어가서 나에게 필요한 정보를 실시간 찾아내고 이를 어떻게 할 것인지 구상해야 한다.

수염 기른 꽁지머리에 개량 한복 입으면 만사 오케이?

동문 모임에서 선배와 귀농과 공무원과 관련된 이야기를 나눈 적이 있다. 선배는 공무원과 대화하면 되는 것도 없고 안 되는 것도 없다고 했다. 관련 법령 말미에는 예외 조항이 있기 때문에 공무원이 어떤 잣대를 들이대느냐에 따라 되기도 하고, 안 될 수도 있다는 말이다. 그는 공무원과 싸우고 싶다면 이렇게 하라고 하면서 무용담을 설파했다.

"수염을 기르고 꽁지머리에 개량 한복 입고 고무신을 신어라."

"어째서 그럽니까?"라는 나의 물음에 선배는 공무원 사이에서 내려오는 전설이라고 강조하면서 한때 민원 해결을 위해 유행한 패션이라고 했다. 일단 이런 모습의 민원인이 등장하면 공무원들이 만만한 상대가 아님을 예감하고 전의를 상실한다는 것이다. 이런 '스타일'의 민원인들은 하나부터 열까지 꼬치꼬치 캐묻고, 따지고, 해결이 안 될 것 같으면 강력하게 항의하기에 공무원들은 긴장하며 긍정적으로 처리하려고 한다는 우스갯소리였다.

나는 공무원을 만날 때는 굳이 정장을 입지는 않고, 편한 점퍼 차림으로 가볍게 만난다. 나를 내세우기보다 어려운 일이지만 방법을 찾아봐 달라는 식의 겸손함이 올바른 민원인의 자세라고 생각한다. 또 과거와 다르게 요즘 MZ세대 공무원들은 겉모습에 위축되지 않는다. 민원 사항에 대해 잘 몰라도 당당하게 자기주장을 하는 것은 기본이다. 공정하고 정의롭게 업무에 임하기 때문에 지나치면 도리어 일을 그르칠 수 있다.

공무원을 대할 때의 소박한 복장과 겸손한 자세는 민원 해결뿐 아니라 민원 처리와도 밀접한 관련이 있다. 민원인의 태도에 따라 민원을 검토하고 결과를 받는 기간이 빠르거나 늦어질 수 있다.

선(先) 관계 유지, 후(後) 지역사회 활동

지역사회 활동의 동참 범위는 어디까지인가

귀농귀촌 연구자들은 농촌 이주 이후 적응과 관련해 '지역사회 활동에 동참'하는 것을 중요하게 다룬다. 역귀농의 원인에서 큰 비중을 차지하는 텃세 때문이다. 특히 연구자들은 '사회활동 동참'의 범주에 '종교활동'과 '지역농민단체', '친목단체와 지역 귀농귀촌인 모임'까지 범위를 확대하고 있는데 실상은 그렇지 않다.

물론 지역사회의 범위를 어디까지 확대할 것인가 하는 문제가 있다. 하지만 실제 범위는 마을에서 서로 얼굴 보며 지내는 관계이다. 실생활에서 도움을 주고받는 관계이다 보니 때로는 대립과 갈등을 빚기도 한다. 행정적인 도움이나 기술적인 협조가 이뤄지는 곳은 농업기술센터, 농기계 임대사업소, 농협, 군 행정복지센터 등이다. 그 외에 지역사회에서 활동해야 할 소요는 그리 많지 않다.

선(先) 관계 유지, 내가 먼저 다가가 손 내밀어라

농촌공동체에서 함께 살아가기 위해서는 먼저 관계 유지부터 하라고 강조한다. 그렇다면 선(先) 관계 유지는 어떻게 해야 할까?

항상 감사하는 마음을 가져라

귀농을 준비하면서 처음 찾아간 곳은 이장님 댁이었다. 살기 좋은 마을에 이사 오게 되어서 감사하고 앞으로 잘 부탁드린다고 인사했다. 어르신들이 계신 마을회관에도 찾아가서 좋은 마을을 만드신 노고에 감사드렸다. 이후 어르신들이 지나가면 차를 세우고 정중히 인사드리는 것은 물론 적은 먹거리라도 대접했다. 그 결과 '되로 주고 말로 받는다'라는 속담은 농촌 인심을 대표하는 말이라는 것을 깨달았다.

현지 주민들의 이야기를 잘 듣고 잘 소화해서 적용하라

농촌에서 마을 어른은 모르는 것이 없고 안 되는 일이 없는 나름 박사(?)들이다. 반면 귀농귀촌한 이주민은 대학교수와 박사 출신일지라도 어쩔 수 없는 초보이다. 동생뻘 되는 사람이 동네에 이사 왔으니 많이 알려주고 싶어 하는 그 마음을 감사히 받아들이고 그 속에 섞여 들어가야 한다. 막걸리 몇 통에 밤을 지새울 수 있는 따스한 마음을 가지고 속까지 내줄 사람들이라는 것은 지내다 보면 곧 알게 된다. 단, 추임새도 넣고 장단을 맞추는 것을 잊지 않았을 때이다.

내 역할이 있으면 적극적으로 나서라

3년 전 마을 이장님이 다급히 만나자는 연락이 왔다. 마을 뒤편 산자락 아래 폐기물 소각장이 들어온다는 말이 있는데 어떻게 해야 하냐고 물었다. 나는 먼저 정확하게 알아보겠다고 했다. '내 마을은 절대 안 된다'는 님비 현상을 떠나 마을 상류 산기슭에 폐기물 소각장이 들어서면 일단 마을 이미지와 가치 하락은 뻔한 일이었다. 소각한 연기는 산 아래로 내려와 역전층현상으로 오래 머물며 악취를 낼 것이고, 아무리 안전 규정을 강화해도 유해물질이 누출되는 상황도 배제할 수 없다는 결론에 도달했다.

이장님은 탄원서에 마을 주민들의 서명을 받아 설치 반대 의지를 보였다. 탄원서 때문인지는 알 수 없지만, 다행히 인허가 건이 더 이상 진행되지 않았다. 덕분에 나는 의도하지 않게 갑자기 마을에서 귀한 사람 대접을 받게 되었다.

또 한 번은 마을 뒤쪽 한적한 곳에 화장장이 조성된다고 알아봐 달라는 요청을 했다. 관련 법령을 숙지한 후 담당 부서에 전화했더니 가족공원 묘지 조성 건이었다. 이처럼 농촌에서는 문제가 발생했을 때 어떻게 해결해야 할지 모르는 경우가 있다. 관련 법규 등을 알고 관공서에 문의해서 원만하게 해결된다면 이보다 좋은 일은 없다. 이런 복잡한 일들을 팔 걷고 나서서 해결해 주면 주민들은 든든한 지원군을 얻었다며 반긴다.

특기로 봉사하라

누구든 남다른 특기 하나는 갖고 있다. 귀농귀촌 생활을 하면서 마을 행사에 참석하는 것도 중요하지만 자신만의 특기를 활용해 마을을 위해 정기적으로 봉사하는 것도 중요하다. 예를 들어 어르신들은 컴퓨터나 스마트폰 등 디지털 장비 활용에 익숙하지 않다. 이분들에게 필요한 기술로 도움을 드리거나 가르쳐드린다면 마을 사람들은 새 식구를 열렬히 환영한다.

자신에게는 대단하지 않아도 농촌에서는 돈 드는 귀한 기술이 될 수도 있다. 미용 기술을 가지고 주기적으로 마을회관에서 파마 봉사를 한다면 큰 호응을 얻을 것이다. 나에게 도움이 필요한 일이 생겼을 때도 서로 상부상조하면 도시보다 더 인간적인 정을 느끼게 된다.

동네에서 해야 할 일을 할 때는 팔 걷어붙이고 참여하라

마을에서 일어나는 대부분의 주민 활동은 이장이 관장한다. 그러다 보니 마을에서 이장의 역할은 매우 크다 해도 과언이 아니다. 마을에서 제기하는 민원이 군에 반영되기 위해서는 이장의 발언권이 필요하다. 그런데 평소 소원한 관계에 있는 외지인이 민원을 낸다면 어떨까? 이에 대해 이장이 성의껏 처리해 줄지는 의문이다.

언젠가 이장 재신임 투표에 대해 눈치 없이 행동한 사람의 에피소드가 두고두고 마을에 회자되었다. 마을회관에서 회의하면 대체로 남성과 여성들은 따로 무리 지어 앉는다. 심지어 부부 사이라도 떨어져 앉는데 마을에 이사 온 지 얼마 안 된 P는 여성 그룹에 앉아 있다가 "지금 이장은 별로인 것 같은데 이참에 바꾸는 거 어때요?"

라고 분위기를 잡았다고 한다. 그 자리에는 이장 부인이 같이 있었는데 옆 사람들이 아무리 눈치를 줘도 아는지 모르는지 계속 대화를 주도했다고 한다. 불행인지 다행인지 이장은 재신임되었고 그 이후 P는 이장을 만날 때마다 자신의 경솔함을 후회했을 것이다.

 농촌에서 지역 활동이 있다면 보통 이장이 주관하는 회의와 행사 수준이다. 지역주민들과 함께하는 여가문화 활동은 어르신들 위주로 마을회관에서 이뤄진다. 마을 내 영농 관련 경제활동으로는 영농조합이나 작목반이 있는데, 우리 마을에서는 운영하지 않았다. 다만, 지역의 시·군에서 시행하는 농업인 교육 정도의 활동이 가끔 있다. 합동 민원 대응을 위해 서명 받을 일이 생겼을 때 이장이 오기 전에 즉시 달려가면 지역사회 활동에 잘 참여하는 것이다.

이웃의 일을 내 일처럼 챙기면 더 크게 돌아온다

 '지역사회 활동에 동참하는 것'은 새 삶의 터전인 농촌에서 자리 잡기 위한 최고의 방법이다. 중년에 이른 은퇴자들은 나름의 사회적 위치를 경험했다. 중역으로서 위로는 신뢰를 얻고 아래로부터 존경받으며 관리자 역할을 했다. 그럼에도 농촌 생활에서는 비굴해서도 안 되지만 거만해서도 안 된다. 서두르지도 말고 게으르지 않으며 욕심내지 않고 때로는 통 크게 나와 가족을 위한 이벤트로 일과 삶이 조화를 이루는 생활을 지향해야 한다. 여기에 더해 상대에 대한 배려와 한없는 관용을 통해 마을 사람들에게 잘 왔다는 말을 들을 수 있어야 한다.

마을에서 필요한 존재가 되기 위해서는 양보하고 손해 보는 것만이 미덕이 아니다. 지금까지 살아오면서 터득한 지혜와 생활의 내공으로 작으나마 마을을 위해 봉사하는 삶을 권하고 싶다. 해당 분야의 전문 지식과 기술을 마을 주민들을 위해 사용한다면 마을에 꼭 필요한 사람이 될 것이다. 항상 만나면 기분 좋게 대하고, 작은 요구에도 적극적으로 대처하는 노력이 필요하다.

정성 들여도 맥없이 시들어가는 자연의 섭리 앞에 때로는 덤덤히 받아들이는 긍정적인 모습과 헛헛이 바라보는 여유를 가지면 마을에서 꼭 필요한 사람이 될 것이다. 이웃의 어려움을 내 일처럼 생각하고 대처한 결과, 코로나19 확진자로 혼자 격리되어 있을 때 이웃은 나를 위해 '소머리국밥 한 사발 갖다 놓고 간다'며 전화로 위로해 주었다. 또한, 항상 도움을 주는 조경업체 B대표께서는 가끔 김치와 밑반찬을 나눠 주신다. 이런 정과 투박한 멋이 나를 농촌에 더욱 머물게 하는 이유다.

농촌의 프라이버시는 도시와 다르다

처음 농촌에서 나의 모습이 어떻게 비칠까

도시에서 농촌으로 이사 오면 동네 사람들은 어떤 반응을 보일까? 물론 사전에 현지 주민과 교류하면서 거주할 준비를 마쳤다면 상황이 다르다. 오랜 기간 왕래하며 준비하는 과정에서 서로를 이해하는 사이가 되었을 테니까. 하지만 갑자기 나타난 외지인은 서로 경계하게 되고, 일거수일투족이 관심의 대상이다. 도대체 뭐 하다 온 어떤 사람일까? 나는 아직 그들을 모르는 상황에서 나의 모습은 그대로 그들에게 노출된다.

반려견에게 광견병 예방 접종을 시키면서 만난 이웃 마을 귀촌인 B의 경험담은 귀농귀촌을 준비하는 많은 사람에게 소중한 조언이 될 것 같다. 대도시에서 중소기업을 운영하던 B는 사업을 정리하며 귀촌을 위한 전원주택을 건축했다. 그의 하루 오전 일과는 반려견을 데리고 산책하는 것이었다. 지금까지 바쁘게 살아오면서 마음에 여유가 없었는데 귀촌의 삶은 하루하루가 새로웠기에 그는 오랜만에 주어진 여유를 즐겼다.

그러던 중 동네 경조사에 가게 되었는데 문제가 터졌다. 술 몇 잔에 얼굴이 불콰해진 노인회장이 B에게 "할 일 없으면 잠이나 자지, 개나 데리고 얼쩡거리냐" 하니, 옆 사람은 "일은 안 하고 놀러 왔냐"라고 하더란다. 나중에 안 일이지만 날마다 산책하는 모습을 보며 그들이 하고 싶었던 말이 바로 전파되었다. 물론 이해 안 되는 것은 아니다. 땡볕 아래 밭 갈고 씨 뿌리며 바빠 죽겠는데 도시에서 내려와 할 일 없이 한가하게 노는 것처럼 보이니 그럴 만도 했을 것이다. 산책하더라도 김매는 시간을 피하는 최소한의 예의, 마음 씀씀이가 필요하다는 항변이었다.

지나친 배려가 간섭으로 생각될 때 어떻게 해야 하나

어느 사회나 조직에서도 첫 출근이나 첫 만남은 서먹하고 어리둥절하다. 그런 상황을 알아차린 마음씨 좋은 G가 이것저것 가르쳐줄 때 그 고마움은 말로 다 할 수 없었다. 농촌 생활에 어느 정도 적응해가면서 이웃과의 관계 역시 처음 서먹하던 사이가 풀어지는 계기가 마련되면 금방 가까워진다.

물론 나이를 고려해 존칭은 쓰겠지만 밤낮없이 전화하며 '파전 한 장'이 핑계가 되고, 삼겹살이 만나는 이유가 된다. 때로는 혼자 있고 싶은 시간에 불쑥 들이닥칠 때도 있고, 지인들이 방문했을 때도 자기 집처럼 들어온다. 이럴 때는 나만의 공간에서 나만의 시간을 갖고 싶어 전원생활을 시작했는데 내가 잘못 왔나 하는 생각이 들 때가 있다.

그렇다고 이런저런 핑계를 대는 것도 하루 이틀이지 반복되면 서로 난감해진다. 농사일에는 이런 경계선이 더 무너져 '게을러 터져서, 풀도 안 뽑고' 하며 혀를 끌끌 차는 소리를 들을 때도 있다. 나름 책을 보고 유튜브 시청하며 친환경 농법을 한다고 내공을 기르는 것인데 옆에 다른 사람이라도 있으면 그 목소리는 더 커진다. 이런 일이 반복되면 먼발치에서 보고 발길부터 돌리게 되어 이웃과 돌이킬 수 없는 지경에 이를 수 있다. 농촌에서는 싫어도 아닌 척 날마다 '참을 인(忍)' 자를 몇 번씩 새겨야 한다.

상대에 대한 지나친 관심과 배려가 간섭으로 생각되는 순간부터 귀농귀촌 자체에 대한 의문이 들고 '이 동네에 잘못 온 것은 아닌가?' 하는 회의가 들 때도 있다. 이 시기를 잘 넘겨야 하는데 방법은 없다. 그렇다고 간섭 그만하라고 하지도 못하고 이사 갈 수도 없는 노릇이라 적당한 핑계를 찾아낸다. "어이쿠! 오늘 시내에서 모임이 있어서요" 하면서…….

일에는 때와 순서가 있으니 조바심 내지 마라

나는 처음 귀농할 때 일단 살아보고 나서 전원주택을 짓기로 마음먹었기에 원룸을 얻어 살면서 농막을 지을 계획이었다. 잠은 원룸에서 자도 되지만 농장 일 하다 쉴 곳도 있어야 하고 때로는 새참이라도 먹어야겠기에 농막은 절실했다.

가설건축물 설치와 관련된 행정 절차를 거쳐 2주 만에 농막 건축 승인을 받았다. 농장 인근에 사는 건설업을 하는 C대표와 제작 방법을 상의한 결과, 농막 뼈대는 글램핑 텐트 프레임에 패널로 지붕과 벽을 막아 마무리하기로 했다. 보조인 나를 포함해 3명이 4일이면 농막 제작이 가능하다고 했다. 예산도 컨테이너 주택보다 저렴해 구두로 계약하고 바로 시작했다.

겨울로 접어드는 12월 20일, 굴착기로 언 땅바닥을 고르고 대략 수평을 잡아 기초석 위에 프레임을 조립하는 작업이 시작되었다. 각 파이프를 용접하면서 수평을 잡고 조립하는 데에만 벌써 계획된 4일이 지났다. 프레임 조립은 끝나지 않은 상태로 농막 제작을 중단하고 눈 내리던 12월 24~25일은 C대표 지인의 소나무를 굴취하는 일에 따라갔다. 이후 5일 차에 지붕이 올라가고 언 땅을 불로 녹여 해머드릴로 파고 배관을 놓아 12월 마지막 날이 되어서야 완성했다.

지금 생각해 보면 그때 왜 그렇게 농막 제작을 서둘렀는지 모르겠다. 당장 농막을 사용할 것도 아닌데 손 비벼가며 한겨울 언 땅을 녹여 무리하게 일을 진행할 필요는 없었다. 내심 당장 필요하다기보다 누군가에게 번듯한 농막을 보여주고 싶은 조바심이 아니었을까?

그렇게 귀농 첫해는 시작부터 농막에 목숨을 걸었다. 4일 작업으로 계획한 농막이 열흘 만에 완성되는 것이 농촌에서의 일이라면 지나친 비약일까? 일에는 때와 순서가 있는데 언 땅에도 불구하고 무리하게 조바심을 내다 일을 그르쳐서 필요할 때마다 보수하며 사용하고 있다.

혹자는 왜 처음부터 일하는 사람들과 계약서를 쓰지 않고 시작했느냐고 말한다. 사실 계약서를 쓰지 않은 것은 농촌 생활을 처음 시작하면서 쿨한 척하려고 했던 마음이 컸다. 농막 제작 지연과 관련해 다툼도 없었다. 하지만 그해 12월 농막 제작은 무사히 완료되었고, 농막 제작 동료로서 C대표와는 지금도 격의 없이 지내며 가끔 도움을 주고받는 고마운 지인으로 지내고 있다.

동네 주민에게 일을 부탁하면 임금은 더 드려라

농사철에는 혼자 할 수 있는 일도 있지만 남의 손을 빌려야 할 때도 있다. 밭을 갈아야 하는데 농기계는 아직 구입하지 않았고, 농기계 임대 센터에도 알아보니 농번기라 남아 있는 장비가 없는 상황이었다. 할 수 없이 몇 년 전부터 알고 지낸 전(前) 이장님께 부탁할 수밖에 없었다.

오전에 감자 심고 오후에는 고추 심기로 했다는데 간곡히 사정하니 오후에 잠깐 시간 낼 테니 거름을 밭에 퍼놓으라고 하셨다. 고민은 이때부터 시작되었는데, 트랙터 사용료가 얼마인지 몰라 "얼마 드려야 되죠?"라고 여쭤보자 "돈은 무슨 돈이야"라고 하셨다. 그렇게 밭을 갈았고, 내친김에 남은 거름까지 옮겨주고 가셨다. 고마운 마음에 봉투를 준비했지만 많으면 괜찮지만 적으면 실수할까 봐 나중에 찾아뵙겠다고 했다. 농사하는 친지께 여쭤보고 알려준 임금에 더 넣어 감사 인사를 드렸다.

지나고 알아보니 평당 가격이 정해져 있고 농번기에는 조금 추가되는 것이 관례였다. 임금에 감사함까지 넣었더니 지난여름에 감자와 양파를 1박스 실어주셨다. "웬 돈을 그리 많이 줬어?" 하면서 말이다. 다행히 올봄에는 읍 행정복지센터에서 300평 기준 농기계 없는 귀농인을 대상으로 텃밭 갈아주기 사업 예산이 책정되어 미리 부탁드렸더니 흔쾌히 해주셨다. 농촌에서는 이렇게 살아가야 하나 보다.

농촌은 도시와는 다른 잣대로 재는 것이 아니라 살아온 방식의 차이를 인식해야 순탄한 적응이 가능하다. 때로는 정이 넘치고 지나친 배려가 힘들 때도 있지만, 조급하게 생각하지 말고 한 박자 쉬어가는 여유를 가지는 것이 좋다. 그들의 생활방식이 도시에서 서비스 받는 것에 길들여진 우리와 다를 뿐이다. 내 것에 대한 강한 소유욕을 부리기보다 작은 것이라도 먼저 베풀면 더 크게 돌아온다.

이웃을 존중하고 인정하자

객지 사람이라는 인식을 어떻게 바꿀 것인가

어릴 적 우리가 사는 동네에 젊은 청년이 이사를 왔다. 자전거를 타고 출퇴근하는 것 외에 아무도 그에 대해 아는 것이 없었다. 어른들은 객지 사람이라고 했다. 그는 말이 없었다. 지나가는 길에 흘끔 보면 그는 우리의 시선을 못 느끼는지 무심히 페달을 밟았다. 시간이 많이 흘러도 그는 여전히 '뜨내기' 또는 '객지 놈'으로 불렸다.

우리는 나름대로 많은 사연을 가슴에 담고 거처를 옮긴다. 자식 교육을 위해, 직장 때문에, 건강에 이상이 생기면 휴양차 적당한 거처를 찾는다. 우리 세대의 인생 2막을 위한 귀농귀촌 역시 별반 다르지 않다. 지방자치단체가 농촌 활성화를 위해 추진하는 귀농귀촌 사업을 이용해 터전을 잡고 내려가도, 현지인들에게 크게 환영받지 못한다. '현지인들의 이러한 인식을 어떻게 바꿀 것인가?'

는 어제오늘만의 난제는 아니다. 낙후 지역에서 열심히 살아보겠다는 사람이 있으면 환영한다는 현수막을 내걸어도 부족할 텐데 아직 일부 지역에서는 외지인의 유입을 반기지 않는 현실이 안타까울 뿐이다.

방법은 하나뿐이다. 외지에서 농촌에 내려가 현지인들에게 가장 잘 스며들기 위해서는, 먼저 이주민 스스로 현지인과 동화하고 싶다는 표현을 해야 한다. 먼저 다가가서 친해지려고 노력하는 사람을 굳이 밀어내지는 않기 때문이다.

현실에서 부딪히는 텃세, 어떻게 볼 것인가

귀농귀촌인들이 생활에서 어려움을 느끼는 이유 중 큰 비중을 차지하는 것이 현지인의 텃세다. 때로는 이 문제로 인해 역귀농을 선택하기도 한다. 물론 역귀농 이유에는 주민 텃세보다 더 복잡한 여러 요인이 작용하지만 인간관계가 그중 큰 비중을 차지하는 것은 무시할 수 없는 현실이다.

도시인도 농촌의 열악한 생활 여건 정도는 충분히 감수할 수 있다. 그러나 사람 관계는 미리 어느 정도 상황을 예측했다고 해도 막상 현실이 되면 극복하기 쉽지 않다. 물건은 버리면 되지만 사람은 어떻게든 어울려 살아갈 수밖에 없다.

텃세는 어디에나 있다. 학창 시절 전학생을 보던 시각, 처음 출근한 직장에서 상사와 선배의 눈치를 살피던 기억이 나지 않는가? 어쩌면 그때는 아직 어렸고 직업이다 보니 때로는 비굴함을 감수하고 먼저 손 내밀었다.

악수(握手)는 어느 곳에서나 통하는 세계 공통의 인사법이다. 우리가 알고 있는 악수의 시작은 중세시대 기사들이 상대에게 칼을 빼 들어서 적의를 표현하는 대신 싸울 의사가 없으며 손에 무기가 없음을 보여주기 위해 오른손을 내민 것에서 유래했다는 것이 통설이다. 내가 먼저 다가가서 손 내밀 수 있는 마음은 귀농귀촌을 준비하는 과정에서 마음속 깊이 자리 잡아야 할 것이다.

텃세는 그들만의 잘못인가, 나의 책임인가

시간이 지날수록 텃세가 심해진다면 '나의 책임은 없을까?'를 생각해 보자. 현지인들의 본능적인 방어 심리가 텃세로 나타나고, 나에게 해결할 의지가 없다면 아직 준비가 덜 된 것이다. 과거의 방식을 아직 내려놓지 못한 부분이 있다. '나도 한때는 한자리하던 사람이야' 하는 식의 자존심이 남아 있고, 자기도 모르게 무의식중에 우월감을 내비쳤을 수도 있다. 마을에는 나름의 규칙이 있다. 같이하기보다 '왜! 내가 해야 하는데'라는 식의 자기주장은 갈등의 골을 더 깊게 할 뿐이다.

갈등의 골이 깊어지다 결국 치킨게임처럼 자존심 싸움이 벌어지기도 하는데, 이때 귀농귀촌인들에게는 당장 아군이 없다. 하지만 현지인들은 매일 만나고 서로 일도 협력하면서 경조사까지 챙기는 막역한 사이로 이주민 한 사람 바보 만드는 것은 마음먹기 나름이다.

'갈등이 있는 사람에게 먼저 손 내밀어본 적 있는가?', '상대에게 먼저 손 내밀 마음의 준비가 되어 있는가?'를 스스로에게 질문해 보자. 그들이 밭일을 하면 막걸리 몇 통을 들고 찾아가라. "어르신, 수고 많으십니다" 하면서. 지나칠 때마다 집요하게 반복해라. "아! 이봐, 제발 그만 사와요"라고 애원할 때까지.

함께 살아가야 할 존중과 인정의 대상이 이웃이다

농촌에서 이웃이란 가장 친근하고 가까운 사이다. 이웃사촌이라는 말은 그냥 생긴 것이 아니다. 떨어져 사는 친지들이야 특별한 일이 있을 때나 만나지만 이웃은 내가 원하든 원하지 않든 매일 마주칠 수밖에 없다. 농촌마을이라는 사회적 공간에서 공통의 가치와 유사한 정체성을 가진 공동체 일원으로서 경쟁해야 할 상대가 아니라 '동행하는 상대'가 되어야 한다.

앞에서 말한 것처럼 농촌마을은 지리적으로 도시와 멀리 떨어져 있으므로 급히 필요한 생필품이 있거나 응급 상황이 발생해도 즉각 실시간으로 조치받을 수 없다. 농촌에서 '이웃'이란 때로는 생필품을 급히 조달할 수 있는 사람, 내가 위험에 처했을 때 도움을 요청할 수 있는 사람, 또 역으로 이웃이 위험에 처했을 때 내가 도움을 줄 수 있는 관계이다. 이 점을 명심한다면 농촌에서 이웃을 존중하고 인정하지 않을 이유가 전혀 없다.

이웃 간에 반목과 질시로 인한 갈등이 깊어진다면 하루하루가 악몽이 될 수 있다. 현지인과 이주민의 갈등은 일정 부분 인간의 본능이라는 생각이 든다. 지금까지 내 이웃은 마을공동체 속에서 가정을 이루고 살아오면서 외부의 위협에 대해 자연스럽게 자기 방어 기제를 가지고 있다. 그래서 일단 이주민을 경계하게 된다. 그 경계의 담을 허물고자 먼저 손 내밀어 다가가지 않으면 갈등이 생기기 쉽다.

나는 사회생활에서 상사를 어떤 시각으로 보고 어떻게 행동했는가. 내 이웃은 엄연히 먼저 터를 잡고 살아온 사람이다. 직장으로 치면 나보다 훨씬 먼저 입사한 상사다. 그러면 나는 과연 농촌 마을에서 내 상사와 같은 이웃을 따르고 존중했는가? 이 순간부터 내 이웃은 무시해도 되는 존재가 아니라 마을공동체에서 존중하고 인정해야 하는 상사로 생각해야 하지 않을까? 그렇게 내가 먼저 손부터 내미는 것이다.

처음부터 현지인을 협력과 화합, 존중의 대상으로 대한다면 실제 이웃과 생활할 때 부딪히는 문제는 현저히 줄어들 것이다. 농촌 생활에서 이웃을 내가 인정하고 존중하는 상사로 생각하자. 그러면 그때부터 상사가 내게 많은 도움을 줄 것이다.

갈등과 민원은
사전에 해소하라

농촌의 갈등은 사소한 데서 시작된다

'갈등(葛藤)'이라는 단어는 '칡 갈(葛)' 자와 '등나무 등(藤)' 자로 이루어져 있다. 각 한자를 풀이해 보면 칡은 왼쪽으로 감고, 등나무는 오른쪽으로 감아 둘이 같이 있어, 새끼줄처럼 배배 꼬여 풀기 어려운 상황을 뜻한다.

도시의 직장이나 사업장에서 갈등은 대부분 일과 관련된 것이지만, 농촌에서 갈등은 아주 사소한 것에서 시작된다. 문제는 귀농귀촌인들은 농촌에 정착하기 전에 어떻게 현지인과 소통하고 화합할 것인가에 대해서는 막연하게 '갈등이 심하다는데 어떻게 하지?'라는 정도로 인식한다.

한국농촌경제연구원이 2020년 귀농귀촌인을 대상으로 조사한 결과에 의하면 이들에게 현실적으로 가장 절실한 것은 현지인과의 소통·화합(27%)이었고, 그다음이 영농교육·컨설팅(13%)이었다.

귀농귀촌인 갈등의 가장 큰 요인	
농촌사회와 문화에 대한 이해 부족	29%
마을 일이나 행사에 불참	21%
집 토지 등 재산 문제	11%
귀농귀촌인의 우월감	10%
도시 생활방식 유지	10%
마을 일 처리 방식 차이	9%

출처: 한국농촌경제연구원

또한 현지인과 갈등을 빚는 가장 큰 요인은 '농촌사회와 문화에 대한 이해 부족'이 29%로 가장 높은 비율을 보였다.

특히 귀농귀촌인과의 갈등 첫 단계는 도시민의 시각과 입장으로 농촌을 바라보고, 현지인은 이를 무시한다고 느끼는 것에서 시작된다. 현지인들의 마음속에는 과거 농촌과 도시의 빈부 격차가 심했던 시기에 도시민에게 느꼈던 상대적 박탈감이 저변에 깔려 있기도 하므로 더욱 조심해야 한다. 어쩌면 귀농 이주민을 명절에 다녀가는 도시 사람 보듯이 평소의 작은 언행에도 섭섭해하고 상처받을 수 있다는 점을 인식해야 한다.

한 예로 산책을 나서면서 양산을 쓰고, 맑은 날에도 신발에 흙 묻을까 봐 장화에 도시풍 옷을 입고 반려동물을 데리고 산책하는 모습을 '폼 잡는다', '돈 자랑한다'는 시각으로 볼 수 있다. 손님이 찾아온 여름날 이웃에게 고기라도 같이 구워 먹자고 초대하지 않으면 예의가 없다고 생각할 수 있다. 둘이 만나 다른 사람을 거론하며 좋은 말을 해도 자칫 뒷담화한 것으로 오해할 수 있다.

또 귀농귀촌인들이 이해하기 힘든 부분은 과거 마을 도로 포장이나 상수도 설치 등의 비용을 귀농귀촌인들에게 부담시키고 마을 회비를 갹출하는 등의 문화다. 도시인들은 이런 것들에 문화적 충돌을 느끼고, 여기서 시작된 갈등으로 회의와 불신의 골이 깊어진다.

도시에서 갈등 관리 방법을 농촌에 적용하지 마라

갈등은 쥐구멍으로 시작해 나중에 큰 저수지 둑이 터지는 것과 같다. 아주 사소한 일로 시작되는데 의도하지 않게 발생하는 갈등, 작정하고 유발하는 갈등이 있다. 의도하지 않은 갈등은 상대에 따라 문제 해결의 실마리를 찾을 수 있다. 농촌공동체는 오랜 기간 나름의 서열이 형성되어 못마땅한 일이 있어도 대충 넘어간다. 그런데 이주민이 정당하게 자기 의견을 피력하면서 싸우려고 대든다며 건방지게 여긴다. 도시에서는 당연한 권리 주장이 농촌에서는 버릇없는 행동으로 비쳐진다. 특히 좋지 않은 소문은 한 사람 입에 오르면 바로 동네 전체 여론이 된다.

세상 사람들은 모습과 생김새가 모두 다르듯이 내 마음과 같은 사람이 없다. 처음 이주하면서 마음속으로 잘해야지 하고 몇 번을 다짐해도 의도적으로 문제를 만드는 사람에게는 당할 재간이 없다. 그런 부류가 있는지 사전에 알고 대응해야 한다.

'참을 인(忍)' 자 백 번 써봐도 대책 없는 자들이 있다

지인 부탁으로 공유지를 불하 받기 위해 가능 여부를 담당 공무원과 상담했더니 가능하다는 답변과 함께 부지 인근에 사는 K의 동의서를 첨부해야 민원 처리가 가능하다고 했다. 왜 공유지 관련 서류에 민간인 동의서가 필요하냐고 물으니 꽉 막힌 대책 없는 사람이어서 다른 방법이 없다는 답변이었다.

사실관계를 확인해 본 결과 이번에 불하 받으려고 했던 땅 인접 필지를 2년 전에 공동으로 불하 받은 다른 민원인 P와 O가 당시 중장비를 투입해 경지 정리를 하다가 문제가 발생한 것을 알게 되었다. 당시 마을에 거주하는 K가 다짜고짜 장비를 가로막으며 30년 전부터 내 땅이었던 곳이니 공사를 중단하라고 했다고 한다.

공사가 계속되자 다음 날에는 중장비 앞에 누워버리는 사태가 발생해 결국 경지 정리 작업을 중단했다. 화가 난 P와 O는 공무원에게 항의했고 공무원은 다시 K에게 전화해 불법행위를 중단할 것을 통보했는데 상황은 거기서 끝나지 않고 K가 담당 공무원을 찾아와 행패까지 부렸다고 한다.

난감했을 공무원의 고충은 어느 정도 이해되지만 K는 '△△△ 회장'이라는 직함으로 공권력까지 무시하며 막무가내로 행동하다 보니 동네에서도 아무도 상대하지 않다가 가끔 다툼으로 심한 고성이 오가기만 해도 상대가 대응 못하도록 먼저 피해자 코스프레를 한다는 것이다. 결국 P와 O는 2년째 경작은 시작해 보지도 못하고 중장비 사용료와 토지 임대료만 내고 있다고 하소연했다. 이런 상황이 발생하면 어쩔 것인가? 상대하지 말고 무조건 피하는 것이 좋다.

농촌 생활에서 법에 저촉되는 행위는 절대 하지 마라

어릴 적 갈등 관리 방법은 마주치면 외면하고 다가온 만큼 멀어지는 것이었다. 성장기에는 성향의 차이에 따라 싸우고 화해하고 울다가 웃고 할 수 있었다. 하지만 성년이 되고 귀농귀촌해서 생긴 갈등은 한번 속상해하고 웃어넘길 수 있는 일이 아니다. 두 사람만의 갈등으로 끝나지 않는 문제가 있다. 현지인들보다 좀 더 합리적인 귀농귀촌인들은 문제가 발생하면 '법대로 하자'고 하거나 행정민원으로 해결하려고 하는데 이것은 최악의 방법이다. 법이나 민원으로 해결하는 것은 숙고해야 한다.

현재 대부분의 농촌에서 갈등은 민원 문제로 발전할 가능성이 있다. 민원이란 주민이 행정기관에 원하는 바를 요구하는 것이다. 통상 농촌에서는 개인적 애로 사항을 요청하기도 하지만 갈등 관계에 있는 사람의 잘못을 들춰 시청 민원실이나 군과 읍의 행정복지센터에 상대의 잘못을 시정 조치해 줄 것을 요구한다. 민원을 접수한 공무원은 절차에 따라 처분을 이행할 수밖에 없다.

한 예로 어렵게 건축허가를 받은 S씨는 주택 건축 과정에서 건축가와 갈등이 생겼다. 건축가가 설계도에 나온 대로 건축하던 중 토지 소유주 S가 추가 예산 없이 설계 변경을 요구한 것이다. 건축가는 S의 요구에 따라 건물 뒤쪽 야산에 저장고로 사용하려고 토굴을 만들었다. 설계에 없던 거푸집을 깔고 콘크리트를 타설해 3평

규모로 만들어 그 위에 흙을 덮었다.

그러나 공사 중에 민원이 접수되었고 이에 따라 담당 공무원이 현장을 확인한 후에 당연한 절차로 원상 복구 조치가 떨어졌다. 불법적으로 시설한 토굴은 원상 복구할 수밖에 없었다. 우리나라의 규제 정책은 계도가 목적이 아니라 적발해 위법 조치하는 데 주안점을 두는 경향이 있다. 따라서 접수된 민원은 반드시 관련 법에 따라 조치해야 한다.

이러한 사례를 보면서 아쉬운 부분은 지자체에서 귀농귀촌을 장려만 할 것이 아니라 현지인과의 갈등을 관리할 시스템이 필요한데 현재로서는 요원하다.

지역주민 간 갈등 문제의 해법에 대해 사람들의 생각은 다음과 같다.

> 지역주민 간 갈등 문제를 줄이거나 해결을 위해 필요한 자원이 무엇인가에 대해 38.3%는 "귀농·귀촌인과 기존 주민의 교류 증대 및 화합 프로그램 지원"을, 27.3%는 "기존 주민의 귀농·귀촌인과 관련된 오해와 편견을 없애기 위한 홍보·교육"을, 23.4%는 "귀 농·귀촌인이 농촌사회의 문화와 생활양식에 적응할 수 있는 사전교육"을, 6.1%는 "문제 발생 시 또는 갈등 초기 단계의 상담 또는 조언"을, 4.8%는 "갈등 해소를 위한 조정기관·조정기구 마련"을, 그리고 0.2%는 "기타" 의견을 제시.
> — 박대식 외 5, 〈귀농·귀촌인의 사회통합 실태에 관한 설문조사 결과 보고서〉, R859 연구자료-2, 한국농촌경제연구원, 2018. 12.

민원이 발생할 개연성이 있으면 바로 당사자와 해결해라. 농촌 생활에서 마음 편하고자 하면 갈등이 발생하지 않도록 노력하는 것도 중요하지만, 스스로 관련 법령을 지키는 것이 더 중요하다.

4장

성공적인 귀농귀촌을 위해 알아야 할 실전 노하우 12

정보와 첩보를 구별하라

새롭게 시작하는 농촌 생활, 아는 만큼 보인다

여행을 떠나기 위해서는 여정과 목적지에 대해 미리 조사하고 정보를 숙지한다. 이것은 단순히 새로운 장소에 다녀오기 위함만이 아니라 그곳을 좀 더 자세히 체험하고 촘촘하게 느끼기 위해서다. 여행의 목적에 맞게 여행지를 충분히 이해하고 가면 아는 만큼 보이고 본 만큼 만족도도 높아진다.

새로운 삶의 장소와 터전으로 이동하는 것 역시 여행을 떠나는 마음과 같다. 내가 가야 할 장소에 대해 충분히 알고 가야 한다. 공기 맑고 경치 좋은 곳에서 편안히 살면 되지 무슨 공부가 필요할까 싶지만 귀농귀촌은 하루 소풍 가는 일이 아니므로 사전에 많이 알수록 적응하기가 수월하다. 게다가 요즘은 시시각각 정보가 최신화되기 때문에 제때, 제대로 알지 못하면 여러모로 손해가 막심할 수 있다.

첩보와 연출된 방송 영상, 100% 믿어도 되나

첩보와 정보의 차이는 융합 과정을 거쳤는가이다. 우리가 쉽게 접하는 관련 자료는 대부분 첩보라고 보면 된다. 정보가 되기 위한 융합 과정이란 다양한 출처에서 나오는 여러 가지 첩보를 기록해 평가한 후 해석하는 것이다. 하지만 우리는 가끔 첩보를 정보라고 믿으며 실제로 활용하다 자칫 오류를 범한다.

귀농귀촌을 준비하면서 관련 첩보와 정보를 얻는 가장 쉬운 방법은 대부분 포털사이트 검색일 것이다. 포털사이트에 소개된 글들은 사실보다 개인적 성취에 대한 자랑이나 실패 사례, 자신의 하소연, 우려에 찬 당부가 대부분이다.

특히 방송에 등장하는 사례는 귀농귀촌의 폐해를 알려주는 특정 다큐멘터리를 제외하고 대부분 성공 사례로 채워져 있다. 멋진 전원주택과 정원을 혼자 짓고 가꿨다거나, 부모가 농사짓는 곳으로 귀농한 청년 농부가 신선한 채소와 과일을 한 아름 안고 활짝 웃으며 성공담을 자랑하는 내용이다. 이것은 그럴 수 있다는 정도로 이해하면 된다.

귀농귀촌을 위해 필요한 정보는 어디서 얻어야 하나

정보화는 농촌의 삶에서도 필요하다. 수시로 바뀌고 발전하는 새로운 농업 정보와 정책을 알아야 귀농귀촌의 방향을 설정하는 데 유리하고 관련 정보를 활용해 앞서갈 수 있다. 특히 농촌진흥사업으로 시행하는 식품산업 진흥, 농촌 개발 및 농산물 유통에 관한

농촌 관련 정보를 얻을 수 있는 정부기관	
구분	기관 및 사이트
농업 정책 및 정보	농림축산식품부 '홈'
	농촌진흥청 '홈'
귀농귀촌 및 농업 정보	귀농귀촌종합센터(농림수산식품교육문화정보원)
	귀농귀촌지원센터(각 지자체)
농업 기술·유통 정보	농축식품부 '애그릭스'
	농촌진흥청 '농사로'
	농림수산식품교육문화정보원 'EPIS'
	한국농수산식품유통공사 'aT KAMIS'
	농촌진흥청 '농촌인적자원개발센터'
	농업 교육 포털 'AgriEDU'
	농촌진흥청 '농촌인적자원개발센터'
	국립농업과학원 '흙토람'
	한국농업기술진흥원 'KOAT'
	농림식품기술기획평가원 'IPET'
	한국농어촌공사 '웰촌'
	한국농촌경제연구원 'KREI'
토지 정보	토지 이용규제 서비스 '토지e음'
	한국농어촌공사 '농지은행·농지연금'

정책과 정보는 부가가치 높은 수익 사업을 준비하는 데 길잡이가 된다.

'귀농귀촌 및 농업 정보'를 활용하면 전국 귀농귀촌 사업, 귀농귀촌 교육 관련 정보 상담, 귀농 관련 온·오프라인 교육기관, 귀농 우수 사례와 지자체별 농업기술센터의 귀농귀촌 관련 정보와 새 기술 보급 사업 실태, 영농 현장 교육, 농기계 임대 사업 등을 일목요연하게 알 수 있다.

'농업 기술·유통 정보'에서는 실제 적용 가능한 농업 기술, 농업

경영 등 전반적인 농사 과정에 대한 정보를 얻을 수 있다. 또한 농업 전문 인력 양성, 농식품 소비 확산, 농식품 지식 융합, 글로벌 통상 정책과 국내 유통 체계 등을 알 수 있다. '토지 정보'는 토지 이용 계획, 행위 제한 정보, 규제 안내서, 토지의 효율적 이용 정보를 알 수 있다.

나에게 꼭 필요한 정보를 취하자

정보의 출처는 다양하지만 정부 및 공공기관의 정보를 권한다. 정책을 수행하거나 상위 부서의 정책을 구현하는 기관으로서 신뢰도가 상대적으로 높기 때문이다.

귀농귀촌 목적에 따라 모든 정보가 필요한 것은 아니다. 정부의 지원과 혜택이 필요 없다면 굳이 법정 교육을 받지 않아도 된다. 하지만 귀촌 이후 관련 사업에 대한 욕구가 생겨 지원 사업을 수행하고자 한다면 교육 수료증이 필요하다.

귀농인은 영농 정책을 알아야 영농 계획을 수립하며, 그 계획을 뒷받침하는 각종 강좌와 프로그램을 이수함으로써 계획 추진이 가능하다. 경작하고자 하는 토지의 토양 성분을 알고 적합한 작물의 선택과 시비 등을 적용해 과학 영농을 구현하기 위한 노력을 해야 하는데 이때 교육이 큰 도움이 된다. 예를 들어 농사에서 농업경영체 등록을 신청하고, 농산물을 생산, 판매하기 위해 소비 트렌드를 알고 유통 체계를 통해 출하한다. 이 과정에서 토지 이용의 행위 제한이나 토지 이용 안내 등을 관련 사이트에서 숙지해 적용하면 좋다.

우리는 인터넷을 정보의 바다라고 한다. 하지만 모든 것이 다 정보는 아니다. 교차 분석을 통해 융합되어야 실제 정보로서 가치가 있다. 귀농귀촌의 성공과 실패는 넘쳐나는 첩보 중에서 얼마만큼 정확한 정보를 선별해 적용하느냐에 달렸다. 이를 위해서는 지혜가 필요하다. 가능하다면 성공했거나 실패한 지인을 통해 솔직담백한 사례를 듣는 것이 실질적으로 도움이 된다.

다시 정리하자면 남들에게 좋았던 것이 반드시 내게도 좋은 것은 아니다. 귀농귀촌의 실전에서 첫 번째로 고려할 것은 정확한 정보와 첩보를 구별해 적용하는 것이다. 특히 정부 정책과 연계해 운영되는 공공기관 사이트는 정확한 정보를 습득할 수 있는 창구가 되므로 적극 활용할 것을 추천한다. 내게 도움이 되는 정보만 잘 선별해 실질적으로 필요한 정보를 실시간 활용한다면 성공적인 귀농귀촌에 한 발 더 다가설 수 있다.

가족과 상의하고
가능하면 아내와 동행하라

살면서 경험을 통해 나타난 장소 애착

진화심리학적 관점으로 '장소 애착'을 연구한 결과에 의하면 "인간은 경험을 통해 다양한 공간을 접하게 되고, 이 과정에서 각자 의미가 부여된 장소에 애착을 갖는다"고 한다. "사람은 개인 혹은 집단의 기억을 바탕으로 자신들이 경험한 장소에 대해 호감을 가지며, 이러한 장소성을 통해 장소 애착과 귀소본능"이 나타난다는 것이다. 이러한 현상은 "급변하는 현대의 도시환경에 적응해야 하는 인간에게 정서적 안정감을 제공하는 동시에 정체성을 확립할 수 있는 근원을 마련해 주는 것"이라고 연구자들은 덧붙인다.[10]

이처럼 지금까지 삶의 터전을 떠나 새로운 장소와 환경을 찾고자 하는 이유는 좀 더 행복하게 살기 위해서다. 이때 가족의 반대에도 불구하고 혼자만의 삶을 찾아나서겠다고 고집을 부려서는 안 된다. 귀농귀촌 의사를 배우자와 자녀에게 알리고 의견을 들은 다음 동의를 구해야 한다. 가족 구성원 중 하나라도 개인이 처한 상황과 여건 때문에 동시에 귀농귀촌을 못 한다면, 서로 상의해서 사전에 조율할 충분한 시간을 주어야 한다. 이렇게 가족 구성원의 이해와 동의를 구하는 일이 우선되어야 한다. 그래야 어려움이 닥치더라도 함께 헤쳐나갈 힘을 얻고 더 슬기롭게 행복한 전원생활을 꾸려갈 수 있다.

가족과 무엇을 상의하고 협의해야 하나

귀농귀촌에 가족들이 호의적이지 않은 태도를 보인다면 상의하기보다는 '애원'하는 것이 더 적절하다. 특히 '아내'에게는 더욱 그러하다. '여자 말을 잘 들으면 자다가도 떡이 생긴다'라는 속설은 남성의 도전 정신과 여성의 안정에 대한 욕구를 표현한 말이다. 인류사를 보면 남성은 도전 정신을 가지고 계속 미지의 세계로 나가려고 했던 반면, 여성은 현실에 안주하면서 내 것을 지키는 노력을 해왔다. 하지만 은퇴 후에는 대부분 남녀의 성향이 반대로 나타나므로 이에 아내의 말을 잘 들으면 크게 성공하지는 못하더라도 실패할 일도 없다.

하지만 귀농귀촌은 성공과 실패를 고려하기보다 대부분 앞으로 어떻게 살 것인가 하는 것이 주안점이다. 그런 이유로 가족의 협력과 동의가 필요하다. 가족의 동의가 필요한 사항은 다음으로 정리할 수 있다.

- 나 홀로 또는 동행 여부에 대해 배우자 및 가족 구성원의 동의를 구했는가?
- 자녀의 교육 문제에 대해 자녀가 동의하였는가?
- 가족 중 정기적인 병원 진료 요소는 없는가?
- 가족 간의 이견(異見)을 합의하였는가?

귀농귀촌은 나 혼자 좋다고, 나의 고집만으로 함께 갈 수는 없으며, 나의 로망을 실현하기 위해 가족의 희생을 강요할 수는 더더욱 없다. 상호 간의 입장을 고려하되 입장 차이를 줄여나가는 협의가 필요하다.

멀리 가려면 함께 가면서 시너지 효과를 창출하라

2020년 도시의 2인 이상 가구에서 생활하다 농촌으로 간 1인 가구 중 귀농은 26.5%, 귀촌은 14.1%로 나타났다. 연령별로는 50대 이상이 66.1%(50대 31.0%, 60대 28.2%, 70대 이상 6.9%)로 눈에 띄게 늘어났다.[11] 베이비붐 세대의 은퇴 시기와 맞물려 나타난 현상으로 이들은 대부분 나 홀로 귀농을 감행하는 경향을 보인다.

그러면 왜 베이비붐 세대의 '나 홀로 귀농' 현상이 나타나는 것일까? 나 홀로 귀농의 이유는 다양하다. 베이비붐 세대는 어려운 성장 과정을 겪으며 부모의 헌신 아래 사회적 성공을 강요받아 왔다. 그렇게 앞만 보면서 살아왔는데도 은퇴 후 새로운 일자리를 구하지 못하면 계속 도시에서 생활하기 어렵다. 또한 지금까지 살아오면서 남에게 피해를 주지 않았고 비굴한 도움 또한 요청하지 않았던 자존심 등이 복합적으로 작용해 베이비붐 세대를 농촌이라는 새로운 정글 탐험으로 내몰지 않았을까 짐작된다.

"빨리 가려면 혼자 가고, 멀리 가려면 함께 가라(If you want to go quickly, go alone, if you want to go far, go together)"는 아프리카 속담이 있다. 앞일을 예측할 수 없는 정글에서 생존하려면 협력과 상생의 자세가 필요하다.

한국에 주둔하는 미군도 각종 행사나 일상에서 흔히 "같이 갑시다(We go together)"라는 구호를 사용한다. 이종선의 에세이 《멀리 가려면 함께 가라》(갤리온, 2009)가 독자들에게 사랑받은 이유 역시 '세상을 자기편으로 만드는' 일의 중요성이 크게 호응을 얻었기 때문이다.

한 마리 말이 마차를 끄는 힘은 1마력이지만 두 마리가 같이 끌면 2마력이 아니라 5마력의 시너지가 창출된다. 말도 이러할진대 귀농귀촌은 혼자 잘 살고자 계획하는 것보다 가족이 함께 협력해 이루어가는 과정이어야 한다. 사실 초기에는 혼자 가면 몸은 피곤해도 마음은 편안하다. 그러나 점차 자신이 왜 이 일을 하고 있는지 의문과 혼란이 올 수 있다. 그렇기 때문에 새로운 정글로의 귀농귀촌, 멀리 가려면 함께 가야 한다.

귀농귀촌을 실행하기 위한 육하원칙을 적용하라

농촌지역 지자체에서는 여성 농업인에게 다양한 혜택을 주고 있다. 문화활동 자금을 지원하고, 전동 분무기 구입 자금을 지원하는 등 부부가 함께 귀농귀촌을 하면 그만큼 혜택이 많다. 귀농귀촌 구상 과정에서 동행 여부가 결정되면 단계별 준비 과정에서도 흥미로운 것들이 많다. 관련 정보를 공유하고 함께 돌아보는 재미도 있고 법정 교육을 함께 받아보면 또 다른 의미로 다가온다.

귀농귀촌을 위한 구상과 준비는 은퇴 및 실행 시기를 고려해서 4단계에 따른 육하원칙에 의거해 준비할 것을 권한다.

1단계: 구상기

퇴임이나 실행 3년 전으로 정하고 관련 정보를 수집하는 단계이다. 구체적으로 '누가'는 혼자 아니면 부부 등이다. '언제'는 퇴임 시기를 고려해 계획하자. '어디로' 가서, '무엇을' 할 것이며, '어떻게' 어떤 작물을 재배하고, 주거 문제는 어떻게 할 것인가? 또한 농지 문제와 규모에 따라 농기계는 어떻게 할 것인가를 이때 가늠해 본다. '왜'는 귀농귀촌의 목적을 말한다. 이 과정은 지속적으로 정보를 수집하고 최신화하면서 구상하는 시기로 시행착오를 줄이는 데 도움이 된다.

2단계: 준비기

정년퇴임 2년 전으로 휴가 기간이나 주말에 실제 현장을 답사하고 관련 기관을 방문해 구상한 작물의 재배 및 유통 출하 관련 절차를 알아보는 시기다. 실제 귀농귀촌 법정 교육을 부부가 같이 받으며 귀농귀촌을 구체화하는 과정이다.

3단계: 예행 연습기

정년퇴임 1년 전으로, 5도 2촌을 실행하거나 지자체에서 시행하는 한 달 살아보기 등을 실제 현장에서 체험하면 좋다. 특히 공로연수 기간이 있다면 향후 농업소득원과 연계해 가능한 기간에 실제 체험(곤충사육, 버섯재배, 목축·양계업, 과수원 등)을 해보고 가능성과 적성을 확인하면 앞으로 적용하고자 하는 업종에 유리하다.

4단계: 실행기

지금까지 구상하고 준비해 예행연습을 한 결과 퇴임 후 확신이 서면 실행한다.

이렇게 한발 한발 준비해 나간다면 큰 성공은 없더라도 큰 후회도 하지 않을 것이다.

행복을
다이어트하라

우리가 느끼는 행복은 어느 정도인가

유엔 산하 자문기구 지속가능발전해법네트워크(SDSN)의 '2021 세계 행복 보고서(2021 World Happiness Report)'에 따르면 우리나라는 국가별 행복지수 59위로 나타났다. 세부 측정 항목으로 국내총생산(GDP), 기대수명, 사회적 지지, 자유, 부정부패, 관용 등 6개 항목의 3년 치 자료를 토대로 행복지수를 산출해 순위를 매겼다.

우리나라는 국내총생산(GDP)과 기대수명에서는 높았지만 다른 항목들은 낮았다. 행복지수 산출은 '지금 얼마나 행복하냐?'라고 질문하고, 이에 대한 응답을 1부터 10까지 점수로 매긴 뒤 평균을 낸 것이다. 1위는 핀란드이고, 동아시아 국가 중에서는 대만이 26위로 가장 높은 순위이며, 일본 54위, 중국은 72위로 나타났다.

이처럼 행복을 추구하는 것은 우리 모두의 보편적 염원이며, 현대인들에게 가장 중요한 화두는 '잘 사는 것(Wellbeing)'과 '행복한 삶(Happiness)'이다. 그러나 우리나라는 경제적으로 발전하고 소득 수준이 향상되어도 행복도는 여전히 낮다. 이것은 물질적 풍요가 행복을 보장하지 못한다는 뜻이다. 경제적인 성취나 물질적인 획득보다는 다른 사람과의 관계나 자신에 대해 어떻게 생각하는가가 행복에 더 큰 영향을 미친다고 할 수 있다.[12]

은퇴하면서 막연하게 구상한 행복 놀이를 경계하라

 은퇴자 대다수는 귀농귀촌을 하면 '지금까지 열심히 살아왔으니 이제는 전원에서 여유를 누리면서 편하게 살아야지'라고 생각한다. 하지만 전원이라고 해서 편안한 생활만을 보장하지 않는다는 것을 다시 한 번 강조하고 싶다. 자유를 누리기 위해서는 의무를 다해야 하는 것처럼, 전원생활을 누리기 위해서는 전원을 가꾸고 관리해야 한다. 또 하나, 전원생활은 단순히 누리기에는 부여된 시간이 너무 짧다는 사실도 잊지 말자.

 지금까지 자신의 기준으로 최선을 다했고 일정 부분 성취했다고 생각하는 사람들일수록 은퇴를 준비하면서 앞으로 행복한 구상만을 한다. 나도 다르지 않았다. 전원에서 새로운 삶을 시작하겠다고 마음먹으면서 '잠 한번 실컷 자야지', '낚시나 다녀야지' 또는 '날마다 등산이나 해야지'라고 생각했다. 이러한 1차원적인 사고로 농촌살이를 시작하면 대부분 실패한다. 그 이유는 농촌 생활도 지금까지 해온 사회생활과 다를 바 없기 때문이다. 내 가족을 위해, 내 가정을 위해 '지금까지 열심히 살아왔으니 그에 대한 보상으로 이제부터는 나를 위해 살겠다' 하는 순간부터 이미 실패는 예견되어 있는 것이나 다름없다.

규칙적인 생활 습관이 몸에 밴 사람은 종일 잠을 잘 수 없고, 낚시도 다녀본 사람이 다닌다. 또 그 준비도 만만하지 않다. 어떤 고기가 나 잡아봐라 하면서 기다린단 말인가? 또 고기는 잡히지도 않는데 일주일 이상 계속 낚시가방을 꾸려 나서게 될까? 등산은 산을 오르기만 하는 것이 아니다. 누구와 함께 어디로 갈 것인가? 심마니도 아닌데 계획 없이 할 수 없는 일이다. 지금까지 도시에서 자신만의 공간에서 보호받으며 살아왔는데 한순간 자연이라는 위험에 노출되어 장기적으로 적응할 수 있겠는가? 그런 마음가짐으로 농촌 생활을 시작했다가는 결국 행복은 맛보기도 전에 물 건너 갈 수도 있다.

농촌에서 행복을 어디서 어떻게 찾아야 하나

행복의 사전적 정의를 살펴보면 '사람이 생활 속에서 기쁘고 즐겁고 만족을 느끼는 상태에 있는 것'이다. 인간은 통상 둘이서 가정을 꾸리고 그런 가정이 모여 조직과 사회를 이뤄 국가가 유지된다. 그러면 기쁘고 즐겁고 만족을 느끼는 상태를 나 혼자만 느끼면 행복인가? 물론 어떤 현상과 사물을 보면서, 또는 작은 성취를 이루었을 때는 혼자 행복을 느낄 수도 있다. 하지만 인간은 필연적으로 둘 이상의 관계 속에서 살아가는데 나 혼자 행복하자고 상대를 불행하게 해서는 안 된다. 일상이나 관계 속에서 함께 행복을 찾고 서로 공감하며 느낄 때 행복의 여운은 더 오래 지속된다.

그렇다면 행복을 어디서 찾는가? 또한 무엇이 행복인가? 헌법이 보장하는 인간의 기본권인 '행복추구권'이란 소극적으로는 고통과 불쾌감이 없는 상태를 추구할 권리이며, 적극적으로는 만족감을 느끼는 상태를 추구할 수 있는 권리'를 말한다. 또한 행복이 불행의 반대 개념이라는 것은 행복하기 위해서는 불행하지 않으면 된다는 논리다.

그러나 불행하지 않다고 해서 반드시 행복한 것은 아니다. 풍족하지도 않고 화려하지도 않은 농촌 생활에서 작은 일에 만족하는 느낌과 기쁨이 반복되면서 큰 행복을 얻게 된다. 아리스토텔레스는 '행복이란 자신이 원하는 것을 얻었을 때 생기는 것'이라고 했다. 많은 것을 얻기는 힘든 농촌 생활에서 행복을 느끼려면 원하는 것을 줄이는 방법밖에 없다. 귀농귀촌을 준비한다면 이제부터 소박한 꿈을 다시 꿔야 한다.

돌탑 쌓듯이 행복을 쌓고 나누어라

지난날 직장 상사의 전출 회식 때의 일이다. 매사에 꼬투리 잡혀 고생하던 B에게 상사는 미안해서인지 건배사를 요청했다. B는 준비해 왔는지 구구절절 풀어나갔다. 그러고는 "과장님과 함께한 시간이 행복했습니다"라고 마무리했다. 당연히 회식 분위기는 최고조에 올랐다. 그렇게 구박당하고도 행복했다니 '바보 아닌가?' 하는 생각도 들었다. 후에 B와 둘만의 자리에서 상사가 구박만 했는데 무엇이 행복했는지, 그저 인사치레는 아니었는지 캐물었다.

　그의 대답이 의외였다. 자신은 상사의 언행이 구박이라고 받아들이지 않았다는 것이었다. 지도 방법이 좋지 않았을 뿐 자신에게 유익한 충고였기에 날마다 배울 수 있어 행복했다고 한다. 뒤통수를 맞은 것 같은 기분이 들었지만, 상사의 구박을 그처럼 태연히 받아들일 수 있었던 B의 태도가 존경스러웠다. 결국 상대적 관점이었던 것이다.

　도시에 비해 농촌은 일반적으로 비교할 수 없을 정도로 불편하다. 문화생활을 하거나, 병원과 약국에 갈 때, 심지어 편의점에도 시간을 내어 차를 가지고 가야 한다. 결국 횟수를 줄이게 되는데 나는 이 과정을 '행복의 다이어트(Happiness Diet)'라고 생각한다. 소비하는 시간이 줄어들었고 금전적인 절약을 덤으로 얻어서 행복하다.

　어느 귀농인은 농촌에 살면서 틈틈이 주위에 널린 돌을 날라다 돌탑을 쌓아 온통 돌탑 천지를 만들며 행복해했다. 그가 돌탑을 쌓아가는 과정에서 그리고 완성했을 때 느끼는 기쁨이나 평온함, 성취감이 바로 행복이다. 농촌에서 느끼는 행복은 작은 자연 현상과 주위의 변화를 내가 어떤 시각으로 보고 느끼는가에 따라 달라진다. 나만의 행복만이 아니라 다른 누군가를 더 행복하게 해주기 위해 마음을 쓸 때 우리는 더 행복해질 수 있다. 행복은 강도가 아닌 빈도다. 앞으로 농촌 생활에서 느끼는 소소한 기쁨 역시 행복으로 쌓여갈 것이다.

나의 전원생활을
머릿속에 상상해 보라

귀농과 귀촌 준비는 이민을 준비하듯 치밀하게 하라

언제부턴가 귀농귀촌이 우리 사회에 화두가 되었고, 특히 베이비붐 세대에게는 로망이 되었다. 경제적으로 여유가 있으면 금의환향(錦衣還鄕)하듯이 근사한 집 한 채 짓고 별장처럼 사용하겠지만 대부분의 소시민들은 소박하게 시작할 수밖에 없다. 귀농과 귀촌은 한 글자 차이이지만 그 의미는 많이 다르다.

귀농은 도시에서 농촌으로 이주해 농사를 전업으로 삼고자 하는 것이며, 귀촌은 전원생활을 위해 농촌으로 이주하는 것이라고 했다. 최근 일부 전문가들은 귀농귀촌을 '사회적 이민'이라고 표현한다. 역사와 민족과 문화가 다른 나라에 가서 산다는 의미를 귀농귀촌에 적용한 것이다. 지금까지 도시에서 사장이나 중견 간부로 직장 생활을 하다 은퇴했거나, 또는 자영업을 하다 사업을 정리하면서 농촌으로 이주하기에 그런 표현이 적절할 수도 있다.

새로운 나라의 역사는 그들의 습성을 낳고, 민족은 관습을 양산하며, 문화는 서로가 울고 웃으며 즐기고 예를 갖추는 방법으로 나타난다. 농촌에는 마을 어른이 있고 나름의 규율과 질서에 의해 공동체가 운영된다. 기존에 살아온 도시와 다른 농촌 생활을 위해 이민을 가듯이 오랜 기간에 걸쳐 잘 준비하라는 말이다.

그러면 어떻게 해야 하는가? 지금까지 성장 과정에서 전학을 가 봤다면 알 것이다. 새로운 학교에서 친구를 사귀어야 하고, 새로 만나는 선생님 등 스트레스가 이만저만이 아니다. 또 새로운 동네로 이사하면 어떤가? 모든 것이 낯설다. 귀농귀촌도 마찬가지다. 지금까지 살아왔던 모든 것을 잊고 새롭게 다시 시작해야 한다. 그런데 내가 누군데 하는 순간 시작부터 꼬이게 된다.

귀농귀촌을 하려는 이유를 스스로에게 질문해 보자

왜 도시를 떠나 농촌으로 가려고 하는가? 그 이유를 6가지로 보고 대략 어떤 목적인지 생각해 보자.

첫째, 건강상 이유로 치유차 전원생활이 필요하다면 귀촌.
둘째, 반드시 고향을 지켜야 할 책임과 의무가 있다면 귀촌이나 귀농.
셋째, 정년퇴임 후 제2의 인생을 전원에서 살기로 했다면 귀촌이나 귀농.
넷째, 전원 환경이 좋아서 결심했다면 귀농이나 귀촌.

다섯째, 열정과 참신한 아이디어로 신농법이나 신품종의 스마트팜을 준비한다면 귀농.

여섯째, '모두 정리하고 농사나 지어야지' 한다면 귀농.

마지막으로, 아무도 없는 산속에서 나 홀로 유유자적해야지 하면 귀촌이자 귀농으로 이해할 수 있지만, 이는 중년 남성들의 로망인 '자연인'에 해당하므로 여기서는 논외로 하자.

귀농과 귀촌을 분류하는 가장 큰 기준은 농업을 통해 소득을 올려 생활을 꾸려갈 수 있는지 여부이다. 귀촌인들도 텃밭에 농사를 짓지만 거기서 나오는 소득으로 농촌 생활비를 전적으로 충당하지 않는다. 여기서 귀농이냐 귀촌이냐는 돈 문제와 직결된다. 이쯤에서 이유를 찾아보자.

공통적인 대답은 은퇴 이후에 적당히 살고 싶다는 것이다. 그런데 시간이 지나면서 조금씩 욕심을 내게 된다. 이왕 하는 것 폼 나게 멋지게 해보고 싶다. 그런 생각을 하는 순간 반쯤 실패로 가고 있다고 보면 된다. 경험자로서 하고 싶은 말은, 욕심 내지 말고 하루의 반은 나와 가족을 위해 사용하고자 한다면 하루가 즐겁고 농촌 생활에서 또 다른 행복에 한 발 다가서게 된다는 것이다.

은퇴 이후 가용한 예산을 고려해 소박하게 계획하라

귀농귀촌이라는 용어는 2009년 정부의 종합대책 마련 이후 일반적으로 사용된 것으로 보고 있다. 귀농과 귀촌의 기본적인 차이는 경제적인 부분이다. 귀촌은 전원생활을 하면서 소득원이 없어도 연금이나 확보된 돈으로 농촌 생활이 가능할 만큼 경제적으로 자유로워야 한다. 대부분의 귀촌인은 텃밭 가꾸기 정도로 소일하거나 취미활동을 하면서 전원생활을 누린다. 주중에는 도시에서 생활하다 주말에는 전원생활을 하는 부류도 있다.

귀농은 어떤 작물을 재배하는 등의 방법으로 소득을 창출한다. 귀농인은 지속적으로 소득을 얻어야 생활할 수 있다. 하지만 농업 외 수입으로 농촌 생활이 가능하다면 예외이다. 그렇다고 가용한 예산에 연연하지 말자. 형편껏 준비하되 계획에 비해 모자란다면 형편에 맞춰 생활하면 된다. 주거, 토지, 생활비를 줄이면 해결 가능하다.

일을 구상하면서 가장 먼저 때와 나이를 생각하라

2021년 발표된 2020년 기준 한국인의 평균수명은 83.5세이며, 남자는 80.5세, 여자는 86.5세다. 남녀의 수명이 6년 차이 나지만 남편이 아내보다 보통 2~4세 많은 점을 고려한다면 남편이 사망 후 아내는 아름다운 전원에서 혼자 6년을 더 살아야 한다. 그러나 실제로는 8~10년을 더 살아야 할 수도 있다.

물론 이것은 통계에 의한 예측일 뿐이다. 개인차와 건강의 차이, 집안 내력 등을 고려한다면 전혀 다른 결과가 나올 수도 있다. 모두의 희망 사항은 마지막까지 건강하게 살다가 인생을 마무리하는 것이다. 하지만 원하는 대로 되는 비율은 낮다.

농촌으로 가야 할 때 내 나이가 몇인지를 보라. 지금 간다고 해도 앞으로 몇 년을 더 살 수 있는가? 또 여자는 평균수명과 개인의 건강을 고려했을 때 몇 년을 더 혼자 살아야 하는지 계산해 보자. 그러면 귀농귀촌의 때가 적절한지, 또 농촌에서 몇 년을 더 살 수 있는지 답이 나올 것이다.

귀농과 귀촌 중 선택의 시간에 무엇을 우선해야 하나

귀농과 귀촌의 선택은 단순히 '가지 않은 길'에서 고뇌하는 시인처럼 "나는 사람들이 덜 밟은 길을 택했고, 결국 내 운명을 바꿔놓았다"라고 말할 수 있는 것이 아니다. 어떻게 할 것인가를 명확히 해야 한다.

귀촌은 경제적인 면을 고려해 초기 예산은 주거 마련에 지출하고 농업을 통한 수입이 없어도 생활비 충당이 가능하면 된다. 귀농은 주거 마련과 농지 확보, 농사와 생활비에 예산이 지속적으로 소요되지만, 농업 소득도 기대할 수 있다. 이러한 부분을 고려하고 마지막으로 때와 나이를 고려해 귀농과 귀촌을 결정하라고 조언하고 싶다. 최종적으로 어떤 전원생활을 할지 구상했다면 그에 따른 계획과 준비가 달라질 수 있다.

성공적인 귀농귀촌을 위해서는 귀농이냐 귀촌이냐를 명확히 짚고 넘어가야 한다. 전원생활을 하는 데는 소득원의 유무가 가장 중요하다. 그것이 확실하게 결정되어 있어야 앞으로 어떻게 생활할지를 계획할 수 있다. 소득원이나 여유 자금이 있으면 귀촌을, 반면 귀농은 지속적으로 소득을 창출해야만 성공적인 농촌 생활이 가능하다는 점을 명심하고 전원생활에 어떻게 안착할지를 머릿속으로 그려야 한다.

땅, 함부로 사지 마라

마음에 드는 땅을 보면 일단 한 박자 쉬어라

주변 지인이나 귀농귀촌에 대해 조언을 구하는 사람들에게 반드시 하지 말아야 할 몇 가지를 강조한다. 그중 하나가 땅부터 사지 말라는 것이다.

귀농귀촌을 생각하면서 여기저기 지나다니다 보면 소유하고 싶은 땅이 눈에 많이 들어온다. 청소년기에 농촌을 떠나 도시로 갔거나, 아니면 오랜 도시 생활에 지친 심신을 치유하며 안식을 누리고 싶어 '내 땅'에 집착하는 것은 더욱 경계해야 한다. 이런 부류는 마음에 드는 땅을 보면 조바심을 낸다.

소개하는 개인이나 부동산업자가 당장 사지 않으면 바로 팔릴 것처럼 말하면 더욱 마음이 급해진다. 주변의 개발 전망을 알려주며 그에 따른 풍선효과로 지가 상승까지 부추기면 마음은 벌써 내 땅이 된다. 경치 좋고 물 흐르는 계곡 옆의 마음에 드는 땅을 만났을 때 자신도 모르게 '집 짓고 텃밭 일구며 살고 싶다'고 중얼거린 기억이 현실이 되는 순간이다.

이때 한 박자 쉬고 가자. 심호흡 한 번 한 다음 생각해 보겠다고 하고 미련 없이 떠나야 한다. 그리고 공개된 자료를 통해 공시지가와 최근 거래 결과, 개발 계획을 포함하는 추가적인 정보를 확인해라. 땅에 대한 기본 정보는 토지대장이 없어도 웬만한 부동산 앱으로 충분히 확인할 수 있다.

귀농귀촌 준비에 앞서 현재 자신을 돌아보라. 나름 자기만의 분야에서 최고라고 생각되지 않는가. 한 분야에서 10년 이상 잔뼈가 굵어 스스로 내세우지 않아도 남들이 알아준다. 하지만 그런 자신감으로 땅을 보지 마라.

아직 남아 있는 땅이 나를 기다리고 있다고 착각하지 마라

처음 귀농한다고 말하면 이구동성으로 '초대해, 한번 놀러 갈게'라고 말한다. 그러면 그때부터 머릿속에서는 팔 걷어붙이고 바비큐 그릴에 숯불을 피우는 장면과 함께 고기가 구워지며 왁자지껄 시끌벅적 화기애애한 분위기가 그려진다. 이런 전원생활의 꿈을 가지고 어서 빨리 나를 기다리는 내 땅을 찾고 싶다. 그래서 18년 전 앞뒤 가리지 않고 무조건 좋은 땅이라는 착각에 계약부터 한 것이 실수였다.

"30년 전에는 칡 덩굴만 무성했는데 우리 부부가 삽과 곡괭이로 돌을 골라내서 옥토가 되는 과정은 험난했다"는 황무지를 개간한 자랑은 반만 믿자. "땅은 주인이 따로 있나 봐요. 처음 보는 순간 제 땅이라고 생각했어요, 운명처럼"이라는 대사는 TV에나 등장할 뿐이다. 한 번도 개발하거나 개간하지 않은 땅을 고른 것은 땅을 보는 안목이 있다고 할 수 없다. 왜 옛 어른들이 이곳을 개간해 집을 짓고 농사짓지 않았을까 하고 일단은 경계의 눈으로 봐야 한다. 좋은 터였다면 집을 지어도 벌써 지었을 텐데 아직 나를 위한 미개척지로 남아 있다니 놀랄 만하지 않은가?

내가 산 땅은 당시 현장에서 여기저기 가리키며 경계를 설명했는데 지적 측량을 해보니 많이 달랐다. 길은 있지만 지목이 임야인데다 남의 땅이니 결국 맹지였다. 그런 사실을 안 이후 속상함이란 이루 말로 다 할 수 없을 정도였다. 비싼 수업료 덕분에 이제는 부동산을 보고 조언할 정도의 안목이 생겼다.

하지만 나는 아직도 풍수지리는 모른다. 농사를 지어보니 길이 있고 햇볕 잘 들며, 물 잘 빠져 토질 좋으면 좋은 땅이다. 그런 땅이 아직 남아 있다는 것은 '그럴 만한' 이유가 있다. 가령 개간하기 힘든 땅, 과거 어떤 사연이 있는 자리일 수도 있다. 그런 땅을 보고 마음에 든다고 바로 계약하지 말고, 절대 아쉬워하지 말고, 다음 기회에 다시 찾아 탐문하기를 바란다. 가능한 주위 사람들을 많이 만나서 충분히 듣고 결심해라. 이 순간부터 다짐해라. 땅부터 사지 않겠다고.

농촌에서는 대상에 따라 때로는 땅값이 널을 뛴다

농촌에서는 둘 이상이 협업해야 할 때가 있다. 농장을 가꾸며 일손이 부족할 때 서로 도움을 주고받던 N은 정년퇴임하면서 귀농했다. 워낙 농사에 열심이어서 4년 정도 서로 일손을 거들었다. 지나다 들러 모종도 나누던 사이로 자주 만났는데 어느 날 건강이 악화되어 입원했다는 소식을 들었다.

N의 토지는 소하천 옆을 2미터 정도 높이로 쌓아 조성한 400여 평의 밭이다. 농막이 있고 토지 앞 천변이 범람하면 사람이나 차량 통행이 제한되어 아직까지는 건축허가가 나지 않는 땅이다. 토지로부터 8미터 앞에 4차선 순환도로가 나 있으나 차량 통행은 뜸한 편이다. 토지가 하천보다 높아 물 빠짐은 좋으나 산에 붙은 남향이라 오전 10시가 지나야 햇볕이 든다.

그런데 어느 날 토지 거래 소식이 당혹하게 만들었다. 2년 전 토지 주위에 전망도 좋고 일조량과 물 빠짐도 좋으며 차량 소음도 훨씬 적은 토지가 이번 거래된 토지보다 더 낮은 가격에 거래되었다는 부분이다. 불현듯 N의 토지가 거래된 가격을 듣고, 앞으로 가까이 살아야 할 새 이웃이 바가지를 쓴 듯해 미안함이 앞섰다. N의 땅을 사는 과정에서 나에게 한 번쯤 조언이라도 구했다면 하는 아쉬움이 남는다.

땅은 소유하는 것이 아니라 활용하는 것이다

얼마 전 지인이 호주에 다녀온 이야기를 들려주었다. 호주는 우리와 땅의 개념이 많이 다르다고 했다. 그들은 땅에 대한 소유욕이 없다는 것이었다. 워낙 땅이 넓어서 그런지도 모른다. 우리 부모님들은 대부분 땅에 대한 애착이 강했지만 애증도 있었다. 돈을 모아 땅을 사기도 했지만 때로는 자식 뒷바라지를 위해 팔기도 했다. 나 역시 땅에 대한 인식이 부모님들과 비슷한 것 같다. 하지만 이제는 귀농귀촌을 준비하면서 땅에 대한 인식을 바꿔야 한다. 내 소유의 땅에서 내가 활용하는 땅으로 말이다. 땅은 소유물이 아니라 활용하는 것이라는 인식을 해야 하겠다.

현재 농촌에는 농사짓지 않는 땅이 넘쳐나고 있다. 그런 땅을 찾아 활용하는 방법은 2가지가 있다. 먼저 살고 싶은 지역을 대략 정하고 발품을 팔아라. 어른들을 만나 막걸리 한잔 따라 드리면 현재 묵혀 있는 땅의 족보가 술술 나온다. 지금 농촌에는 부족한 일손으로 임야화되는 땅이 넘쳐나고 있다. 특히 문중 땅을 임대하는 것이다.

다른 방법으로 일단 정착하고 싶은 지역을 정한 다음 관련 사이트에서 국공유지를 찾아 불하 받는다. 국유지란 토지의 등기부등본에 소유자가 '국'이고, 공유지는 지방자치단체 소유의 토지로 '공'으로 표시된다. 국공유지는 행정재산과 일반재산으로 구분된다. 행정재산은 청사나 학교, 관사, 도로, 공항 등 국가가 직간접적으로 사용하는 토지다. 그 외에 일반 재산으로 분류된 토지는 절차에 의해 불하 받을 수 있다. 해당 지번을 부동산 앱으로 검색하면 간단하게 확인된다.

세부 행정 절차의 첫 단계는 'e나라재산 국유재산포털'에서 소재지 지번을 입력하면 소관부서와 면적, 담당자 전화번호까지 공개되므로 불하 가능 여부를 확인할 수 있다. 불하 가능하다고 확인되면 임장을 나가서 내가 원하는 토지인지를 반드시 확인한다. 특히 유해시설과 건물 유무는 꼼꼼히 확인해야 한다. 조건이 맞으면 담당자와 불하 절차를 수행한다. 임대 기간은 최초에는 통상 5년이며 이후 특별히 정부와 지자체에서 사용 계획이 없으면 연장해 적은 임대료로 계속 사용할 수 있다.

땅부터 사면 안 되는 또 하나의 이유로 내가 산 땅에서 평생을 산다는 보장이 없기 때문이다. 자의든 타의든 언젠가 떠나야 할 때 되팔려고 하면 매매도 힘들 뿐 아니라 재산 가치도 크지 않다. 2022년 9월 통계청이 발표한 '세계와 한국의 인구현황 및 전망'을 보면 2022년 기준, 총인구 5,200만 명에서 2070년 3,800만 명으로 감소하며 고령인구 비율은 2022년 17.5%에서 2070년에는 46.4%가 될 것으로 전망된다. 무리하게 산 땅을 향후에 되팔려고 해도 수요가 거의 없다는 뜻이다.

집부터
짓지 마라

'저 푸른 초원 위에 그림 같은 집'에 대한 로망

베이비붐 세대의 어린 시절 시대상을 반영한 대중가요는 팍팍한 삶에서도 희망이 되었다. 하루에도 몇 번 그림 같은 집을 짓고 허물기를 반복하게 만든 행복한 유년의 추억이었다.

> 저 푸른 초원 위에 그림 같은 집을 짓고
> 사랑하는 우리 님과 한 백 년 살고 싶어
> 봄이면 씨앗 뿌려 여름이면 꽃이 피네
> 가을이면 풍년 되어 겨울이면 행복하네
> — '님과 함께'(고향이 작사, 남국인 작곡)

1972년 가수 남진이 부른 가요 '님과 함께'의 가사다. 그 시대 나훈아와 쌍벽을 이룬 꽃미남 가수 남진이 있었다. 유행을 앞서 2 대

8 가르마를 타고 포마드를 발라 넘긴 머리칼에 무대를 종횡무진 누비는 흰색 나팔바지의 현란한 율동과 노랫말은 새로운 시대를 예고했다. 농촌에서는 새마을운동이 본격적으로 시작되면서 '가난에서 벗어나 잘살아보자'라는 기조와 맞아떨어져 장차 이루고자 하는 궁극적인 우리의 미래상을 제시했다.

그 시기 도시 한편에는 갑작스레 농촌에서 이주해 대충 자리 잡은 얼기설기한 판잣집이 즐비했다. 갑자기 소나기라도 내리면 집 안의 양동이와 세숫대야가 전부 동원되던 시절이었다. 이렇게 뚫어진 지붕 같은 가슴에 양동이처럼 낙숫물을 받아준 가수 남진은 특유의 창법으로 맛깔나게 '님과 함께'를 열창했고 전 국민은 이에 화답했다.

그러나 '님과 함께' 노랫말처럼 세속을 떠나 욕심 없이 살아가는 삶이 이토록 평범하고 아름다우며 단순하다면 누군들 실현하지 않겠는가? 하지만 실제 우리의 현실은 갈 길 바쁘고 녹록하지 않았다. 그럼에도 흑백 TV에서 열창한 가수 남진은 바쁘고 힘든 가운데에서도 우리 모두에게 꿈을 심어줬다.

셋방살이하던 신혼부부는 아이 울음소리에 시끄럽다며 주인의 호통을 듣고 눈치를 봐야 했다. 집 없는 설움에 뒷마당에서 속울음을 삼키면서, 송곳 하나 꽂을 자리 없는 처지에 집 한 채 업고 사는 달팽이가 한없이 부러웠다는 이야기도 있다. 그렇게 살아왔기에 이제는 아이들이 맘껏 뛰어다니고 고래고래 소리 질러도 나무랄 사람 없는 곳에서 나만의 그림 같은 집을 꿈꿔 왔던 것은 아닐까?

'내 집을 짓는다고!' 벅차오르는 가슴을 눌러라

귀농귀촌을 꿈꾸면서 내 땅에 집을 갖는다는 것은 상상만 해도 흥분되는 일이다. 지금까지 인구밀도 높은 도시에 살면서 대지 지분이 몇 제곱미터(㎡)라고 해도 내 땅이라는 실감이 나지 않았다. 나와 가족이 원했던 곳에 집을 짓고, 정원을 가꾸며 '여기는 내 땅이야' 하고 울타리를 치는 상상만으로 그동안 쌓인 스트레스가 확 달아날 것이다.

이것은 어쩌면 자기 영역을 표시하고 가족을 지키려는 동물적인 본능일 수도 있다. 그러나 생각은 거기서 멈춰야 하고 집부터 지으면 절대 안 된다. 물론 예산에 구애받지 않는다면 상관없지만, 일반 소시민들은 벅차오르는 가슴을 일단은 눌러라. 지금까지 도시 생활에서 나만의 공간을 갖고 싶었던 것은 이해한다. 나만의 서재에서 글을 쓰고 나의 공방에서 목공예를 하는 꿈들이 깨진다고 슬퍼할 일도 아니다. 언젠가 그때 한 박자 쉬기를 잘했다고 생각할 테니까.

왜 평생 살려고 지은 전원주택 급매물이 넘쳐날까

며칠 전, 부동산 매매 사이트에 '전원주택 급매!'라는 문구와 함께 미국식 2층 목조건물이 나왔다. 주택 소개 동영상을 보니 입구에 빨간 우체통으로 시작해 정원에는 잔디가 잘 다듬어져 있고 우아한 자태로 조경수가 서 있었다. 정원 한편에는 팔각 정자 아래 작은 연못에 물레방아가 돌아가고 물고기가 논다. 그림 같은 조망에 잘 가꿔진 정원, 내부도 흠잡을 곳 없다.

누가 봐도 '평생을 살려고 지은 집'인데 급매라고 한다. 이유는 개인 사정이라지만 왜 평생 살려고 아름답게 지은 집을 헐값에 팔려고 하는 것인가? 게다가 가전제품과 옷장은 그대로 두고 간다고 하니 간단한 옷 몇 벌만 챙겨가면 바로 살 수 있는 집이다.

이렇듯 겉보기 좋은 집이 싼 매물로 나와도 거래가 잘 이뤄지지 않는다. '집 한 채 지으면 10년은 늙는다'고 했는데 너무 서둘러 크게 지은 집이 문제가 된 것일 수도 있다. 귀농 초기 집부터 지을 것이 아니라 짧게는 몇 개월에서 길게는 몇 년 동안 살아보고 계속 살 것인지 결정했어야 한다.

평생 살려고 했으니 얼마나 세세한 부분까지 관여했겠는가. 전체 조경과 각 시설의 위치와 세부적인 부분까지 부부가 평생 거주할 준비와 자녀들이 찾아오는 것까지 고려해 최대한 편의성과 실용성을 담다 보면 자연히 집은 커질 수밖에 없다. 그러나 도시와 달리 농촌의 집은 대부분 '나 홀로 집'이다 보니 겨울철 난방비가 많이 소요된다. 그런 이유로 농촌에서 큰 집은 작은 집에 비해 거래가 잘 이뤄지지 않는다. 특히 멀티해비 개념의 농촌의 집은 정보통신이 갖춰져야 하고 반정주이기에 규모가 큰 주택은 환영받지 못한다.

귀농귀촌과 동시에 급하게 나만의 주택 건축을 지양해야 하는 또 다른 이유는 되팔려고 할 때의 환금성이다. 대부분 토지 거래 가격에서 주택이 차지하는 비중은 크지 않다. 그러나 정성을 들여 지은 개성 강한 집은 내가 살기 좋은 집일 뿐 다른 사람들이 느끼는 호감도는 가격 대비 낮을 수밖에 없다는 사실을 명심해야 한다.

일단 주거 문제 해결을 위해 다양한 방법을 강구하라

주거 문제에 조바심 내지 마라? 빨리 뭔가를 이루고 싶을수록 단계적으로 일단 살아보고 확신이 들면 시행해야 한다. 농촌의 빈집을 찾는 방법으로 충분하지는 않지만 '귀농귀촌종합센터'의 지역별 빈집 정보를 활용하면 내가 가야 할 지역의 정보를 알 수 있다. 지역별 빈집 정보는 해당 지자체의 농촌 빈집 정비 담당자(건축과 등)에 문의하면 된다. 농막을 직접 짓거나 비닐하우스를 활용하는 방법도 있다. 나는 도시에 집을 두고 왔기에 원룸에서 생활했다.

몇 년 살아보고 반드시 집이 필요하다고 생각되면 농업인 주택이나 임업인 주택을 지으면 각종 세제 혜택이 있다. 최소의 예산으로 보온성은 최대로 강화하면서 최소한의 공간만 확보하는 것이 좋다.

요즘에는 이동식 모듈러(Modular) 주택이 대세다. 모듈러 주택은 집을 구성하는 기본 골조와 전기배선, 난방 등 주택 자재의 대부분을 공장에서 제작해 시공하는 방식이다. 특히 에너지 낭비를 막고 자재 사용을 최소화하면서 재조립이 가능하다. 기본 설계에 내가 원하는 대로 설계 변경도 가능하고 크기에 따라 당일 설치도 가능하다는 장점이 있다.

타이니 하우스(Tiny House)는 모듈러 주택보다 더 단순하고 최소의 공간과 편의 여건으로 거주 가능한 아주 작은 집이다. 예산 면에서도 기존의 주택 건축보다 상대적으로 저렴하며 최소 9.92제곱미터(약 3평) 이상부터 제작 가능하다. 더구나 필요한 곳으로 언제든지 이동할 수 있다는 장점이 있다. 되팔 때 매매하기도 쉽다.

빚내서
시작하지 마라

귀농 창업 지원 자금이 아니라 은행 담보대출이라면

은행 지점장을 마지막으로 퇴임한 P선배는 사단법인에서 같이 활동하면서 인연이 시작되었다. 나이 차는 많지 않은데도 항상 마음 씀씀이가 넉넉한 사람이었다. 그에게 '귀농 창업 지원 자금'과 관련한 의견을 들었는데, 같은 물을 먹는 젖소와 뱀과 같다고 비유했다. 정부 지원 자금을 잘만 쓰면 종잣돈 삼아 농업 분야에서 성공적인 창업을 하지만, 농업 경험이 없는 사람이 자금만 믿고 새로운 분야에 무모하게 뛰어들면 빚만 생긴다는 의미였다. 은퇴 후에 정부 창업 지원 자금까지 받아서 농사지을 필요까지 있겠느냐는 결론이었다. 한마디로 대출받지 않는 것이 좋다는 말이다.

귀농 창업 지원 자금을 설명하려면 먼저 용어 정리가 필요하다. 이것은 '귀농 농업창업 및 주택구입 지원사업'의 일환이다. 귀농인이 토지 구입과 영농 시설을 만드는 데 '지원받는 자금'의 성격보다 정부 방침에 의거해 '금융기관에서 대출'을 받는 것이다. 자격도 까다로운데 65세 이하 귀농인이 신청하려면 시·군에서 엄격한 심사를 거쳐 창업 대상자로 선정되어야 한다. 귀농인의 조건도 관련 법령에서 정하는 이주 기한, 거주 기간, 교육 이수 실적을 모두 충족해야 한다. 주택 구입자금 대출도 유사하다.[13]

명심할 것은 자격 요건을 갖췄다고 무조건 대출해 주지 않는다는 사실이다. 금융기관은 사업계획서와 기존 보유 자산, 나이, 개인의 신용 등을 고려하는데, 대출이 이뤄지지 않는 경우도 많다. 우여곡절 끝에 정상적인 대출이 이뤄졌다고 하자. 농업 창업자금 3억 원을 대출받으면 50% 선에서 토지를 구입하고 해당 금융기관에 담보로 제공해야 한다. 사업장도 마찬가지로 대출금 상환이 모두 끝날 때까지 처분이나 양도가 통제된다.

청년에게는 기회가 될 수도 있겠지만 은퇴자에게는 권하기가 어렵다. 60세에 은퇴 후 귀농해 최소 2~4년 지나서 자금을 대출받았다면, 최소 77~79세까지 담보한 토지와 사업장은 매매, 담보 등 재산권 행사가 통제된다. 그 자리에서 꼼짝하지 않고 있어야 한다(단, 주택구입자금은 별도의 담보 조건이 없다).

초보 농부가 3억 7,500만 원 대출받고 어떻게 갚나

농업 창업자금 대출은 세대당 3억 원 한도 이내, 주택 구입자금은 7,500만 원 한도 이내로 고정금리 연 2% 또는 변동금리 중 선택 가능한데 한 번 선택하면 변경이 불가능하다. 이자와 원금은

> **5년 거치 10년 상환**
> ◇ 5년간 월 이자: 375,000,000원 × 0.02 = 7,500,000 ÷ 12(개월) = 625,000(월)
> ：625,000(월) × 12(1년) = 7,500,000(연) × 5(년) = 37,500,000(5년 이자)
> ◇ 5년 후 원금 상환: 375,000,000원 ÷ 10년 = 37,500,000(연) ÷ 12개월
> = 3,125,000(월) + 남은 금액 이자

5년 거치 10년 원금 균등 분할 상환하는 조건이다. 즉, 15년 대출 받는 것이다.

더 큰 문제는 지금부터이다. 3억 7,500만 원에 대한 이자가 연 750만 원으로 월 62만 5,000원씩 5년간 갚아나가야 한다. 여기서 생각해 보자. 자금 대출 이후 월 소득을 고려해야 한다. 월 이자만 생각하면 그 정도는 가능하다고 하겠지만 농사와 생활에 필요한 부수적인 각종 경비(땅 정지, 파종, 공과금, 시설비, 종묘, 시비, 농기계 임대, 농기구, 인력, 생활비 등)를 포함하면 매월 이자 62만 5,000원의 300~500% 수입이 가능해야 한다. 초보 농부가 5년간 월 300만 원 이상 수입을 올리기가 쉽지 않다는 점을 알아야 한다.

더 큰 문제는 지금부터다. 5년 후에는 첫 달에 312만 5,000원과 남은 채무(3억 7,187만 5,500원)의 2% 이자 61만 9,792원을 추가하면 374만 4,792원(5년 후 첫 달)을 갚아야 된다. 이후부터는 원금에서 갚은 금액을 뺀 금액의 이자를 납부하게 된다.

여기서 한 번 더 생각해 보자. 원금 상환은 374만 4,792원부터 시작되는데, 5년 후 이 금액의 300~400% 수입만을 고려한다고 해도 월 900~1,100만 원 수익을 올려야 한다. 예비자금이 많아서 몇 년 동안 이자나 원금 상환이 가능하다면 별문제 없다. 하지만

예비비가 있다면 굳이 어렵게 대출받을 필요 없을 것이다. 그리고 대출이자나 원금 상환이 힘들 때 '열심히 농사일로 고생 많다' 하면서 몇 달 미뤄줄 거라는 기대는 절대 하면 안 된다. 2개월 미뤄지면 '행정절차 개시 통보'가 도착하고, 3개월 미뤄지면 '행정절차가 개시'된다.

은퇴하고 워라밸한 욜드의 삶을 살고자 했는데 어느 날 "자네 땅이 경매 나왔네"라는 말을 들으면 되겠는가? 자금 대출은 심사숙고하자. 절대, 빚지고 시작하지 마라.

왜 처음부터 농기계 사지 말라고 말리나

정부에서는 농업기계 구입 및 임대자금 지원을 통해 농기계 활용을 독려하고 있다. 먼저 농민으로서 자격을 갖추면 장비와 지자체별로 차이는 있지만, 일정 한도액이나 50% 지원받을 수 있다. 이렇게 구매하고 등록하면 면세유 구입 혜택도 주어진다. 대상자로 선정되고 장비를 구매하면 통상 5년 정도 사후 관리 기간이 있으며, 이 기간에 농기계는 양도, 교환, 대여, 담보 제공 등을 할 수 없고 부정한 방법으로 사용하면 환수될 수도 있다.

하지만 왜 오랜 기간 농기계를 사용해온 현지인들은 처음부터 농기계를 사면 안 된다고 할까? 농사일을 충분히 파악하고 반드시 필요하다고 생각될 때 구입하라는 것이다. 농기계를 사용하면 인간의 노동력과 비교할 수 없는 성과를 낸다. 하지만 많은 돈을 들인 것에 비해 사용 빈도가 많지 않다. 경운기를 구매했을 경우 연간 논밭 정지 작업에는 한두 번 정도 사용하고, 그 외에는 퇴비와 비료 등 짐을 나르는 수단으로 활용한다. 하지만 실제 퇴비와 비료를 구매하면 현장까지 배달해준다. 장기간 방치하다 보면 잔고장으로 정비비용이 발생할 수 있다. 또 시간이 지나면서 장비도 나이 듦에 따라 각종 소모품과 유류 등 유지보수비도 만만치 않다.

귀농 초기에는 농기계 임대를 활용하라

시·군 단위 대부분의 지자체에서 '농기계 지원센터'를 운영한다. 농민이 소정의 농기계 조작과 안전교육을 수료하면 임대 자격이 주어진다. 하지만 한정된 예산 범위 내에서 구색을 갖춰 여러 가지 장비를 구비하지만 수요를 따르지 못한다. 내가 사용할 일정에 장비 임대가 가능한지 미리 알아봐야 한다. 또한 장비를 임대했을 때 일부 장비는 적재함이 있는 차량을 이용해야 한다.

차량이 없으면 임대와 동시에 동네분께 부탁할 것인가 하는 점을 고려해야 한다. 하지만 쉽지 않은 것이, 농번기에 농부는 자기 일을 하기도 바쁘다. 노임을 지급한다 해도 몇 시간을 도와주기가 쉽지 않다. 여기서도 중요한 것이 평소 친분 관계이다. 내가 필요할 때 부탁하기 위해서는 평소에 관계를 잘 유지해야 한다. 나는 자연스러운 친분으로 인해 어려운 가운데 기꺼이 도움 주신 분들께 늘 감사하고 있다.

남의 손을 빌릴 때는
명확한 근거를 남겨라

통 큰 척하지 마라, 새가슴이라도 괜찮다

　귀농귀촌은 단순히 도시를 떠나 새로운 삶의 터전으로 이사하는 일이 아니다. 귀촌은 새로운 주거 대책이 마련되면 크게 서두를 일이 없다. 그러나 귀농하면 농촌에 터를 잡고 농업으로 새로운 수익을 창출해야 한다. 농사일이 주업이 되는 것이다. 봄이면 씨 뿌리고 기다렸다가 가을에 수확하는 주기로 끝나는 일이 아니다. 때로는 건축이나 시설 설치를 하면서 토목사업도 필요하다.

　귀농해 주거 대책이 마련되면 그때부터 영농 준비에 들어간다. 농사일 외에도 주요 시설 설치가 필요하다. 무엇을 할 것인가에 따라 달라지겠지만 창고, 축사, 비닐하우스, 버섯재배사, 곤충사육사 등 최소 하나 이상은 계획해야 할 수 있다.

　농업용 창고와 축사를 건축하려면 토목사무소에 의뢰해 관련 법령 범위 내에서 토지의 형질 변경을 신청하고 설계도면으로 일단 인허가를 받아야 한다. 건축 전문가는 직접 시공하겠지만 통상적으로 전문 시공업체에 의뢰한다. 농업용 비닐하우스는 건축 행위가 아니므로 허가나 신고 사항이 아니다. 내가 농사지을 농지에 지으면 된다. 특히 비닐하우스는 면적이 일정 규모가 되면 자비로 짓기보다 연초에 지자체에서 시행하는 '비닐하우스 지원 사업'을 신청하면 대부분 선정된다. 정부 지원 50%, 자비 50%로 설치할 수 있다.

건축하거나 농업시설을 설치한다는 소문이 나면 여기저기서 자칭 실력파들이 나타나, 동네 지인을 통해 서로 자신에게 일을 맡기라고 요구한다. 이때 절대 서두르지 말고 좀 더 시장조사를 한 후에 시작해도 늦지 않다. 업체를 선정할 때 주변의 소개로 단순히 인간관계에 따라 쉽게 결정하지 마라. 지인을 통해서 하면 혹시 모를 권리 주장에 대항력을 잃을 수도 있다.

일을 맡길 때 견적서는 반드시 받고 적시된 내용을 확인하라

정부 지원 사업으로 비닐하우스를 설치하려면 복수 견적을 받아야 하는데 업체마다 분명 차이가 난다. 처음 할 경우에는 아무래도 적은 금액을 제시하는 업체가 좋다고 생각할 수 있다. 물론 이윤을 적게 남기고 홍보 차원에서 저렴하게 견적을 내는 업체도 있지만 그렇지 않은 경우도 있으니 주의가 필요하다. 이때 업체에서 받은 견적서를 가지고 인터넷 검색을 해보면 가격이 천차만별이다. 업체를 폄훼하려는 것이 아니다. 귀농 첫 단계부터 충분히 고민하고 시장조사 후에 시작하는 습관을 가져야 차후에도 실수를 반복하지 않는다.

업체를 선정하고 설치를 시작하면 작은 부분까지 견적서대로 시행되는지 확인해야 한다. 파이프 규격과 보온재를 검색해 보라. 우리나라에 이렇게 많은 업체가 있나 싶어 깜짝 놀랄 것이다. 또한 업체별 제품의 가격과 품질 차이도 있으니 사용 후기를 읽어보고 대처하자. 우려해야 할 점은 업체에서 견적서 외에 추가 설치물을 제시하거나 '일정 금액의 반값으로 해주겠다'라는 등의 제안을 해 올 수도 있다. 이런 제의에는 쉽게 동의하지 마라. 일부 업체는 정부 지원 사업의 취지를 악용해 실제 설치물보다 금액을 부풀리는 경우와 저급한 시설로 마무리하는 사례가 종종 있다.

무지로 인해 임야를 벌목하면서 받은 상처와 지불한 수업료

내가 귀농을 준비하면서 보유한 임야 7,464제곱미터(약 2,258평)에는 대부분 밤나무가 자라고 있었다. 나무를 속성으로 성장시키기 위해서는 한 그루 심을 자리에 두 그루 이상 심어 밀식 재배를 하다가 솎아베기를 한다. 하지만 심기만 하고 관리가 안 된 밤나무는 8~12미터 정도로 성장만 했을 뿐 밤은 열리지 않아 '산림경영계획'을 수립해 수종을 갱신하기로 했다. 산림조합에 의뢰해 계획서를 작성해 지자체 산림과에서 승인받았다. 수종 갱신이란 기존의 나무를 베어내고 2년 내에 새로운 수종을 심는 작업이다.

산림조합에 요청해 벌목과 야적, 운반까지 포함하는 견적을 받았다. 벌목 팀장은 음료수와 점심은 자체적으로 준비해오니 신경 안 써도 된다고 했다. 이때 소식을 들은 지인 C가 당장 취소하라고 하면서 그 정도 나무 베는 데 2명이 이틀이면 깨끗이 정리된다고 했다. 미리 말했으면 도와줄 텐데 일머리가 없다며 짜증 섞인 말까지 듣고 보니 관계를 유지해야겠다는 생각도 들었다. 벌목 날짜까지 받았는데 난감해 망설이다가 기어들어 가는 목소리로 벌목 팀장에게 취소해달라고 부탁했다. 그러나 도리어 팀장은 바쁜데 잘 되었다며 좋아했다.

그렇게 벌목을 시작했는데 C가 보낸 벌목공 2명은 첫날 전체 양의 1/4 정도만 했을 뿐이었다. 잠깐 하다가 연료 보충, 톱날을 벼리고 오일 주입하다가 하루가 지났다. 이후 총 네 번에 걸쳐 4일 일하고 계획된 나무의 모두베기는 대충 마쳤다. 산림조합에서 4명이 하루 계획한 일을 2명이 4일이 소요되었는데 문제는 연속으로 작업한 것이 아니고 자신들의 벌목 공백기에만 시간을 내다 보니 7주에 걸쳐 마무리되었다. 더구나 점심 식사와 오전 오후로 새참과 음료수까지 제공해야 했다.

그다음 굴삭기 기사는 산에서 목재를 옮기는 전문성이 필요한데, 언제든지 작업 가능하다며 큰소리치더니 함흥차사였다. 다시 산림조합을 통해 벌목업체 S대표를 소개받았다. 그는 현재 진행하던 현장에서 장마 전에 마쳐야 하기에 장비를 융통하기 어렵다고 했다. 다만 다른 일이 없는 날에는 가능하다고 해서 여섯 번에 걸쳐 목재를 모으고 끌어내려 적재까지 마쳤다. 목재 납품은 무게가 중요해 톤당 가격이 형성되는데, 처음 나무 베기를 시작하고 3개

산림조합 견적과 실제 지불한 가격표			
구분	산림조합 견적(예상)	실제	비고
모두베기(벌목공)	4명(100만 원)	8명(184만 원)	+84만 원(중식/간식+24만 원)
집적, 적재(굴착기)	4대(260만 원)	7대(469만 원)	+209만 원(중식/간식+14만 원)
목재 납품(16톤 트럭)	2대(60만 원)	2대(60만 원)	건조되어도 부피 차이 없음
목재 수입	300만 원	150만 원	목재 건조로 -150만 원
최종 결산	120만 원 부담	563만 원 부담	**최초 계획보다 443만 원 추가**

월이 지나는 사이 나무는 봄볕에 완전히 건조되어 16톤 트럭 2대를 납품했으나 절반 가격밖에 받지 못했다.

모두베기를 시작하고 중간중간 진행되지 않고 작업을 멈춘 산을 90여 일 동안 멍하니 바라본 심정과 금전적으로 추가된 비용 그리고 그 기간 가슴앓이는 돈으로 환산할 수 없다.

문제는 지인에게 일을 맡기면서 계약서를 생략한 것이다. 그의 말만 듣고 언제 몇 명이 작업해서 언제까지 작업을 끝내며 예산은 어느 정도인지 구체적인 계약을 하지 않았다. 정상적으로 이뤄지지 않았을 때를 대비한 후보 계획도 없이 주먹구구식 '알았소' 한마디로 작업을 시작했다.

물론 벌목이나, 집적과 적재하여 목재를 납품하는 과정에서 발생한 여러 문제는 고의적이기 보다 도와주려고 했다는 의도로 알고 있다. 문제는 일의 과정을 잘 모르면서 통 큰 척했던 나의 실수였다. 전체 작업의 내용과 흐름을 파악하지 못하다 보니 귀가 얇아져 그들의 의도대로 끌려다니고 말았다. 농촌 생활의 어려움은 이런 데 있다. 도시에서는 자장면 한 그릇만 제대로 안 와도 전화를 걸어서 다시 받는데, 여기서는 그게 도저히 통하지 않는다. 이 일을 겪으면서 '아, 이것이 무지하면 겪어야 하는 농촌 생활이구나'를 뼛속 깊이 느꼈다.

영수증은 활용 범위가 많으니 보관하는 습관을 갖자

영농과 관련된 공사대금과 자재, 농약과 비료 씨앗, 묘목 등 각종 영수증은 반드시 보관해야 한다. 당연히 농협 조합원이 되면 발급 가능한 신용카드로 결제하지만, 영수증의 용도는 따로 있다. 구매를 취소하거나 농업경영체 등록, 천재지변에 의한 피해 보상 등에 반드시 필요하므로 사진을 찍어 보관하는 습관을 들이자.

농촌에서 건축이나 공사를 한다면 스스로 초보임을 자인하고 공부해가면서 진행해야 한다. 돈만 주면 알아서 해주겠지 한다거나 추진 과정에서 달콤하고 그럴듯한 말에 귀가 솔깃해지면 안 된다. 그 일과 그 분야에 대해 아무것도 모르면 나중에 비싼 수업료를 치르게 된다는 것을 명심하자.

'많이 아는 것이 병'이 아니라, 알아야 일의 효율과 예산 절감까지 가능하다는 것을 인식해야 한다. 이제 도시에서 작성하던 계약서보다 농촌에서 더 꼼꼼히 계약서를 작성하고 실시간 현장에서 계획대로 추진되는지를 확인하는 자세가 필요하다. 그들은 일단 당신을 아무것도 모르는 호구로 여길 수도 있기 때문이다.

작물은 토양과 기후, 특수작물 재배는 신중히 결정하라

최고라는 아이템에 귀가 솔깃해지면 이미 반은 넘어간 것이다

농장의 경지 정리를 하면서 굴삭기 업체 대표를 통해 B를 알게 되었다. 그는 특별한 직업은 없었지만 항상 바쁘게 사는 듯 보였다. 나이는 나보다 한 살 위였으나 늘그막에 한 살이 뭐가 중요하냐며 친구 하자고 했다. 한 달 정도 지나 시도 때도 없이 전화하더니 집에까지 초대했다. 식사도 하면서 만난 횟수만큼 친분을 쌓아 나갔다.

그러던 어느 날 B는 절친 후배라면서 K와 만나는 식사 자리에 나를 합석시켰다. K는 전국을 무대로 종묘와 모종 사업을 한다고 했고 그 자리에서 아주 특별한 묘목 얘기가 나왔다. 그렇잖아도 농장에 뭘 심을까 알아보던 차에 대박 아이템(?)을 만나는 순간이었다. B는 공동으로 묘목 사업을 하자면서 묘목값 일부를 투자하겠다고 말했다. 이후부터 B의 입에서는 나의 농장 터를 가리켜 '우리 농장', '우리 사업'이라는 말이 자연스럽게 나왔다. 그렇게 특수한 묘목을 만나게 되었다.

유혹은 언제나 달콤하고 공짜 치즈는 쥐덫에만 있다

얼마 후 K로부터 좋은 아이템이라면서 소개받았다. 아직 우리나라에 널리 알려지지 않은 묘목인데 미리 보험들어 놓는다 생각하고 심어놓기만 하면 몇 년 후 돈이 된다는 것이었다. 심기만 하고 그냥 두는데 돈이 된다니 솔깃해서 들은 대로 자료를 검색해 보니 그럴 듯했다.

꽃은 3차례에 걸쳐 처음 녹색에서 2~3일간 황색으로 변했다가 최종적으로 주홍색으로 피는데 아름답기 그지없다. 군락을 지어 심는다면 벚꽃길은 명함도 못 내밀 정도로 화려하다. 나무는 관목으로 8미터까지 자라는데 잎사귀부터 목질까지 약용이라고 나와 있다.

중국이 원산지로 최고급 악기를 만드는 데 사용하는 이 나무는 가뭄에도 잘 견디며 생명력이 강해 잘 자란다고 했다. 열매는 모과만 한 크기로 달리는데 그 속에는 30~50개 정도의 도토리 알 만한 열매가 들어 있어 구워 먹으면 헤이즐럿보다 맛있다고 한다. 나무가 4년생 이상 되면 한 그루에서 열매가 10개 이상 달리고 과육은 59%가 기름으로 불포화지방산 90% 이상의 최고급유라고 하니 혹하지 않을 수 없다.

국내 학자들도 몇 건의 연구 논문을 발표했으나 아직까지 국내에서 재배 붐이 일어나지 않은 나무였다. 더욱이 과거 북한에서 통치자가 들어와 북한 주민에게 식용유 공급을 위해 이름까지 북한식으로 하사하면서 장려하고 있었다. 여러 가지 알아보며 마음속으로 갈등하고 있는데 며칠 후 전화가 왔다. 여러 곳에서 주문이 쇄도해 빨리 계약하지 않으면 내년 봄 묘목을 못 줄 수도 있다고 했다. 내친김에 4,000주를 덜컥 계약했다.

어느 봄날 갑자기 내일 묘목을 배달하겠다고 연락이 왔다. 바로 B에게 전화했지만 받지 않고 부랴부랴 인부를 찾아봐도 바쁜 철이라 하루 만에 일할 사람을 구하지 못해 이장님에게까지 도움을 요청했다.

묘목을 심어주기로 자처한 조경회사 C대표는 배달된 묘목을 보더니 당장 반납하라고 했다. 묘목을 상자에 얼기설기 담았고 트레이에서 뿌리가 완전히 배배 꼬인 이런 나무는 뿌리를 내리지 못하고 죽는다는 것이었다. 하지만 일확천금에 눈먼 내 고집을 당하지 못했다. 그렇게 이틀에 걸쳐 묘목을 심고 스프링클러를 신나게 틀었다. 뿜어대는 물줄기가 하늘에 무지개를 만들어 돈방석에 앉는 내일이 기약되는 듯했다.

내가 직접 경험한 것은 아니지만 농민들이 실패한 사례로 비타민 나무와 아로니아가 있다. 비타민 나무 열매는 비타민 성분이 있다고 소개되어 한때 묘목이 없어서 못 팔 정도였다. 그렇게 심은 나무가 열매를 맺고 보니 열매 가공에 비용이 너무 많이 들어서 우리나라 노임으로는 타산이 맞지 않았다. 결국 안타깝지만 뽑아야 했다.

아로니아도 유사한 실패 사례로 과육의 항산화 성분 효능이 홍보되면서 한때 정부 지원하에 유행처럼 많은 농가가 심었다. 눈치 빠른 사업가들은 해외에서 분말을 대량으로 수입해 수요보다 과다한 공급으로 결국 가격은 폭락했다. 과거 정부 지원금으로 심던 묘목이 몇 년 전부터는 나무를 뽑아내는 데 정부가 지원하는 실정이 되었다. 특수작물 재배의 대표적인 실패 사례 중의 하나다.

땅이 정직하게 하려면 내가 땅을 알고 활용해야 한다

4월에 식재한 묘목 중 일부는 이미 지난겨울 동해를 입어 죽은 묘목이었고, 그나마 50% 정도 잎이 조금씩 나온 상태에서 스프링클러로 일주일에 2회 정도 물을 줬다. 잡초를 뽑아내고 온 정성을 다해 보살폈는데, 여름 장마가 지나자 시름시름 말라가기 시작했다. 그리고 10월을 넘어서자 반 이상이 누런빛을 띠며 말라갔다. 정성이 부족했나 하며 나무의 특성을 알아봤다.

뿌리에 물주머니가 있는 나무는 물 빠짐이 좋은 땅에 심어야 한다. 우리 농촌에서 많이 재배하는 나무 중 두릅과 음나무가 있다. 나무뿌리 자체가 많은 양의 수분을 저장하고 있어 물 빠짐이 좋은 땅에서는 가뭄에도 잘 자란다. 그러나 진흙땅처럼 물 빠짐이 좋지 않은 땅에서는 보유한 수분에 토질까지 수분을 머금어 성장 활동이 정지되고 장기간 지속되면 뿌리가 썩어 결국에는 죽고 만다.

경험 없이 나무의 특성을 고려하지 않고 묘목을 심어 정성을 다해도 나무가 자라지 않는다는 것을 알았을 때는 너무 늦었다. 모든 작물도 마찬가지로 고유의 특성과 생육 조건을 고려해 재배해야 한다.

특수작물 재배는 충분히 알아본 후 시간을 두고 시작하라

조경회사 C대표에 의하면 특수작물 묘목이나 종자를 판매하는 일부 인성이 좋지 않은 업자는 초원에서 만만한 먹잇감을 찾는 맹수와도 같다고 한다. 처음부터 이빨을 드러내는 맹수가 아니라 너무나 상냥하고 친절한 얼굴로 다가온다. 당신은 나에게 선택되었으니 특혜를 준다는 식으로 시작해 대충 심어 관리하면 고소득이 가능하다고 유혹한다. 농사 경험이 없는 초보 농부들이 쉽게 유혹에 넘어가는 데는 사전에 경계심을 허무는 연결책의 역할도 한몫을 한다.

쉽게 고소득을 얻는 방법을 제시하면 일단 경계해야 한다. 특히 특수작물은 조심해야 한다. 아직 잘 알려지지 않아 효능 홍보도 어렵고 유통 체계가 확립되지 않아 실제 판매에도 많은 애로가 따른다. 국내에서 검증되지 않은 작물은 재배와 관리 자료가 없어 스스로 시행착오를 겪으며 체득해야 한다. 나무의 특성에 따른 생육 조건으로 기후와 환경, 관리 방법을 확인한 다음 추진해야 한다.

결국 K는 묘목 심은 현장을 둘러본 후 이미 죽은 상태로 납품된 묘목 가격의 40% 정도는 돌려주었다. 하지만 그동안 들인 노력과 정성은 헛일이 되고 말았다. 의도적으로 속이려고 죽은 나무를 납품한 것은 아니다. 그도 처음 납품하다 보니 경험이 없었고 두고두고 미안해하면서 봄에 눈이 틔기 시작하는 묘목 150여 그루를 추가로 주었다. 지난 가을에는 현재 생육 상태를 물어보더니 다시 미안해하면서 돌아오는 봄에 다시 2~3년 생 묘목을 추가로 주겠다고 했다.

 가장 큰 문제는 내 무지의 발로였다. 국내에서 재배 경험이나 시험 재배의 결과가 없는 특수작물은 함부로 시작해서는 안 된다. 알지 못하는 길임에도 알 것 같은 마음으로 다가섰다가는 쪽박을 면치 못한다는 것을 명심해야 한다.

안전사고 대비는 철저할수록 좋다

농촌에서 발생 가능한 안전사고는 다양하다

살아가면서 사고는 언제 어디서 일어날지 알 수 없다. 며칠 전 강원도 양양에서 산불 계도 비행을 하던 민간 헬기의 추락 사고를 접하며 가슴이 아려왔다. 사고는 한번 발생하면 회복하고 치유하는 데 많은 시간이 필요하다.

안전사고는 '안전 교육의 미비, 또는 부주의로 일어나는 사고'를 말한다. 농촌에서도 각종 안전사고 요소가 잠재되어 있어 미리미리 예측하고 대비해야 한다. 특히 장비를 활용한 작업은 조작하기 전에 주의 사항을 충분히 숙지하고 활용해야 한다. 사전에 충분한 교육과정을 통해 안전 위해 요소를 인지하고 대비해야 하는데, 농촌 특성상 일손은 부족하고 바쁘다 보니 무시되는 경우가 종종 발생한다. 인생 2막을 꿈꾸며 행복을 추구하는 귀농귀촌에서 기본적으로 해야 할 것이 안전사고 예방이다.

우선 경운기와 트랙터, 사륜 오토바이 등 자력으로 이동하는 장비는 구입 시 평지에서 충분한 조작 및 안전관리 요령을 숙지해야 한다. 또한 전동 톱이나 예초기 등 휴대 장비는 조작 전에 안전 장구 착용과 안전수칙 준수를 생활화해야 한다.

해충 피해와 농기구 사용, 절개지 등에서 발생할 수 있는 피해의 대부분은 철저한 안전수칙 준수만으로 예방할 수 있다. 대표적인 예가 말벌이다. 농막이나 주택 근처에 간혹 말벌도 따라 집을 짓는 경우가 있다. 이때 초기에 안전 장구를 착용하고 제거해야 한다. 독사와 지네 등은 가능하면 장화를 착용해야 한다. 낫으로 풀을 베면서 장갑을 착용하는 등 기초적인 안전 수칙을 이행하지 않다가 치명적인 사고로 이어질 수 있다.

농사일에 각종 작업 도구를 사용할 때는 주위 행동 반경 내에 사람이 있는지 확인하는 것도 중요하다. 집중호우 시에는 소하천 주위나 절개한 경사지 아래는 특히 주의해야 한다. 동계에는 도시와 달리 적시에 염화칼슘 살포나 제설 작업이 어렵기 때문에 결빙 지역 운행에 주의해야 한다.

예초기를 조작하며 제초 작업 중 장수말벌의 공격을 받았던 사고

지난 초가을 긴 장마에 잡초들만 좋은 세월 만났는지 쑥쑥 잘도 자랐다. 요즘 농촌에는 과거에는 못 보던 외래종 잡초가 넘쳐난다. 덩굴이 나무 전체를 덮으며 자라 가을이면 스치기만 해도 작은 가시가 온몸을 찌르는 '가시박'과 키가 2미터 이상 자라 제거하지 않으면 농작물과 나무의 성장을 방해하는 '돼지풀' 등은 그때그때 제초해야 한다.

그날도 예전처럼 안면보호 캡을 착용하고 엔진 예초기 시동을 걸었다. 밭과 밭 사이 경사면에 꾸지뽕나무 묘목이 잡초에 가려 성장을 방해하므로 잡초를 제거해야 했다.

장맛비에 잡초 대가 굵어져 엔진 출력을 최대로 올리고 작업하는데 10분쯤 지나자 갑자기 눈앞에 매미 비슷한 것이 다섯 마리 정도 나타났다. 이내 붕붕하는 소리와 함께 모자 쓴 정수리와 목뒤가 따끔따끔했다. 예초기는 최고 출력으로 칼날이 돌아가고 머리 위에서는 말벌이 계속 공격해 왔다. 순간 당황하며 한 손은 예초기를 잡은 채 한 손으로만 쫓아내며 뒷걸음질을 했다. 간신히 예초기 시동을 끄고 벗어던지면서 그 자리를 피했다. 10미터 이상 벗어나서 현장을 보니 50~60마리 정도 되는 장수말벌이 아직 공중을 날아다니고 있었다.

정신을 차리고 119에 말벌집 제거 요청을 했다. 7분쯤 지나 대형 소방차와 대원 5명이 도착해 본격적인 제거 작업에 들어갔다. 보호 장구를 착용하고 공중에 날아다니는 놈들부터 잡더니 이내 벌집에 고독성 농약을 살포하고 제거해 발로 밟아 마지막 정리를 했다.

소방대원이 돌아가고 한숨 돌리니 머리와 얼굴이 부어오르기 시작했다. 곧장 병원에 가서 진료받고 약을 처방받아 돌아왔으나 눈을 뜨기 어려울 정도로 부어 계속 작업할 수 없었다. 매년 가을이면 벌초나 농사일을 하다 말벌에 쏘여 사망했다는 뉴스를 접한다. 나를 공격한 장수말벌은 국내에 서식하는 말벌 중 가장 큰 종으로 독성도 가장 강해 쏘였을 때 응급처치가 늦으면 사망에 이를 수 있다. 소방청 발표에 의하면 2017~2018년 예초기 안전사고 구급활동은 이송 건수 1,138건으로 연평균 569건, 월평균 47건이었다. 이 중 벌에 쏘인 사망자 45.5%와 예초기 사고 45.6%가 9월에 발생했다.

이에 대한 예방 대책으로 농기구나 예초기를 사용하기 전에 미리 작업 장소를 돌아보고 특히 양지바른 경사면에는 멀리서부터 말벌이 있는지, 작업 통로에 구덩이나 장애물 등 위험 요소가 없는지 확인하고, 작업 전 안전 장구를 반드시 착용해야 한다.

예방이 최선이지만 만약의 우발 상황에 대비하라

안전사고는 예방이 최선이지만 불가피한 상황에 대비해야 한다. 평소에는 정상적인 판단을 할 수 있지만, 갑자기 사고가 발생하면 당황해서 순간 공황 상태에 빠질 수 있다. 이런 순간을 대비해 도움받을 이웃과 이장, 119, 가까운 병원, 행정복지센터, 경찰서 등 비상 연락처를 저장해 두는 것이 좋다. 우발 상황 대비 계획으로 매뉴얼을 작성하는 것도 좋은 방법이다. 발생 가능한 여러 상황을 상정해 어떻게 할 것인가를 평소에 작성해 두었다가 즉시 활용한다.

현재 활용하는 장비는 목록별로 관리하고 계절별 발생 가능한 상황을 모델별로 작성한다. 구체적으로 상황이 발생하면 즉각 실생활 응급처치와 응급조치 내용을 적는다. 구급약을 구비해 두는 것도 필요하다. 추가로 어떤 외부 기관과 부서에 어떤 내용의 도움을 요청할 것인지 구체적으로 기록해 두는 것도 유용하다.

안전사고보다 더 무서운 것도 있다. 바로 쉽게 생각하다가 사망에 이르는 '살인진드기'다. 이 진드기에 물리면 '중증열성혈소판감소증후군' 증세를 보이는데, 치명률 18%로 생명까지 위협한다. 아직까지 이 증후군에 대한 백신이나 치료제가 없어 예방이 가장 중요하다. 농촌에서는 풀숲에서 작업하거나 이동하기 전에 반드시 진드기한테 물리지 않도록 예방하는 노력이 필요하다.

TV를 보면 농촌에서 젊은이들이 반바지와 반팔 티셔츠를 입고 '농사짓는 척'하는 장면을 볼 수 있다. 그것은 진드기에게 '나 좀 물어줘' 하는 패션이다. 농촌에서는 여름철에도 가능하면 위아래 모두 긴 옷을 입는 것이 좋고, 야외활동이나 나무 밑에서 일할 때는 반드시 기피제를 뿌려야 한다. 장화 신은 발부터 다리, 손과 팔, 머리와 목 부분까지 골고루 뿌려 진드기의 접근을 원천 차단한다.

평소 안전사고 예방을 위해 치밀하게 대비하고 준비하라

지난가을 장수말벌에 쏘인 사고를 생각하면 지금도 아찔하다. 혼자 작업하면서 고속으로 회전하는 예초기에 의해 제2의 사고가 일어날 수도 있었다. 몇 해 전 가족과 함께 벌초하던 E가 돌에 맞아 부러진 예초기 날 조각이 가슴으로 날아와 폐와 간이 손상되어 병원으로 후송 도중 과다출혈로 사망하는 사고가 있었다. E의 사망은 매우 안타까운 일이었다. 가족과 함께 있었던 덕분에 재빠르게 후송할 수는 있었지만, 워낙 치명적인 부상으로 목숨을 잃고 말았다.

어떤 경우에는 혼자 작업하다가 후송조차 되지 못하고 사망하는 일도 벌어진다. 농촌에서 장비를 사용해야 하는 위험한 작업에는 가능하면 2인 1조로 움직이는 것이 안전하다. 또한 불가피한 사고를 대비해 이웃과의 관계를 돈독하게 유지하는 것도 잊지 않아야 한다. 이웃사촌이 형제보다 더 큰 도움이 될 수 있다는 것도 명심하자.

황혼이혼,
남의 일 아니다

100세 시대에 급격히 증가하는 황혼이혼, 남의 일이 아니다

한때 일본에서 유행처럼 번진 황혼이혼은 이제는 남의 나라 이야기가 아니다. 물론 이혼 자체를 나쁘다고 말하는 것이 아니다. 고생하면서 살 만큼 살다 나이 들어서 하는 이혼이 봇물 터지듯 일어나는 현상이 안타까울 뿐이다. 황혼이혼의 기준은 결혼 지속 기간을 고려해 통상 20년으로 본다.

통계청이 발표한 국내 황혼이혼 추이를 보면 2017년 3만 3,100건에서 2021년에는 7만 8,772건으로 통계상으로 보면 2배 이상 증가한 수치다. 2021년 기준 전체 이혼의 39.4%가 황혼이혼이다. 더욱 놀라운 것은 결혼 기간 30년 이상인 부부의 이혼도 1만 7,867건으로 전년 대비 7.5% 증가했다는 점과 혼인 지속 기간이 조금씩 길어지는 것 역시 또 다른 변화다.

국내 황혼이혼 추이					
구 분	2017년	2018년	2019년	2020년	2021년
황혼이혼 건수	3만 3100	3만 6300	3만 8400	3만 9700	7만 8772
혼인 지속 기간 평균(년)	15.0	15.6	16.0	16.7	17.3

출처: 통계청

황혼이혼에 대한 사회 인식도 별반 다르지 않다. 〈조선일보〉의 '행복한 노후 탐구'가 2021년 7월 SM C&C 설문조사 플랫폼인 '틸리언 프로(Tillion Pro)'에 의뢰한 황혼이혼 관련 조사 결과가 이를 뒷받침하고 있다. "노부부의 황혼 이혼… 그 다음에 벌어지는 일들"(〈조선일보〉, 2021. 12. 4.)에 따르면 50대 남녀 227명을 대상으로 "주변의 황혼이혼에 대해 공감하느냐"는 질문에 그렇다고 답한 응답자는 57%였다. 또한 "살면서 이혼을 생각해 본 적이 있느냐"는 질문에도 응답자의 65%가 그렇다고 대답했다. 일반적인 시각이 부정적이지 않다는 결과다.

왜 꾹 참고 살다가 은퇴 시점에 황혼이혼을 하는가

과거 결혼식에서 통상적으로 들던 '검은 머리 파뿌리 될 때까지 살아라'는 말은 옛말이 된 지 오래다. '살 만큼 살았는데 무슨 이혼이야?' 하다가는 낭패를 보기 쉽다. 이혼하는 두 사람만의 속사정을 속 시원하게 알 수는 없지만, 현재의 관계를 지속하고 싶지 않은 이유가 있을 것이다. 그 이유야 다양하겠지만 서로 불신하게 된 계기가 있지 않았을까 생각된다.

하지만 앞에 소개한 〈조선일보〉 기사에 따르면, 일본에서는 "황혼이혼의 70% 이상은 여성들이 '인내심이 바닥났다'면서 먼저 제안"한다고 한다. 일본도 우리나라 부모 세대처럼 결혼하면 남성은 권위적으로 행동하는 반면 여성은 순종적으로 살아간다. 꾹 참고 살다가 더 이상 참을 수 없어서 이혼을 요구하는데, 남편의 은퇴 시기와 맞아떨어지다 보니 아내와 가정보다 직장에 매달려온 남편은 당황할 수밖에 없다.

이 기사를 보고 일본과 우리나라의 황혼이혼의 이유가 다를 수 있다고 느꼈다. 우리나라는 결혼 후 많은 여성들이 일본처럼 순종적이기보다는 곧바로 씩씩하고 강단 있는 '아줌마 기질'을 발휘하기 때문이다.

2021년 통계청 자료에서 황혼이혼이 갑자기 증가한 것은 코로나19의 영향으로 보여진다. 재택근무가 일상이 되면서 하루 세끼를 꼬박꼬박 챙기다 감정이 폭발하지 않았을까 짐작해 본다. 결혼생활이 지속되면서 남편에게 서운한 감정이 있어도 아내 나름의 역할과 여러 가지 문제를 해결하느라 분주하게 살아왔다. 그러던 중 코로나19를 계기로 남편이 재택근무를 하면서 아내들은 어쩌면 은퇴 이후 남편과 같이 지낼 시간을 미리 체험해 보지 않았을까? 하루 종일 얼굴 보며 살아갈 것을 생각하니 걱정과 우려가 앞서지 않았을까?

그럼에도 희망이 되는 농어촌 통계 자료

늦은 시간 악기 연습을 마치고 나오는 복도 중간 방에는 밤 10시가 지나도 불이 켜져 있고 사람들의 이야깃소리가 들린다. 어느 동창회 간판이 붙어 있어 대충 어떤 사람들인지 안다. 가끔 마주치면 인사 정도만 하고 지나치는데 늦은 시간까지 집에 들어가지 않는 이유가 궁금했다. 한참 후에야 황혼이혼과 연관성이 있을지도 모른다는 생각이 들었다. 은퇴 이후의 삶에서 터득한 나름의 생존 방법이 아닐까.

농촌진흥청이 진행한 2021년 '농어업인 등에 대한 복지 실태조사'에서 작은 희망을 보았다. 2021년 3,984명을 대상으로 실시한 '농어업인에 대한 복지 실태조사'에 따르면 '이유가 있어도 이혼하지 않아야 한다'가 43.2%로 '이혼해야 한다' 18.9%보다 2배 이상 많은 것으로 나타나 일반적으로 이혼하지 않는 것에 더 찬성하고 있었다.

이혼하면 안 된다고 답한 세부 항목을 보면, '어떤 이유라도 이혼해서는 안 된다'가 10.6%이고, '이유가 있더라도 가급적 이혼해서는 안 된다'는 32.7%였다. 또한 '경우에 따라 이혼할 수도 있고, 하지 않을 수도 있다'는 33.4%였다.

주목할 부분은 조사 대상 인원 중 여성(2,294명)이 남성(1,690명)보다 많은데도 '이혼하지 않아야 한다'는 항목에서 남성 39.5%, 여성은 45.9%로 여성의 비율이 6% 높았다는 점이다. '이혼해야 한다' 역시 여성이 남성보다 낮았다. 왜 이러한 결과가 나왔을까? 물론 각자의 견해는 다를 수 있다.

2021 농어업인 등에 대한 복지 실태조사(이혼 관련)					
구분	대상 인원	하지 않아야 함	경우에 따라	해야 한다	잘 모름
계	3,984	43.2	33.4	18.9	4.4
30대 이하	693	19.0	50.1	29.6	1.4
40대	700	25.4	43.1	25.3	6.2
50대	886	41.5	33.8	18.8	5.9
60대	776	50.7	28.4	17.0	3.8
70대 이상	928	70.2	17.5	7.6	4.6
남성	1,690	39.5	35.8	19.3	5.4
여성	2,294	45.9	31.7	18.6	3.7

출처: 통계청

 하지만 내 경험상 농어촌에서 부부의 역할은 구분됨에 따라 부부 일심동체를 체험했기 때문이 아닐까? 농어촌에서는 부부가 협력해 좋은 결과를 이루는 노력이 계속되는 일상이다. 함께 있는 시간이 많아도 각자 해야 할 일이 있고 힘들게 일해도 성취를 통해 행복을 느끼기에 이혼에 대한 보수적인 사고와 동반자적 인식을 갖고 있지 않을까?

전문가들이 권하는 잘 사는 방법과 멀티해비의 상관관계

 황혼이혼의 상처는 남녀 모두에게 나타나지만, 남성이 느끼는 충격이 더 크다고 한다. 불가피한 상황에서는 어쩔 수 없는 일이지만 이혼은 개인과 가족에게 상처를 남기며 국가적으로도 손실이 크다.
 전문가들은 같이 생활하면서 부부간의 갈등을 완화하는 방법으로 개인만의 공간을 가지라고 한다. 각자 자신이 소중하게 생각하는 부분이 있고, 나이가 들어도 자신만의 공간에서 하고 싶은 일을 할 수 있어야 한다. 젊을 때는 눈만 마주쳐도 좋았는데 나이가 들면서 잠잘 때만이라도 혼자서 편하게 자고 싶어 한다. 이러한 경향은 침대 구매에서도 나타난다. 신혼 초기 더블베드를 사용하던 부부가 나이 들면서 싱글베드로 2개 구매하는 사례가 늘어나고 있다.

침대 2개를 구매하는 대신 멀티해비를 실천하는 것도 해결 방법이 될 수 있다. 비단 대도시에 살면서 부딪히는 문제만은 아니다. 소도시에 살아도 다툼 없이 오래 함께 가는 방법이 도시 외곽의 왕래형 주택이다. 혹자는 '왜 편한 집 놔두고 두 집 살림을 하느냐'고 하겠지만 은퇴 이후 먹는 것과 입는 문제를 직접 해결할 자신이 없다면 후회하지 않는 방법을 택할 것을 권한다.

노후에 부부가 공통 관심사를 가지는 것도 중요하다. 가령 자식들이 출가했거나 독립해 나가면 반려묘나 반려견을 키우면서 서로의 서먹함과 상실감을 달래는 방법이다.[14] 우리 농장에도 야생동물에 의한 피해 때문에 지난 4월 암컷 강아지를 데려왔다. 가족의 의견을 모아 '복희'라고 이름 지어주고 부를 때는 글로벌하게 보키(Boki)라 부른다. 현재 성견이 되었는데 코가 새까맣고 털에 윤기가 흐르는 것을 보면 아내가 단골 정육점에서 사다 정성 들여 먹인 고기 덕분이 아닌가 싶어 새삼 고마운 마음이 크다.

이제 은퇴 이후 할 일 없이 세끼 얻어먹기보다 멀티해비를 실천하면서 작은 방 2개를 만들어 반려견 한 마리 키우면서 산다면 은퇴 이후가 더 행복한 삶이 될 것이다. 내 경우에도 가족과 가정보다 직장과 일에만 열심이었으니 은퇴 후 귀농하기 잘했다는 생각이 든다(얼마 전 아내가 오래된 침대를 바꾸자고 해서 따라갔는데 다행히 더블베드였다).

새로운 환경에
적응할 준비를 하라

자연환경과의 공존을 통해 새로운 세계를 경험하라

　도시 생활에서는 창을 열어야 바깥의 공기를 마실 수 있고, 교외로 나가야 자연을 만날 수 있었다. 그러나 농촌에서는 한 발짝만 내디뎌도 자연과의 만남이 이뤄진다. 아침 산책길에 만난 야생화가 날마다 새롭고, 넘어가는 저녁놀이 아름답다는 것을 새삼 느낀다.

　그러나 변화하는 환경은 언제나 두려움이 앞선다. 지금까지는 내가 원하지 않는 변화였기에 두려웠지만, 귀농귀촌은 내가 선택한 것이기에 즐겁고 여유로운 삶이 되어야 한다. 물론 농막이나 집 주변에 지은 거미줄을 치우는 수고로움이 있지만, 어느 날 텃새가 처마 밑에 둥지를 틀고 새끼 치는 모습을 상상해 보라. 무단 주거침입이지만 그렇게 반가울 수 없다. 여기저기 이 소식을 알리며 즐거워하는 당신의 모습을 상상해 봤는가? 부지런히 마른 풀을 날라 오더니 어느 날 어미는 새끼 먹이느라 지지배배 소리 내며 더 바쁜 모습에 나도 덩달아 바빠진다. 그 모습을 카메라에 담고 영상으로 남겨 여러 사람들과 나눠보는 재미 또한 수고로움보다 몇 곱절 기쁨을 준다.

건강하게 자란 새끼를 데리고 둥지를 떠날 즈음에는 텃밭에 땅을 뚫고 올라오는 새싹의 경이로움도 보게 될 것이다. 나는 그저 뿌리기만 했는데 봄비가 촉촉이 적시더니 따뜻한 바람이 땅을 데워 싹을 틔우면 이게 농촌 생활이구나 하는 생각이 드는 순간이다.

농촌에서는 내가 스스로 계획하고 추진하며 감독하는 관리자다

은퇴 이전까지 가정의 관리자는 아내였다. 그러나 귀농을 결심하면서 아내는 내게 통장을 건네주었다. 농장을 관리하려면 목돈이 많이 들어가니 신경 쓰지 말고 마음먹은 대로 하라고 했다. 지금까지 세금 한번 내본 적 없는데 하나하나 직접 해보니 소소한 지출이 이렇게 많은지 미처 몰랐다. 농장을 운영하며 예산을 관리하고 저녁이면 하루 결산을 하며 새로운 터전에서 삶이 결코 쉽지 않음을 알아간다.

지금까지 직장에서 내가 부여된 업무를 했는데 이제는 일손이 필요하면 내가 사람을 쓰면서 일당을 주며 관리해야 한다. 지금까지 몰랐던 다양한 사람들을 본다. 내 생각보다 더욱 근사하게 해놓는 사람이 있는가 하면 말귀를 못 알아듣는 사람도 있다. 삽질이나 괭이질을 나보다 더 열심히 하는 일용직 근로자가 있는가 하면, 내가 다섯 번 삽질할 때 한두 번 끄적거리는 사람도 있다. 저마다 다른 사고방식과 능력을 가진 그들을 독려해 목적에 맞게 성과를 달성하는 방법도 배워간다.

스스로 농장관리자라고 하기에는 아직 어설픈 부분이 많지만, 세상은 혼자 살아갈 수 없다. 새로운 것을 잡기 위해서는 지금까지 꽉 잡고 있던 것을 놔야 함을 겸허하게 받아들인다. 묘목을 심으면 죽는 것도 있고 살아남는 것도 있다. 정성이 부족해서 죽는 것이 아니듯이 정성이 넘친다고 사는 것이 아니라는 것을 몇 년이 지나서야 어렴풋이 알게 되었다. 심는 것은 내가 하지만 키우는 것은 하늘이다. 농막을 관리하고 부서진 곳을 직접 수리하며 내 생각대로 농장을 가꾸고, 예산 범위 내에서 새로운 일을 계획하며 훗날 큰 그림이 될 작은 부분에 물감 칠하듯 농장관리자 연습을 한다.

바뀐 환경과 계절의 변화에 긍정적으로 적응하라

농촌 생활의 장점을 찾아 새로운 변화에 적응하면 많은 시간을 절약하게 된다. 흔히 귀농귀촌인들이 처음 느끼는 농촌에 대한 소회는 '문화적 충돌'이다. 정확한 표현은 도시와 다른 환경에 따른 문화 여건의 차이일 것이다. 또 어려운 점이 뭐냐고 물으면 자장면 배달, 멀리 있는 편의점, 병원과 영화관을 이용하기 불편한 것을 꼽는다.

과거 도시 생활에서 필요한 물건이나 물품이 있으면 바로 집 앞 편의점에서 구입했고, 필요한 음식은 배달시켰다. 그렇게 편리한 생활을 해왔던 반면 자연의 소중함은 대부분 모르고 살았다고 해도 과언이 아니다. 편리한 생활 공간에서 전원의 아름다움을 본 적 있느냐고 반문하고 싶다. 생각을 바꾸면 되는데 우리는 언제나 가진 것보다 더 갖고 싶어 한다.

지금까지 도시에서 보지 못했던 풍경 속에서 생활하며 마트에 가서 사야 했던 채소를 내 밭에서 마음대로 얻을 수 있다면 생활의 패턴이 변화한 것일 뿐 불편한 것이 아니다. 세상을 살면서 감수할 수 있는 것과 감수하지 못할 것이 있는데 마트에 다섯 번 갈 때 한 번 가면 그만큼 시간을 절약했다고 인식하면 된다.

인간은 언제나 어려운 환경을 극복하면서 생존해 왔다. 영화를 보고 싶은데 영화관이 너무 멀다면 집에 영화관을 차리면 된다. 벽면에 흰 페인트를 칠하고 고성능 빔프로젝터를 이용해 넷플릭스로 영화 한 편을 본다. 팝콘 한 봉지 튀겨내면 영화관에서 보는 듯한 분위기를 연출할 수 있다. 관람료와 이동 시간이 절약되는 것이다.

도시 생활에서는 세탁소에서 다림질까지 마친 옷을 입었다. 반면 농촌에서는 세탁기 돌려 마르면 툭툭 털고 입으면 된다. 이런 작은 부분부터 생각을 바꾸면 농촌 생활이 풍요로워질 것이다. 그렇게 절약한 시간에는 취미생활을 하면 된다.

일상을 조화로운 하모니로 연출하는 오케스트라 지휘자가 돼라

농촌 생활에서 가장 큰 보람은 내 의도대로 하고 싶은 것을 한다는 것이다. 물론 법 테두리 내에서 장기적인 농장 운영 계획을 수립하고 한 단계씩 나아간다. 지금까지 도시에서 내 의도와 상관

없이 다람쥐 쳇바퀴 돌듯이 반복적인 삶을 살았다면 농촌에서는 의도한 대로 삶을 꾸려간다.

우거진 잡목을 제거하고 경사지를 메워 좋아하는 과일나무를 심고 장기적인 조경을 고려한 수종을 위치에 따라 심어 가꾼다. 농막 가까운 텃밭에는 채소를 심고 큰 나무 아래에는 장뇌삼 씨도 뿌려본다. 이웃의 삶을 존중하고 내가 먼저 손 내밀어 베푸는 것이 손해 보는 일이 아님을 알아가는 과정이다. 농장에는 3년 전부터 오갈피 열매가 달렸는데 작년부터 새들과 나눠 먹자고 따지 않았더니 하루에 몇백 마리 오는지 셀 수 없다. 지저귀는 새들을 언젠가는 내 의도대로 따라오도록 하고 싶다는 것은 괜한 욕심인가?

이제는 한동안 불편하다고 생각했던 일들이 적응되자 남는 시간에 반려견과 산책하고 색소폰 연습을 한다. 한번쯤 귀농귀촌을 생각한다면 불편함 속에 얻는 것도 있음을 알아야 한다. 불편함을 해소하는 방법도 얼마든지 있다는 것을 인식한다면 내가 살아가야 할 땅으로서 농촌이 다시 보인다.

지금까지 인생에서 내 역할에 충실하며 동료와 호흡을 맞추는 배우로 살았다면 이제는 농사를 기획하고 추진 계획을 세우고 연습시켜 무대에 올리는 감독이자, 내 농장의 모든 소리를 아름답게 하나로 만드는 오케스트라 지휘자가 되어보는 것이 어떨까?

5장

나는 치유농장을 꿈꾼다

다시 시작하는 반백년을 어떻게 해야 하나

소소한 기쁨의 눈으로 새로운 세상을 보자

은퇴 후에 잘 사는 방법은 뭘까? 정답은 없다. 우리는 모두 다르기 때문이다. 사물과 현상을 대하는 시각, 중요하게 생각하는 가치, 성취와 행복의 기준이 다르다. 통장 잔고를 확인하면서 '아직도 이만큼 남아 있구나' 하는 것과 '이것밖에 안 남았나'라고 하는 것의 차이는 크다. 100세 시대를 생각하면 이제 반환점에 서 있다. 치열하게 뛰어가던 길을 멈추고 설익은 피 끓는 열정보다 중년의 여유가 필요한 시점이다.

지금까지 보지 못하고 느끼지 못했던 새로운 눈으로 보니 못 보고 지나쳤던 것은 관심과 관점의 차이 때문이었다. 삶의 환경이 농촌으로 바뀔 때 무엇을 보고 무엇을 느끼며 살 것인가? 불편함을 볼 것인가, 경이로움을 볼 것인가? 재미와 즐거움을 느끼려면 어린아이의 시각으로 세상을 봐야 한다. 호기심으로 보면 세상 모든 것이 새롭고 신비스럽다. 아이의 시각으로 보면 세상이 재미있고 즐거운 것투성이다.

내가 땅을 고르고 모종을 심으며 가꾼 열매가 내 식탁에 올라오는 경이로움을 느끼고 상상해 보라. 어느 날 꽃이 피고 지더니 열매가 맺혀 그것을 수확하는 경이로움 말이다. 농촌 생활을 관찰일기로 써도 좋고 사진이나 영상을 남겨봐도 좋다. 글로 적으면 책이 될 것이고 영상은 콘텐츠가 된다.

그동안 마트에서 한 팩 사다 먹으면서 미처 느끼지 못했던 생명의 신비로움과 농부의 노고를 새롭게 느낄 것이다. 레스토랑에서 조리된 음식과 와인을 마시는 것만이 즐거움이 아니다. 내가 직접 키워 식탁에 올리기까지의 재미와 즐거움은 다르다. 이제는 허둥대며 정신없이 지나는 길이 아니다. 천천히 살피는 길에서 꽃과 나비를 보는 여유와 눈을 가지자.

철학박사의 100년 삶의 성찰에서 배우는 다짐

한국 철학의 대부 김형석 교수는 《백년을 살아보니》(덴스토리, 2016)에서 100세를 살아보니 기억력에 의한 성장은 50세에 끝나고, 사고력에 의한 성장은 50세부터 다시 시작된다고 했다. 은퇴 이후의 삶이 인생의 황금기라는 이야기다.

김형석 교수의 말씀 중에 기억에 남는 세 단어는 '일, 공부, 취미'다. '일을 안 하면 인간이 녹슬고', '공부를 안 하면 정신적 기형 장애가 오고', '일과 공부의 교집합이 취미활동'이라고 한다. 평생 일과 공부를 취미활동처럼 했다는 말로 들린다. 그렇게 몸소 실천하는 강연에서 100년 삶의 성찰을 느낀다.

한때 직장 생활을 하며 하루에도 몇 번씩 때려치우고 싶을 때 먼저 나간 선배들은 '그래도 잔소리 들으며 일할 때가 행복한 거야'라고 했던 말이 이제야 이해된다. 인간의 평균수명은 점점 길어지는데 더 일하고 싶어도 몇십 년 전에 만든 사규와 인사 방침에는 정년 나이는 그대로다. 예순 살에 더 일하고 싶어도 하지 못하는데, 노교수는 100세가 넘어도 일감이 넘쳐나는 현실이다. 무슨 차이일까? 그렇다! 잘하는 일, 좋아하는 일을 하기 때문이다. 그는 좋아하는 강연을 준비하며 공부하고, 일하기 위한 공부가 곧 취미활동이다.

은퇴까지 반백년을 출세와 성공을 위해 살았다면, 남은 반평생은 놀면서 먹고사는 세월이 아니다. 나는 농장에 나무를 심기 위해 공부하고, 그것을 취미활동으로 만들어가리라 날마다 다짐한다. 농장에 꽃이 만개하는 날 또 다른 꽃나무를 심기 위한 공부를 계속하려고 한다.

한 번도 가지 않은 길, 하지만 가야 할 길이라면

때로는 가던 길에서 멈춰 설 때가 있다. 특히 처음 가는 길에서 이정표 없는 양갈래 길이 나타나면 난감하다. 인생을 살면서 판단과 결심을 해야 할 때 머뭇거리는 이유는 확신이 서지 않기 때문이다.

어느 철학과 교수님이 통찰력에 대해 강의한 내용이 기억난다. 성공한 기업 오너(Owner)에게는 일반인에게 없는 것 하나가 있는데 그것이 바로 '통찰력'이라고 한다. 기업은 늘 시대 상황에 부합하는 신상품을 시장에 내놔야 하는데 최종 판단을 내리는 사람이 오너이다. '결정권자'인 오너의 판단에 따라 기업이 죽느냐 사느냐가 결정된다. 이 과정에서 오너는 다양한 정보와 통찰력으로 분석할 줄 알아야 한다.

은퇴 후에 가야 할 길은 많다. 해외 봉사를 할 수도 있고, 배낭 메고 세계일주를 떠나는 사람도 있다. 그 길이 내가 살아온 만큼 갈 수 있는 길인가, 아니면 몇 개월 만에 끝나는 길인가를 생각해 봐야 한다. 이제 욜드는 앞으로 최소한 20~30년 할 일을 찾아야 하고, 워라밸을 실현할 수 있는 일이어야 한다. 훗날 나의 선택이 옳았다고 말할 수 있어야 한다. 나를 성찰하면서 아직 가지 않은 길, 이제 반백년을 준비하는 시간이 필요하다.

모두가 쉽게 생각하는 연금소득자의 삶도 녹록지 않다

대학에서 학과는 달랐지만, 병영 입소 훈련을 함께 받으며 지금까지 만나는 동기이자 친구인 K는 연금소득자다. 그런 그도 요즘 하루하루가 녹록하지 않다. 남들이 들으면 연금 받으며 배부른 소리 한다고 할지 모르지만 나름의 사정이 있다. 그는 고등학교에서 교사로 재직하다가 퇴임하고 만 2년이 되어간다. 36년 10개월 근무(이중 군 장교 복무 28개월 합산)하고 30개월 남기고 퇴직했다. 월 연

구분	보험료		경조사비	생활비	부모님 용돈	취준생 자녀	잔액
	건강	개인					
금액	38만 원	80만 원	50만 원	100만 원	20만 원	20만 원	47만 원
계	308만 원						

K의 연금소득 355만 원 대비 지출

금 355만 원으로 넉넉하겠다 싶어 재취업은 생각하지 않았다고 한다. 하지만 연금소득 대비 지출을 정리해 보니 뭔가 대책이 필요하겠다는 하소연이다. K의 지난달 지출 내용을 종합하면 총 308만 원이다.

노후보장성 개인보험료가 있지만 별도로 적금은 들지 못하는 실정이다. 또한 주택 구입 등으로 노후를 위한 예비비도 확보되지 않은 상태였다. 현재 취업준비생 자녀가 곧 취직하면 형편이 조금 나아지겠지만 결혼을 앞둔 상황에서 쉽지 않을 것 같다고 한다. 40만 원으로 각종 모임 회비 내고 지인들과 가끔 만나는 것도 부담스럽다고 한다. 또한 아직은 '할아버지' 하고 부를 손주가 없기에 다행이라는 엄살이다. 다시 시작하는 마음으로 30여 년의 내공을 활용할 재취업과 내가 사는 방법을 권했다.

자연에서 얻는 소박한 행복을 찾아보라

농촌 생활에 적응하면서 생긴 변화는 많지만 자연에서 얻는 소소함도 있다. 방송을 보면 자연에는 한낱 잡초로 여겨졌던 풀이 엄청난 효능을 가진 약초로 소개된다. 현직 한의사가 가운을 입고 임상 사례를 들어가며 친절하게 설명한다. 믿을 수밖에 없는 것은, 쉰 살이 넘으면서 생리활성 기능이 점점 약화되어 아픈 곳 한두 군데는 있기 마련인데, 치료가 되는 것을 보니 신통하게도 효험이 있는 것 같다.

관심을 가지고 관련 서적과 인터넷을 활용하면 내 몸의 증상을 완화하는 약초를 찾을 수 있을 것이다. 현장에서 확신이 서지 않으면 포털사이트에서 검색해 보는 것도 방법이다. 현장에 갈 때는 농약을 치지 않은 곳을 선택하고 독충과 독사에 물리지 않도록 기피제를 뿌리며, 장화를 착용해야 한다. 이렇게 공부해서 터득해 스스로 필요한 약초를 찾아 활용해 보는 것 또한 전원생활의 즐거움이다.

치유농업이 살길이다

우리가 몰랐던 치유농업의 가능성

치유농업은 '치유를 위한 농업의 활용'이라는 의미를 내포한다. 농업진흥청에 따르면 '국민의 건강 회복 및 유지·증진을 도모하기 위해 다양한 농업·농촌 자원을 활용해 사회적 또는 경제적 부가가치를 창출하는 산업'이라고 정의한다. 지난날 농촌 여행은 복잡했던 도시의 일상을 떠나 잠시 쉬는 것이었다. 치유농업은 농촌 체험과 농업 활동에 참여해서 치유하는 것으로 최근 관광 트렌드와 부합하는 참여의 개념이 추가되었다. 코로나19를 거치면서 급격하게 치유 체험의 소요와 관심이 늘어나고 있다.

농업 활동을 통한 치유의 효능이 과학적으로 입증되면서 각 나라에서도 국가의 정책적인 지원 아래 여러 형태로 발전하고 있다. 유럽에서는 치유를 위한 농업의 활용을 사회적 농업(Social Farming), 녹색 치유농업(Green Care Farming), 건강을 위한 농업

(Farming for Health), 치유농업(Care Farming) 등 다양한 용어로 표현한다. 우리는 네덜란드에서 사용하는 치유농업이라는 개념을 채택하고 있다. 농촌의 농장이나 경관이 농업 용도뿐 아니라 많은 사람들에게 정신적·육체적 건강을 회복하는 데 활용되고 있다. 치유농장(Care Farms)은 치유가 필요한 사람들에게 치유 서비스를 제공하는 장소이며, 의학적·사회적 치료가 필요한 사람들을 치유하기 위한 목적으로 농업 활동이 이뤄지는 곳이다.

치유농업의 유형은 3가지로 치유중심, 고용중심, 교육중심이 있다. 치유중심은 치유가 필요한 사람이 치유농장에서 농업 활동에 참여하고 이것을 관련 기관에서 지원하고 보상하는 방법이다. 고용중심은 사회적 약자에 대한 전문 교육을 위해 고용과 노동시장을 연계해 운영된다. 이것은 농장에서 농업 생산으로 운영을 위한 수입을 얻고 노동 관련 기관에서 일부 예산을 지원하는 형태다. 교육중심은 정규학교 학생 및 사회적인 치유가 필요한 대상들에게 교육 프로그램을 편성해 농업 활동 및 경관을 제공하는 것이다.[15]

우리나라 치유농업은 어디까지 왔을까

국내 치유농업은 농촌진흥청(농진청)에서 1994년부터 꽃, 채소 등 원예작물을 이용한 원예치료의 개념으로 시작했다. 이후 농업 활동을 통한 치유 소요를 감안해 선진국의 사례를 토대로 2013년 '치유농업 개념'을 정립했다. 국내 치유농업 확산 및 정착을 위한 노력이 계속되고 있으며, 2017년부터 실질적인 치유농업 서비스

치유농장 운영 사례	
구분	주요 내용
꽃 활용	꽃차 마이더스이며 복지원예사, 치유농업사인 농부가 꽃으로 디저트나 음식을 제공해 오감을 만족하는 치유 프로그램 운영
자연생태 활용	고산지대의 농장에서 생태를 주제로 자연의 소중함과 지속 가능한 삶의 체험을 통한 치유 프로그램 운영
꽃과 반려동물 진로	식용꽃을 생산하며 원예 치유 연구 프로그램 운영 및 반려동물 기르기 진로 체험을 통한 치유 프로그램 운영
유기농과 먹거리	유기농업으로 생명력 있는 먹거리를 생산해 살아 숨 쉬는 생태 환경을 체험하는 치유 프로그램 운영
원예치료와 비누 생산	농업 활동으로 얻은 작물들을 이용해 원예치료를 하고 천연비누를 만드는 체험 프로그램 운영
채소 재배와 먹거리	임야에 약용식물을 재배하며 농장에서 나오는 재료를 이용해 건강한 먹거리를 즐기는 체험 프로그램 운영
산토끼 학습	산토끼를 주제로 학교교육과 연계된 교육적 체험학습을 제공하고 체험객의 심리적 체험을 유도하는 치유 프로그램 운영

출처: 농업정보 포털 농사로, '국내 치유농장'

확대를 위해 농장을 조성하고 시범사업을 도입했다. 2021년 3월 25일에는 치유농업 관련 법령이 국회를 통과했다.

그러나 민간에서는 정부보다 앞서 다양한 치유 프로그램을 특성화된 농장의 형태로 운영하고 있었다. 개인의 농장에서 취미활동과 연계한 농사의 한 형태로 시작한 치유농장의 종류도 많고 치유 효과도 다양하게 나타나고 있다. 예를 들어 원예테라피, 아로마테라피, 치유의 숲 등이다. 치유농장과 관련한 사업은 개인의 농장 운영 역량에 따라 더욱 확대될 전망이다.

치유농업을 하려면 무엇을 어떻게 준비해야 하나

정부는 앞으로 치유농업의 소요와 확대를 위해 관련 법령에 따른 자격 기준을 마련해 우선 치유농장 운영 자격으로 '치유농업사' 양성 과정을 개설해 추진 중이다. 농진청에서는 각 도(道) 농업기술원과 거점 대학을 치유농업사 양성기관으로 지정해 현재 2021년과 2022년 2회를 마쳤으며 일부는 치유농업사 자격을 취득했다. 치유농업사는 치유농장 운영과 시설을 관리하며 관련 계획을 수립해 내방 고객의 안전하고 건강한 치유 활동을 관리한다. 이들은 치유농장의 시설을 관리 및 운영하는 전문 역량을 갖춘 관리자다.

농진청에서 요구하는 과목과 소정의 교육(전반기)을 수료하면 '치유농업사 2급' 시험 응시(후반기) 자격을 부여한다. 이후 지금까지 교육받은 내용을 토대로 기능사 자격시험에 응시하면 된다. 치유농업사 자격증을 소지하면 치유농장 운영에서 다양한 혜택이 있다. 교육과정 대상자 선발부터 경쟁력이 매우 높은데 필요성에 대한 인식과 지원 혜택 때문이다. 대상자 선발 과정에서도 각종 경력(간호사, 교사, 원예치료사 등)이나 일정 자격을 갖추면 가점이 부여된다.

치유농업과 치유중심 농촌관광의 전망은

국내 치유농업은 매년 급격한 성장 추세를 보인다. 지난 2013년 1조 6,000억 원의 시장 규모는 2017년에 3조 7,000억 원까지 성장했다. 2022년에는 이보다 더 크게 성장한 것으로 추정된다. 이에 치유농업 관련 정책 및 지원 기관인 농진청에서는 치유농업의 범위를 확장하고 활성화하기 위한 사업으로 특별시와 광역시 농업기술센터를 중심으로 치유농업센터 구축을 추진하고 있다.

치유농업센터에서는 유형 및 대상별 맞춤식 치유 프로그램을 개발하고, 해당 지역의 치유농장 운영을 위한 기술 지원을 한다. 또한 지금까지 도(道) 농업기술원과 지역별 거점 대학에서 양성하던 치유농업사 양성 과정을 병행해서 운영한다. 이를 통해 지금까지 장거리를 이동하며 교육받던 어려움이 해소될 전망이다. 또한 앞으로 각 시·군 농업기술센터와 협력해 2025년까지 전국 17곳으로 확대할 예정이다. 이를 거점으로 전국에 체험농장 500개를 조성할 목표이다. 치유농업 전문가 양성 과정 역시 관련 전문 자격과 교수 및 박사 학위 보유자를 대상으로 하는 '치유농업 기사' 과정 개설을 준비하고 있다. 치유농업 기사는 치유농업 관련 교육자, 관리자, 운영자 역할을 하게 된다.

앞으로 치유중심 농촌관광은 더욱 활성화될 전망이다. 현재 농식품부는 '소규모 농촌체험 프로그램 개발지원 사업'을 통해 농촌관광 활성화에 나섰다. 현 정부에서도 웰빙(Wellbeing)과 행복(Happiness)에 '건강(Fitness)'을 합친 용어로, 건강한 치유와 행복을 주는 힐링 목적의 '웰니스 관광(Wellness Tourism)' 활성화를 국정 과제로 추진 중이다. 이를 통해 정서 안정과 육체적인 건강이 조화를 이루도록 하는 치유 목적 사업과 웰니스 관광 산업 기반이 구축되어 지원이 강화된다면 농촌관광이 더욱 활성화될 전망이다.[16]

6차산업으로
시너지를 창출하라

농업도 이제는 6차산업의 영역이다

6차산업이라는 용어가 처음 나왔을 때 4차산업을 잘못 표기한 것이 아닌가 생각한 사람들이 있었을 것이다. 얼마 전까지만 해도 일반적으로 잘 알려지지 않은 생소한 용어였다. 6차산업이란 농업활동인 1차 생산과 2차 가공산업에 3차 서비스산업이 더해진 개념이다. 밀 농사로 밀알을 생산하고(1차) 밀가루로 가공해(2차) 빵을 만드는 체험활동(3차)이 들어가면 6차산업이 된다.

1차산업~3차산업의 융합으로 창출되는 효과는 단순히 밀 농사로 빵을 만들어 파는 방식보다 훨씬 다채롭다. 인터넷 발달에 따른 정보의 바다는 사람들을 보다 흥미로운 곳으로 안내하기 시작했다. 6차산업도 여러 산업의 융·복합을 통해 시대가 요구하는 새로운 상품 시장이 되고 있다. 이러한 과정에서 농업은 1차산업만이 아닌 상품의 부가가치를 높이고 더 나아가 글로벌 시장을 넘보는 과정까지 확대되고 있다.

그러므로 6차산업화는 지금까지 여러 부문에서 독립적으로 생산된 농산물을 가공해 유통하는 것과 차이가 있다. 농업인이나 임업인이 직접 생산물을 제품화해 마케팅을 통해 소비자를 만나므로 역량과 열정이 무엇보다 중요한 성공 요소이다. 여기서 융합되는 3차산업은 단순 외식업이나 판매 매장이 아니라 치유와 관광 또는 지역과 직접 교류하면서 상품을 소비하는 형태로 확대될 수 있다. 생산자는 큰 부가가치를 창출할 수 있으며 이 과정에서 새로운 일자리가 창출되는 효과가 있다.

6차산업의 비전과 방향은 어떻게 되는가

세계 각국은 농업에 사물인터넷 등 ICT를 활용하는 시도를 계속하고 있다. 기본적으로 농업과 요식업, 관광이나 치유 부문의 융·복합이 빠르게 발전하고 있다. 특히 최신 정보통신기술이 집약된 지능형 농장 '스마트팜(Smart Farm)'을 통한 먹거리 제공과 이를 기반으로 하는 관련 융복합 산업이 6차산업의 핵심 분야로 자리 잡아가고 있다. 우리나라도 2010년 이후부터 지속적인 준비를 거쳐 6차산업의 지원과 활성화를 위해 법적 근거를 마련했다.

2015년에는 농림축산식품부의 「농촌융복합산업 육성 및 지원에 관한 법률」이 6월 시행되었다. 이 법률에 따라 농촌 융복합산업을 육성하기 위해 지역과 주민, 단체는 '농촌융복합산업지구' 지정 신청이 가능하게 되었다. 이 법령을 근거로 앞으로 추진 가능한 6차산업화의 유형은 추진 주체와 추진 산업 및 핵심 수익 모델, 협력 네트워크 등에 따라 구분된다.

추진 주체는 농가주도형, 마을주도형, 지역(자자체)주도형, 법인주도형 등으로 구분된다. 추진 산업 및 핵심 수익 모델은 유형에 따라 생산중심형, 가공중심형, 유통중심형, 관광체험형, 외식중심형, 치유중심형 등으로 구분된다.[17] 귀농귀촌을 준비하면서 은퇴 전에 관광이나 치유, 교육 분야에 근무했거나 전문지식이 있다면 고려해볼 수 있다.

가족기업 못난이 감자빵의 성공 신화

전형적인 6차산업의 모범적인 사례로 평생 감자 농사만 하다가 가족기업으로 발전시킨 L대표가 있다. 오랜 기간 감자를 심고 연구하면서 스스로 감자를 닮았다고 생각해온 그는 감자에 대한 열정으로 자신이 개발한 종자에 아호를 넣어 상표등록까지 했다. 지난가을 모임에서 통 크게 저녁을 내기도 했는데, 몇 년 전까지만 해도 삶이 순탄하지 않았다. 감자 연구에 들어간 시간과 돈은 있다가도 없는 셈 치면 되지만 감자 농사를 해도 판로가 열리지 않는 것이 가장 큰 문제였다고 한다.

그러던 중 서울에서 공부한 딸이 아버지를 위해 20대 중반에 감자에 관심을 보이면서 농사에 뛰어든 이후 상황이 반전되었다. 아버지가 열심히 농사지은 감자가 폐기되는 것을 보고 자신이 길을 열어보겠다며 '감자빵'을 개발했다. 딸 부부에 의해 세상에 나온 못

난이 감자빵은 지역 특산품이 되어 서울까지 진출해 백화점 팝업 매장에 선보였다.

빵을 파는 카페를 열고 감자를 제공할 농업회사 법인도 출범했다. 단순히 삶아 먹고 전을 부쳐 먹던 감자가 지역의 대표 농산물로 탈바꿈되어 하루 3톤, 1년에 1천 톤이 빵 재료로 쓰이면서 주변 농가 소득에도 크게 기여하고 있다. 현재 감자빵에 들어갈 재료 확보를 위해 30여 개 농가와 계약 재배를 해서 감자 수요를 충당하고 있다. 또한 부부가 시작한 감자빵 가게는 지난해 직원 130여 명으로 지역 일자리 창출에도 큰 기여를 하고 있다.

날감자로 먹어도 특유의 비릿한 맛이 없어 샐러드로 개발해 아들이 운영하는 음식점에서 활용되고 있다. 아삭한 식감도 좋지만 감자의 무한 변신이 놀라울 뿐이었다. 그렇게 L대표가 평생 감자에 바친 열정이 자녀들에 의해 6차산업으로 재탄생되면서 지역 농가의 소득 향상과 일자리 창출을 선도하고 있다. L대표가 살아온 삶도 존경스럽지만 젊은 부부의 비전과 도전 정신에 박수를 보낸다.

외국의 사례로 본 6차산업의 방향

앞에서 소개한 감자빵은 핵심 수익 모델 4가지가 결합한 형태다. 농업회사 법인을 통해 감자를 재배해 '생산'하고, 감자빵으로 '가공'해, 서울의 백화점에 매장을 여는 '유통'과 카페 운영을 통한 '외식'이 결합한 형태다. 여기에 관광과 힐링 체험까지 결합하면 시너지는 더욱 커진다.

영국 잉글랜드 북서부 컴브리아(Cumbria)는 원래 소, 양을 키우던 호수 지역이었는데, 2001년 구제역이 발생하면서 지역경제가 붕괴 지경에 이르렀다. 주민들은 스스로 살아남기 위해 여러 가지 방법을 찾던 중 컴브리아의 특성을 살린 '농촌관광'에 주목했다. 주민들은 곧 환경을 관리하고 추억과 향수를 자극할 수 있는 아이템을 발굴해 소득으로 연결될 수 있는 농촌관광 프로젝트를 추진했다.

주민들은 먼저 환경적인 측면으로 기존의 농촌 모습을 재건해 볼거리를 제공했다. 기존의 목장에서 활용하던 초지에 둘레길을 조성해 도시를 떠나 농촌의 목가적인 정취를 느낄 수 있도록 했다. 그러자 초지 옆으로 조성된 중세시대 돌담이 도시인들의 관심을 끄는 좋은 볼거리가 되었다.

농촌의 추억과 향수를 자극하기 위해 기존의 축사와 창고를 식당이나 찻집으로 개조해 방문객이 식사와 차를 마시면서 쉴 수 있는 공간으로 마련했다. 식당과 찻집에서는 젖소와 양을 사육하는 모습을 볼 수 있다. 젖소들이 청정지역에서 깨끗하게 사육되고 관리되는 모습을 직접 보면서 만족도를 높일 수 있다.

마지막으로 수익 창출을 위해 농기구 창고를 개조해 마을에서 직접 만든 수공예품 가게를 운영했다. 특히 복원한 물레방아를 돌려서 제분한 밀가루로 만든 빵이 큰 호응을 받았다. 부드러운 빵이나 쿠키에 익숙한 도시인들의 입맛이 거칠지만 청정 재료로 만든 빵에 매혹된 것이다. 이에 더해 지역 특산물인 양털을 활용한 각종 제품을 만들어 판매하기도 했다. 세련된 대기업 제품에 익숙하던 관광객들은 직접 손으로 만든 독특하고 거친 질감에 매우 만족했다. 재래종 양을 복원해 키운 양고기는 육질은 거칠어도 웰빙식으로 가치를 인정받아 관광객들의 폭발적인 반응을 불러일으켰다.[18]

주민들은 발상의 전환을 통해 현대인의 니즈를 읽고 그것을 충족할 수 있는 자원을 개발한 덕분에 마을을 재창조했다. 우리나라 역시 귀농귀촌을 희망한다면 기존의 생각을 넘어서 치유관광이나 6차산업을 통해 소득 창출을 꾀하는 것도 컴브리아의 사례를 통해 얻을 수 있는 중요한 교훈이다.

'흩어져 있는 구슬을 모아 어떤 실로 꿰어 보배로 만들 것인가?'는 아이디어에 달렸다. 레드오션(Red Ocean) 대신 새로운 도전을 통해 6차산업의 블루오션(Blue Ocean)을 개척할 주인공이 되고 싶지 않은가?

산림소득사업 공모,
가능하다

임야를 활용한 산림소득사업도 가능하다

　귀농을 고려하면서 처음 부딪히는 문제는 '농지를 어떻게 확보할 것인가?'이다. 농지 구입에는 초기부터 많은 예산이 소요되기에 부담을 느끼는 것이 사실이다. 하지만 농사는 논과 밭에서만 하는 것이 아니라는 점을 알고 준비한다면 선택의 폭은 훨씬 넓어진다. 예를 들어 산에 식용이나 약용 임산물을 재배하는 방법이 있다. 정부가 장려하는 '산림소득사업'을 통해 소득을 창출하는 것이다.

　산림청 사업계획 공고에 맞춰 사업계획서를 제출하면 심사 여부가 결정된다. 승인되면 일부 예산을 정부와 해당 지자체에서 지원받을 수 있다. 내가 소유하거나 임대한 임야 또는 국공유지를 불하 받아 정부 방침에 따라 사업계획을 추진하면 된다. 이런 제도를 활용하면 산림 조성과 함께 임업으로 소득 창출도 꾀할 수 있다.

이 사업의 매력은 '농업인 창업자금 대출'과 전혀 성격이 달라 나중에 갚지 않아도 된다는 것이다. 사업계획 공모를 통해 일부 예산을 정부와 지자체가 지원하고 필요 시 사업 수행 과정에서 관리 감독을 통한 지도를 받는다. 내가 산에 소득을 목적으로 산나물이나 약초류, 약용목을 심어 가꾸는데 정부에서 사업 예산의 50~80% 내외를 지원한다니 대단히 매력적인 사업이 아닌가. 또한 내가 부담해야 할 사업 예산의 30~100%까지 대출받을 수도 있다.

귀농귀촌인이 이주 후 일정 기간 준비해 대상 자격이 갖춰지면 지원이 가능한 산림소득 사업에는 크게 2가지가 있다. 사업하고자 하는 임야의 면적에 따라 달라지는데 산림 면적이 소규모인 경우에는 '소액사업'으로 하며, 산림 면적이 큰 경우에는 '임산물 생산단지 규모화(산림작물 생산단지 + 산림복합경영단지)' 사업에 참여하면 된다.

연초에 해당 지자체에 사업 신청을 하고 심의와 예산 수요를 검토해 연말에 사업계획이 확정되면 다음 연도부터 사업을 시작한다. 산림소득사업에 관심 있다면 귀농을 준비하면서 세부적인 방법을 미리 조사하면 좋다. 이후 추가 사업은 산림청 홈페이지에서 천천히 확인한다.

임야를 활용하고자 하면 먼저 '임업 후계자'가 돼라

임산물 재배로 산림청의 예산 지원을 받기 위해서는 기본 조건을 갖춰야 한다. 우선 임업인, 임업 후계자, 독림가, 신지식 농업인(임업), 영농조합법인, 농업회사 법인 등이다. 임업인은 3헥타르(ha)

이상 산림에서 연중 90일 이상 임업에 종사해야 하며, 연간 임산물 판매액이 120만 원 이상이 되어야 한다. 하지만 임업 후계자는 각종 제한 규정이 완화되어 소정의 교육을 수료하면 가능하다. 산림소득 사업을 위한 자격은 여러 가지 있지만 임업 후계자가 되는 방법이 가장 쉽다.

임업 후계자란 '임업을 계승하고 발전시키기 위해 임업을 영위할 의사와 능력이 있는 자'로서 관련 법령에 의거해 소정의 교육과 자격 기준이 충족되면 지자체장이 임명한다. 우선 산림청에서 지정한 전국의 양성기관에서 4박 5일(총 40시간) 동안 교육받고 수료증을 교부받는다. 별도의 시험은 없으며 이 기간에 산림 경영에 관한 기본 지식을 습득하고 장차 산림을 경영할 예비 임업 후계자들과 서로 교류할 기회가 되기도 한다. 이 수료증을 해당 지자체 산림과에 관련 서류와 함께 제출하면 절차에 의거해 임업 후계자 자격증서가 교부된다.

임업 후계자로 선발된 날로부터 3년 이내 20시간 이상의 보수교육을 받아야 한다. 마지막으로 산림사업 종합자금 융자를 받으려면 사업 신청일 이전 3년 이내에 12시간 교육을 받아야 한다. 산림청 지정 전문교육 기관은 한국임업진흥원, 산림조합중앙회의 교육훈련기관, 산림교육원 등이다.

산림소득사업 사업계획서 작성과 공모는 이렇게

연초에 사업이 공고되면 요구하는 양식에 의거해 사업계획서를 작성해 해당 지자체 산림과에 제출한다. 사업계획서에는 개인의 자격 사항과 정부에서 지정한 산림소득 작물을 선정해 산지에 작물 재배가 가능하도록 조성하는 작업과 파종 및 관리, 부대시설 소요, 행정 사항을 포함한다.

산지 조성이란 나무를 솎아베기 하고, 대략적인 평탄 작업, 진·출입로와 배수로 설치 등을 말한다. 파종과 시비, 잡초 관리는 씨앗이나 모종을 심고 주기적으로 물주기, 제초 등이다. 부대시설 소요는 현지 사정을 고려해 관정과 관수 설비, 울타리 및 감시카메라 설치를 하는 것이다. 필요하면 비료와 작업기구 보관을 위한 산림경영관리사 설치도 가능하다. 행정적인 요소는 계획 추진 및 실시간 관련 법령과 정부 방침을 준수해 사업을 수행하는 복안이다.

해당 지자체에서는 사업계획서를 검토해 타당성을 확인하고 필요 시 수정 및 협의를 진행한다. 이러한 오류를 방지하기 위해 사업계획서를 작성하기 전에 담당 공무원과 상담을 통해 작성 방침과 사업계획이 일치되도록 협의 과정을 거치는 절차가 필요하다. 시·군에서 차기 연도 사업계획으로 반영되면 종합해 각 도에 심사 의뢰한다. 각 도에서는 시·군 사업계획서를 검토해 일정을 잡아 개인별 사업계획 발표를 청취하고 선정하는 절차로 진행된다. 각 도에서 선정된 사업계획서는 산림청에서 최종 승인하지만 큰 무리 없이 선정된다고 봐도 무방하다.

사업 추진 과정에서는 엄격한 정부 통제를 받아야 한다. 예산이 다른 용도로 전용되는 것을 방지하고 불법적인 예산 사용을 통제하려는 목적이다. 그 외 해당 지자체 산림과에서는 사업의 원활한 진행을 감독하면서 지원한다. 계획된 사업 예산을 정부 방침대로 사업 추진에만 사용하면 전혀 문제없다. 하지만 과거에 일부 '정부 지원자금은 눈먼 돈이라거나, 먼저 잡는 사람이 임자'라는 식의 사고로 부적절하게 사용된 측면도 있다고 한다. 하지만 사업 예산의 정상적인 사용을 통해 사업이 성공적으로 완료되면 농가에는 소득이 보장되어 지역경제에 이바지하며, 궁극적으로 경제 발전에 기여하는 것이다.

이 사업은 관련 분야에 대한 사전 지식을 충분히 갖추고 추진한다면 한번 도전해볼 만하다. 사실 임야에서는 논이나 밭처럼 잡초 관리도 어렵지 않다. 초기에 잡초의 발아만 억제하면서 제초하고, 가뭄에 가끔 물 주는 일 외에 낙엽이 켜켜이 쌓여 부엽토의 기름진 땅이므로 큰 노력을 들이지 않아도 된다.

작목 선정에 따라 한번 시작하면 평생 소득이 가능할 수도 있다

S대표는 2022년 산림복합경영 사업에 선정되어 현재 사업을 추진 중으로 약 16만 5,289제곱미터(5만 평)에 더덕과 도라지를 재배하고 있다. 나는 처음 신청 과정의 사업계획서부터 함께 관여하여 논의를 했다. 사업계획서 초안을 작성하면서 받은 느낌은 정부가 임업인에게 엄청난 혜택을 준다는 것이었다.

S대표가 선정된 사업의 전체 예산은 3억 원을 상회한다. 이 중 80%를 정부와 지자체로부터 2년에 걸쳐 지원받으며, S대표는 20%만 투입하면 된다. 임야에서 정부 지원사업은 개인이나 법인

이 사업 예산의 1/4만 투자하면 사업이 가능하도록 지원하고 있다. 사업은 먼저 더덕과 도라지를 산에 심는 데 장애가 되는 어린 나무는 솎아베기를 해서 파종 준비 작업을 한다. 다음으로 씨앗을 뿌리고 가꾸며 필요시 제초 작업과 시비하는 것이 전부이다. 나머지는 산과 하늘이 알아서 키워준다. 산에는 밭작물처럼 잡초 제거를 위한 노동력이 많이 소요되지 않아 노력 대비 소득이 크다.

이 사업을 계획하면서 S대표는 더덕과 도라지 재배지에 울타리와 감시카메라 설치 및 관수 시설을 반영했다. 가뭄을 대비해 물 공급을 위해 대형 관정 설치도 승인받았다. 이대로 사업이 완료되면 도라지와 더덕 수익은 엄청날 것으로 전망된다. 덤으로 재배지에 설치한 각종 시설과 관정은 일정 기간이 지나면 사유재산이 된다. S대표의 현재 사업지 임야는 매년 씨앗이 떨어져 일부 자연 발아되면 더덕과 산도라지가 남아 대대손손 2가지만 캐다 팔아도 먹고사는 데 문제없을 것이다. 한마디로 노다지를 얻은 셈이다.

놀이터에서 꽃차로 나 자신과 타인을 치유하며 살고 싶다

코로나19가 바꾼 농촌관광의 트렌드 변화를 활용하라

농정원은 코로나19 전후 농촌관광에 대한 국민 인식의 변화로 '농촌관광 선호도가 증가'했다고 밝혔다. 2019년 1월 1일부터 2022년 6월 12일까지 SNS에 게시된 30만 건 이상의 데이터를 분석해 농촌관광 트렌드의 변화를 찾은 결과다.

빅데이터 키워드를 통한 연도별 농촌관광 인식 변화를 보면 2020년에는 코로나19로 인해 농촌에서도 관광객으로 인한 감염 확산 우려로 부정적인 여론이 많았다. 하지만 백신 접종이 본격화된 2021년부터는 해외여행 대신 국내 농촌 관광지를 가보고 싶다는 우호적인 여론이 형성되었다.

구체적으로 '우리 농촌에서 힐링하고 싶다' 등으로 긍정 여론이 온라인상에 형성되었는데 코로나19 발생 전인 2019년에 농촌관광은 '체험', '여행'이라는 키워드와 연관된 반면 코로나19 발생

빅데이터 키워드로 알아본 연도별 농촌관광 인식 변화			
연도	주요 키워드	선호도 변화	긍정률(%)
2019	거리두기, 코로나, 안전	농촌관광 취지 칭찬·기대·만족	50
2020	거리두기, 코로나, 안전	코로나19에 따른 청정 지역 감염 우려	20
2021	자연, 치유, 힐링	백신 접종 본격화, 농촌관광 등 국내 여행 관심	55
2022	건강, 캠프닉, 촌캉스	힐링·치유·휴식 등 농촌 체험 기대감 상승	80

출처: 농정원, 'FARM TREND & ISSUE FATI', Vol.2 농촌관광

이후에는 '안전', '치유', '건강' 등의 키워드와 연관성이 높았다. 이런 변화를 대변하듯 '논멍·밭멍(논밭을 보면서 멍하니 쉬기)', '캠프닉(캠핑+피크닉)', '촌캉스(농촌+바캉스)' 등 신조어까지 등장하며 농촌관광 문화가 활성화되기 시작했다.

농촌관광에 대한 인식의 변화는 해외여행이 어려운 코로나19 상황에서 시작되었지만 앞으로 농촌관광은 치유농업과 결합된 형태로 농촌 소득산업의 블루오션이 될 수 있을 것이라는 전망이다.

멀리 보고 나는 오늘도 묘목을 심는다

내가 현재 계획 중인 농장은 밭과 임야로 나눠져 있으며, 이를 합하면 전체 1만여 제곱미터를 상회하는 정도다. 밭에는 과일나무 위주로 심고 도로변과 법면에는 대왕철쭉, 백철, 노란 찔레, 삼색 도화, 칠자화, 수국 위주로 심을 계획이다. 현재는 일부 계절별 과일나무로 개복숭아, 앵두, 자두, 살구, 배, 복숭아, 머루, 다래, 모과, 고야, 꽃나무 묘목을 관리하고 있다. 임야에는 겹무궁화, 소나

무, 양버들, 꽃무릇, 문관나무를 심고, 일부 수익 창출과 약용으로 활용하기 위해 오갈피, 두릅, 음나무, 헛개나무, 꾸지뽕, 옻나무, 구기자, 오미자를 심어 전체적으로 조화롭게 구상해 추진하고 있다.

지금까지 심은 꽃나무 묘목 중 일부는 고사하기도 했지만, 토질에 맞는 종으로 계속 바꿔 심어 묘목 관리를 하고 있다. 동네 지인 C는 "묘목을 심어 어느 세월에 꽃농장이 되겠냐?"라고 하지만 개의치 않는다. 물론 일부 자란 나무를 심으면 다음 해에 꽃이 피니 빠른 기간에 꽃동산의 모습을 갖출 수 있다. 하지만 그렇게 하려면 예산이 충분해야 한다. 처음부터 수익 창출을 위한 사업장으로 계획한 것이 아니고 내가 좋아하는 일을 즐기는 놀이터로 계획했기에 한 그루씩 심어나가도 충분하다.

묘목 100주는 혼자 한나절 심고 오후에 물 주면 충분하므로 예산은 묘목값만 소요된다. 하지만 1.5~2미터 이상 되는 나무를 심으려면 현장에서부터 뿌리에 분을 뜨는 굴취 작업과 차량에 싣는 비용에 추가적으로 운반비용이 들어간다. 또한 농장에 도착하면 굴삭기로 차에서 내리고 구덩이를 파서 심고 흙을 덮으면서 별도 인부 2명이 1개 조를 이뤄 물을 주고 마무리 작업까지 해야 한다. 묘목 심는 비용의 10배 정도 추가된다고 보면 정확하다. 마음이 급하다면 그럴 수도 있겠지만 놀이 삼아 나무를 심고 가꾸는 것이므로 굳이 조급할 필요는 없다고 생각한다.

지천에 널린 야생화는 꽃차를 만드는 소중한 자원이다

앞으로 보유한 임야는 산림소득 소액사업에 반영해 농장의 기본적인 동선에 따라 배수 및 관수 시설을 완료하고, 기존에 식재된 나무 사이 공간에는 식용 임산물로 취나물, 도라지, 더덕, 곰취, 고려엉겅퀴를 심어 청정 먹거리를 생산할 계획이다. 또한 꽃차 재료로 활용할 식용 꽃나무를 식재할 계획이다.

야생화 꽃차 재료는 농장 주변이 청정 지역이므로 현지에서 채취하는 것을 원칙으로 세웠다. 주요 재료로 쓸 쑥부쟁이, 개망초, 복분자, 칡, 환삼덩굴, 박주가리 등이 널려 있어 재료 구하는 것은 어렵지 않다. 문제는 꽃차 만드는 법을 전문적으로 배운 적이 없다는 것이다. 기회되는 대로 최고의 꽃차 만드는 법을 전수받아 귀한 분들에게 접대할 계획이다.

꽃차는 어디서 마실 것인가? 시간이 걸리겠지만 최종적으로 농장 몇 군데에 트리하우스를 고려하고 있다. 지난여름 농장을 둘러보고 아이디어를 준 지인은 농장 한편에 가능하면 크게 자라는 나무를 심으라고 했다. 현재 유행일 수도 있으나 멀티해비가 일반화되었을 때 트리하우스의 수요에 대비하자는 것이기도 해서 그의 말이 선견지명(先見之明)이길 바라며 공감했다.

살아 있는 나무에 설치하는 원두막 형태의 트리하우스는 규제하는 법령이 없을 뿐만 아니라 수요 대비 공급이 없다고 한다. 나 역시 황토방과 트리하우스를 생각하고 있었고 현재 토질을 고려해 물에 강한 나무를 찾고 있던 중 메타세쿼이아를 주목하고 있었기에 바로 결정했다. 그리고 지난 늦가을 150주를 심었다. 앞으로

10년 이상 지나면 농장도 자리 잡을 것이고 잘 키우면 보기에도 좋을 것이다.

나의 놀이터는 치유와 힐링의 '카페 산'이다

우리 가족은 농장을 '카페 산'이라고 부른다. 가끔 서로 '산에 갈까?'라고 하면 등산 가자는 뜻이 아니라 농장에 가자는 말이다. 어려운 작명 과정을 거친 것이 아니다. 마을 이름 앞 글자인 '산'에 카페를 붙였을 뿐이다. 현재는 묘목과 어린 나무가 자라는 거칠고 올망졸망한 모습이다. 하지만 벌써 새들이 찾아오고 고라니와 꿩이 놀다 갈 정도는 되었다.

더 자랑하고 싶은 것은 탁 트인 전망이다. 농막 앞에 나서면 속이 뻥 뚫려 20~40킬로미터 앞의 시계가 펼쳐진다. 그 시원함에 다녀간 이들 모두 다시 생각나는 풍광이라는 평이다. 맑은 날 펼쳐지는 붉은 저녁놀과 비 내리는 날의 산안개, 눈 내리는 날의 설경은 자연이 빚은 완벽한 예술 작품이다.

'카페 산'에는 가설 건축물 농막 외에 아직 건축물이 없다. 건축하게 되면 현재 농민들에게 주는 혜택을 활용할 계획이다. 귀농과 동시에 임업 후계자로서 그동안 밭농사와 임산물을 재배하고 있어 '농업경영체'와 '임업경영체'를 등록해 승인받은 상태다. 농업인이자 임업인에게 많은 혜택이 있지만 그중 건축을 위해 농지나 임야에 대해 전용 신청을 하면 전용비는 면제되므로 건축비 외에 큰 부담이 없다. 건축은 현재 자연 그대로를 최대한 살려서 임업인 주택으로 작은 주거 겸 카페 공간을 주변 황토를 활용해 직접 지을 계획이다. 카페는 기본적으로 치유농장 방문객이 차를 마시며 대화와 담소를 나누는 공간으로 활용할 계획이다.

이렇게 놀이터 만들기 프로젝트에 동의한 아내는 음식 등 배우기에 소질도 자신도 없다면서도 커피 바리스타 과정을 이수하며 즐기고 있다. 이다음에 우리 '카페 산'에 누가 찾아오면 '땡큐!' 감사함이고, 안 찾아오면 '그냥 우리끼리 놀면 된다'고 생각하니 그냥 이렇게 치유와 안식이 있는 평안한 놀이터가 되어가고 있다.

언제든지 떠날
준비를 하라

지난날 이삿짐을 꾸리면서 무한 반복되던 반성

우리 가족은 내 직업 특성상 1~3년 주기로 이사했다. 이삿짐을 꾸리면서 항상 '다시는 물건 안 산다!'라고 다짐하지만 다음 이사할 때 똑같은 말을 반복하곤 했다. 시간이 지나면서 알게 모르게 하나하나 쌓이기 시작하면 평소에는 모르지만 이사할 때가 되면 보인다. 왜 이런 일이 반복되는 것일까? 이유는 간단하다. 떠날 때를 준비하지 않았기 때문이다.

은퇴 이후 제2의 인생은 다시 반백년을 살아야 하지만 새로운 곳에서 시작하는 삶은 언제든지 떠날 수 있도록 준비해야 한다. 그 방법이 멀티해비 개념이다. 전원생활을 하든 온전히 귀농귀촌을 하든 우리는 한곳에 영원히 머무를 수 없다. 내가 원하지 않아도 불가피하게 더 머무를 수도 있겠지만, 원하지 않아도 떠날 수 있다는 것을 항상 염두에 두어야 한다.

잘 알려지지 않은 역귀농귀촌 사례도 많다

역귀농은 공식적인 통계로 발표되지 않았지만, 언론 보도와 관련 단체, 연구를 종합해 보면 대체로 정부는 5~10%, 언론에서는 10~30% 정도로 차이를 보인다. 실제로는 그 수치보다 훨씬 많을 텐데, 문제는 역귀농을 실행하는 이유와 시기다. 농촌 생활에 적응하지 못했거나 다른 이유로 역귀농을 할 때 원하는 시기에 떠날 수 있는가 하는 것이 이후의 삶에도 영향을 미친다.

처음 어떠한 마음의 준비로 실행하는가에 따라 역귀농귀촌이 달라진다. 농촌에서 경제적 소득을 창출하는 것보다 전원생활과 농촌공동체에 대한 가치를 추구하는 사람들이 역귀농귀촌 의향이 낮았다. 경제적 이유로 귀농귀촌을 실행하면 실패할 확률이 높은 데다 농업소득으로 단기간 소득 창출이 생각처럼 쉽지 않다. 그 이유는 일차적으로 토지와 영농 기술에 있다. 하지만 그보다는 사전에 판로가 개척되지 않았기에 실제 수확했을 때 저장하거나 가공할 여력이 없어 소득으로 이어지기가 어렵기 때문이다.

역귀농의 원인으로 농촌에서 겪는 어려움은 크게 2가지다. 첫째는 경제적인 문제이고, 다음은 지역주민과의 갈등이다. 농촌 생활을 하면서 도시민의 습성을 그대로 유지하면 적응하는 데 어려움이 배가된다. 따라서 경제적인 이유로 귀농을 준비할 때는 더 치밀하고 신중하게 결정해야 한다. 농촌 생활에 적응하려면 가치관 정립과 삶의 철학이 무엇보다 중요하다.

또한 성공적인 정착을 위해서는 주민과의 관계, 농촌공동체로 원활한 편입이 훨씬 중요하다는 것을 명심해야 한다.[19] 피치 못할 사정으로 떠나야 할 때 그 시기를 내가 선택할 수 있도록 준비하는 일이 무엇보다 중요하다.

100세 시대를 대비해 몸과 마음을 비우자

농촌에서는 생의 마지막까지 건강하게 생활하다 돌아가시는 분들이 많다. 물론 건강을 잃고 장거리에 있는 병원을 오가다 결국에는 역귀농하는 사람들도 있다. 이러한 상황은 부동산 카페에 들어가 보면 토지와 전원주택 매물의 특징으로 나타난다. 부동산업자가 올린 매물은 집을 내놓게 된 사연보다 매물의 특징 위주로 소개되어 있다. 하지만 지인이나 자녀가 올린 매물은 '부모님이 나이 들고 힘드셔서'라고 한다. 그리고 대부분 '급매', '반값'이 따라붙는다. 건강에 이상이 생겨서 매물로 내놓았을 가능성이 크다.

생의 마지막까지 건강한 사람은 많지 않고 세월 앞에 장사 없다. 인간의 건강은 개인에 따라 차이가 있지만, 건강 이상 증세가 나타나면 주기적으로 병원 진료를 받아야 한다. 앞으로 우리는 지금보다 더 좋은 영양을 섭취하고, 더 발전된 의료 기술로 인해 100세 시대를 맞이할 것이다.

그 100세 시대를 침대에 누워 맞이한다면 모두에게 불행한 장수 시대가 될 것이다. 따라서 항상 기쁘고 즐거운 마음을 유지하고 수시로 건강을 관리하자. 이에 땀 흘려 재배한 농작물을 식탁에서 만나고 반려견과 산책하면서 몸과 마음을 비우는 것도 정신과 육체적인 건강에 도움이 될 것이다.

'우리는 소유자가 아니라 단지 스쳐 지나갈 뿐'

"나는 아프리카 느공 언덕에 농장이 있었다"라는 독백으로 시작되는 영화 〈아웃 오브 아프리카(Out of Africa)〉는 여운이 오래 남는 영화다. 아프리카 케냐의 한 커피농장을 배경으로 덴마크 출신의 '카렌'과 영국인 탐험가 '데니스'의 애틋한 사랑을 담아낸 영화로, 영화를 보는 내내 멋지게 펼쳐져 있는 대자연의 풍광에 눈을 뗄 수 없었다. 특히 주인공이 아프리카로 올 때는 많은 짐들을 수레에 가득 싣고 왔지만 떠날 때는 빈손으로 가는 모습이 마치 우리네 인생을 대변하는 것 같기도 하다.

사랑도 없이 계약관계처럼 시작했던 결혼생활이었기에 남편은 남편대로 사냥이나 바깥으로만 돌고 반면, 카렌은 온몸으로 커피농장을 일구고 학교를 세워 원주민들과 하나가 되려 애쓰는 모습은 뭉클한 느낌을 준다. 그러나 그것도 잠시, 우여곡절 끝에 이뤄낸 분신 같던 커피농장이 잿더미가 되고 사랑하는 사람마저 잃게 된다. 하지만 그 상황에도 카렌은 "신께서 넘치도록 주시고 다 거둬가셨다"라고 말하는, 광활한 아프리카 초원보다 큰마음을 소유했던 여인이다.

카렌은 매 순간 최선을 다했기에 모든 것을 삶의 과정으로 받아들였다. 모두가 밑바닥까지 추락했다고 생각해도 그것을 지나가는 과정으로 받아들이는 넉넉함을 가진 여인이었다. 카렌은 데니스에게서 "우리는 소유자가 아니고 단지 스쳐 지나갈 뿐"이라는 진리를 배웠다. 그리고 사랑하는 그를 마지막으로 보내며 "우리는 그를 소유할 수 없었다"라고 말할 때 도리어 장엄한 아프리카와 원주민들은 그녀에게 더 가까이 다가왔던 것처럼 우리가 귀농 귀촌에서 가져야 할 자세 역시 소유보다 그 시간을 함께 하는 것이 아닐까 하는 생각이 든다.

영화를 다시 보면서 왜 그녀가 "나는 아프리카 느공 언덕에 농장이 있었다"라고 말했는지 알 수 있었다. 그렇게 가슴에 간직한 사랑이지만 어느 누구도 소유할 수 없다는 무소유의 진리를 온몸으로 실천한 그녀의 삶은 자전적 소설을 거쳐 영화로 만들어졌다. 배경이 된 웅대한 아프리카 초원은 우리도 대자연의 일부에 지나지 않음을 보여준다. 우리는 언제나 더 많이 욕심내고 소유하고자 하지만, 우주 삼라만상 불변의 진리는 결국 '빈손으로 스쳐 지나갈 뿐'이라는 메시지를 준다.

언젠가는 떠날 준비를 해야 한다

처음 정착하면서부터 떠날 준비를 하라는 말이 아니다. 가볍게 준비하고 쉽게 떠날 수 있을 정도로 농촌에 정착하고자 노력하라는 말이다. 이렇게 하려면 수익 창출을 위한 큰 욕심을 내려놓고 많이 누리는 일이 필요하다. 가끔 만나는 귀농귀촌인들은 대놓고 말하지는 않지만, 나만의 왕국을 건설했다는 식으로 여기저기를 보여주기 바쁘다. 그들이 집이나 농장 구경이라고 말해도 우리는 그의 속마음은 가꿔온 자랑이며 자부심임을 알 수 있다.

우리가 내일을 알 수 없다는 것은 현실적으로 힘들게 건설한 나만의 왕국에서 영원한 주인이 될 수 없다는 말과 같다. 하지만 그들은 '있을 만큼 있는 사람이 늘그막에 왜 그렇게 구질구질하게 살아?'라고 말한다. 물론 개인적인 취향과 성향이기에 강요할 수는 없지만 안타까운 마음이 드는 것은 사실이다. 역설적이지만 최소의 투자와 최소의 경비로 도시와 농촌을 오가며 즐거운 생활을 통해 작은 행복을 추구할 수 있는 삶을 찾아보자. 그리고 빈손으로 왔듯이 언제든지 빈손으로 떠날 준비를 하는 농촌에서 워라밸한 일상이야말로 은퇴 이후 살아가야 할 길이다.

우리 인생을 악기 연주와 노래에 비유하면 어떨까? 악보의 박자와 리듬, 음정을 맞추고 감정이입이 되면 아름다운 곡이 되지만 무시하면 소음이 될 수밖에 없다. 또한 뮤지션들은 연주회에서 첫 곡과 마지막 곡을 가장 신경을 쓰며 대표적인 곡을 선곡한다. 우리의 삶도 예외 없이 모두의 기대와 축복 속에 태어나 성장하며 사회인으로 활동하다가 은퇴를 맞는다. 과거 노인과 다르게 욜드의 삶은 살아온 만큼이나 더 열정적으로 살아야 할 것이다.

그러면 과거를 돌아보며 어떻게 미래를 준비해야 할까? 지금부터 가장 우선되어야 할 것은 모두의 행복이 바로미터(Barometer)가 되어야 할 것이라고 생각한다. 이제 대 전환시대의 트렌드를 읽으며 농장에서 보는 저녁놀보다 더 아름다워야 할 인생 2막, 날마다 행복한 워라밸 귀농귀촌의 비밀의 문을 여는 당신을 응원한다.

주

1 송미령 외 4, 〈2021년 귀농·귀촌 동향과 시사점〉, 한국농촌경제연구원 KREI 현안분석 제93호, 2022. 10. 7., pp.6~8.

2 최정민, 〈멀티해비 라이프스타일 실천자의 전원생활 정착과정에 관한 연구〉, 《한국주거학회논문집》 Vol. 24 No. 4, 2013, p. 39.

3 김유나, 최정민, 〈내용분석을 통한 전원생활 및 전원주택의 패러다임 변화에 관한 연구〉, 《한국지역개발학회지》 제25권 제1호, 2013, p. 276.

4 최정민, 위의 논문, pp. 39~43.

5 조진희 외 6, 〈액티브 시니어 라이프스타일 연구 보고서 Ⅰ〉, 한국디자인진흥원, 2020. 12., p. 7.

6 이신숙, 〈일에 참여하고 있는 노인의 사회적 자본형성과 자기효능감에 관한 연구〉, 《한국콘텐츠학회 논문지》 17 Vol. 17 No. 2, 2016. 10, p. 568.

7 '코로나19 장기화로 인한 사회·경제적 여파, 농촌에 대한 관심 증가, 도시주택 가격 등이 복합적으로 작용한 것으로 보여진다'(농림축산식품부, "지난해 귀농귀촌 가구 역대 최대…전년 대비 5.6% 증가", 대한민국 정책 브리핑, 2022. 6. 23.)

8 양석훈, "귀농인이 겪는 어려움은…소득감소 심각, 교육여건 열악", 〈농민신문〉, 2020. 11. 6.

9 미국 ABC방송국이 1985년부터 1992년까지 방영한 드라마의 주인공이다. 물리학도 출신 주인공인 피닉스재단의 첩보원 맥가이버는 총기 등 무기를 사용하지 않는다. 대신 스위스 칼 '빅토리녹스'와 잡동사니로 문제를 해결하고 악당

을 제압하면서 인기를 끌었다. 국내에서 '맥가이버' 하면 모든 일을 척척 해내는 만능인의 의미로 사용된다.

10 김수민 외 1, 〈진화심리학적 관점으로 해석한 장소애착에 관한 연구〉, 《기초조형학연구》 16권 6호 통권 72호, 2015, p. 111.

11 송미령 외 4, 〈2020년 귀농·귀촌 동향과 시사점〉, 《KREI 농정포커스》 제200호, 2011. 10. 1, p. 6.

12 곽인숙, 〈노인과 예비 노인의 가정 건강성과 행복에 관한 연구〉, Journal of the Korean Home Economics Association Vol. 5, 2013, p. 2.

13 「귀농·귀촌 활성화 및 지원에 관한 법률」 제15조 및 「2022년 귀농 농업창업 및 주택구입지원사업 시행지침」, 농림축산식품부 참조.

14 이경은, "노부부의 황혼 이혼… 그 다음에 벌어지는 일들", 〈조선일보〉, 2021. 12. 4.

15 이윤정, '네덜란드의 사회적 농업 : 치유농업(Care Farming)을 중심으로', 《세계농업》 제195호, 한국농촌경제연구원, pp. 1~2.

16 EPIS, 〈FATI Vol. 2 농촌관광〉, 《FARM TREND & ISSUE》, 농림수산식품교육문화정보원, 2022. 10, p. 4.

17 이윤상 외 1, '수요자 중심의 6차산업 특화단지 조성을 위한 탐색적 연구', 《LHI 저널》, 2018 vol. 9, no. 2, 통권32호, pp. 13~33.

18 이병오, '영국의 지속 가능한 농촌관광 사례와 시사점, 해외 농업·농정 포커스', 《세계농업》 제234호, 한국농촌경제연구원, pp. 6~11.

19 마상진·최윤지, 《농촌사회》 제26집 1호, 2016, pp. 57~58.

북큐레이션 • 자신의 가치를 높이고, 가슴 뛰는 삶을 살고 싶은 이들을 위한 책

《은퇴 없이 농촌 출근》과 함께 읽으면 좋은 책. 은퇴 후 새로운 즐거움을 발견하고 두 번째 인생을 멋지게 브랜딩 하길 원하는 당신을 응원합니다.

두 번째 업을 찾아가기 위한 7개의 잡 코어

50부터 더 잘되는 사람

조성현 지음 | 17,000원

**나이라는 프레임을 벗어던지고
새로운 길로 뛰어드는 4050 인생 직업 찾기**

이 책은 4050 세대에게 두 번째 업을 찾아가는 지름길을 알려준다. 체력, 책 읽기, 주변 사람 바꾸기, 경제 IQ 높이기, 브랜드 만들기 등을 통해 자신만의 두 번째 업을 찾을 수 있도록 안내한다. 이제 새롭게 설 수 있는 자리, 나만이 가질 수 있는 브랜드를 구성하고 만들기 위해 주어진 시간이 10년밖에 남지 않았다. 평생의 삶을 즐겁게 살 수 있는 무언가를 만들기에는 많은 시간이 아니다. 이 10년을 어떻게 보내는가에 따라 인생의 중후반이 달라진다. 나이에 겁먹지 마라! 아직 시도하기에 젊은 나이다!

매일, 조금씩, 천천히 할머니와 공부하기

할머니표 집공부

서상완 지음 | 17,000원

**할머니도 얼마든지 초등학생 손주를 가르칠 수 있다!
아이의 학습과 인성을 즐겁게 키워주는 할머니표 집공부!**

맞벌이가 필수인 요즘, 손주를 돌보는 조부모들이 많아졌다. 이전에는 '황혼 육아'에 대한 부정적인 견해가 많았지만, 점점 자녀를 위한 손주의 보육과 교육이 인생의 의미가 되는 '행복한 노후'로 인식이 바뀌고 있다. 100세 시대가 찾아온 지금, 이제는 할머니, 할아버지도 젊기 때문에 손주를 대상으로 하는 학습에 대한 정보 탐색이나 교육도 충분히 가능하다. 은퇴 후 새로운 인생 후반전에서 사랑하는 자녀가 힘들어하지 않고, 눈에 넣어도 안 아픈 손주가 잘 성장하길 바란다면, 이 책을 통해 새로운 역할을 시작해 보길 바란다.

60대 춘애 언니의 현실적 인생 조언

우먼 그레이

변춘애 지음 | 14,800원

어서 와, 이 나이는 처음이지?
멋지게 사는 60대 춘애 언니의 라이프 스타일!

나이가 들면 몸도 마음도 약해지기 마련이다. '이 나이 먹어서 뭘 하나?' 하는 생각이 들면 그렇게 남은 인생을 살아간다. 여기 그 말에 동의하지 않는 사람이 있다. "이 나이 먹어서도 충분히 할 수 있다!"라고 강력하게 말한다. 빨간 안경, 짧은 단발머리, 지나가다 마주치면 한 번쯤 눈이 돌아갈 만한 화려한 옷차림까지! 우리가 생각하는 60대의 모습과는 확연히 다르다. 은퇴 후에도 자신의 능력을 발판 삼아 팟캐스트 진행, 신문기자, 상담가, 스피치지도자 역할까지 하는 저자의 인생을 따라가다 보면 앞으로의 인생이 더욱 매력적으로 만들어질 것이다.

시니어 맞춤 여행 계획 세우기

트래블 그레이

한경표 지음 | 17,000원

나이 들면 패키지여행만 가야 한다고?
시니어도 자유여행을 즐길 수 있다!

은퇴 후 일상에서 벗어나 새로움을 즐기며 살아가는 시니어들이 점점 늘어나고 있다. 그 첫 단계로 많은 시니어들이 해외여행을 떠나지만, 교통편 예약부터 말도 통하지 않는 곳에서 밥까지 사 먹을 생각에 머리가 지끈거려 패키지 여행을 선호하곤 한다. 시니어들도 자유여행을 떠나 보고 싶은 것을 보고 느끼고 싶은 것을 느낄 수 있지 않을까? 여기 그 방법을 알려주는 책이 있다! 예순이 넘은 나이에도 거침없이 자유여행을 떠나는 시니어 여행 전문가인 저자와 함께라면 자유여행이 더 이상 어렵게 느껴지지 않게 될 것이다.